Rich Dad's Prophecy

Why the Biggest Stock Market
Crash in History is Still Coming…
and How You Can Prepare
Yourself and Profit from it！

金持ち父さんの予言

嵐の時代を乗り切るための方舟の造り方

ロバート・キヨサキ
＋
公認会計士
シャロン・レクター
白根美保子 訳

筑摩書房

金持ち父さんの予言

目次

●偉大なる教師に捧げる

本書『金持ち父さんの予言』を、インディアナ州インディアナポリスにあるハイスクールの教師デイブ・スティーブンズに捧げる。

この本を学校教師である彼に捧げる理由は、ここで明らかにされるさまざまな問題の原因が、株価の上下ではなく学校でのファイナンシャル教育の欠如にあるからだ。

デイブは教え子たちにファイナンシャル教育を与えるためにたゆみなく努力を続ける一方、ハイスクールの学生である彼らが小学校へ行き、年下の生徒を助けてファイナンシャル教育上の「よき師」となるという、独自の教育プログラムを作り上げた。デイブはまた、金持ち父さんの教えをもとに作られた子供向けボードゲーム『キャッシュフロー・フォー・キッズ』の電子版と教育カリキュラムの開発に、教師としての経験と知識を活かして貢献してくれた。このゲームとカリキュラムは、まもなく無料で、また、広告など営利目的のメッセージを含まない形で提供され、学校で利用できるようになる予定だ。

私たちはデイブからのサポートを非常に光栄に思っている。教育の分野におけるデイブの貢献は賞賛に値する。

（デイブ・スティーブンズの教育プログラムについての詳しい情報は巻末付録2を参照のこと）

金持ち父さんの予言

嵐の時代を乗り切るための方舟の造り方

「金持ち父さんコミュニティー」のみなさんに心から感謝する。自分の人生の経済的な側面をコントロールする力を身につけ、ほかの人たちにファイナンシャル・リテラシーを教えているみなさんから届くメッセージを読むたび、私たちは少しでもお役に立てたことをとてもうれしく思う。

二〇〇二年六月、ラスベガスに二百五十人近い人たちが集まり、ゲーム『キャッシュフロー』を通してファイナンシャル・リテラシーを学ぶ喜びを分かち合った。これはウェブサイト richdad.com のディスカッション・フォーラムに出されたアイディアをもとに、自発的に企画、実現されたイベントだ。「金持ち父さん」のサポーターたちは何とすばらしいのだろう！　どうかこれからも学び、教え続けていって欲しい。

みなさん、本当にありがとう！

はじめに……
ノアの方舟

「金持ちのビジネスオーナーや投資家になりたかったら、『ノアの方舟』の教えの大切さを知っている必要がある」金持ち父さんはよくそう言っていた。

金持ち父さんは自分を予言者とは思っていなかったが、未来を見通す能力を高めるために常に努力していた。そして、未来を見通すこともできるビジネスオーナーあるいは投資家になるための教育を、自分の息子のマイクと私に与えた。金持ち父さんは私たちによくこう言った。「ノアが家族のところへ行って、『神様がもうじき大きな洪水が来ると私におっしゃった。だから私たちは方舟を造らなくちゃいけない』と言うのにどれほど大きな信仰の力が必要だったか、わかるかい?」。そして次にクスクスと笑って、こう付け加えるのが常だった。「ノアの奥さんや子供、そして投資家たちが何と言ったか想像できるかい? 『でも、ノア、私たちが住んでいるのは砂漠だ。ここじゃ雨は降らない。第一、今は日照り続きじゃないか。神様は本当に方舟を造れとおまえに言ったのか? 砂漠の真ん中で造船会社を起こす資本を集めるのは大変だ。ホテルや健康ランド、ゴルフ場なんかを作る方が方舟よりずっと理屈に合っているんじゃないか?』彼らはそんなふうに言ったかもしれない」

ビジネスオーナーと投資家になるための教育は、私たちがわずか九歳の時からほぼ三十年間続いた。その最初から、金持ち父さんは投資の原則を教えるのにボードゲームの『モノポリー』など、とても簡単な教材をよく使った。また、「三匹のコブタ」といった、だれもが知っている寓話もよく使った。コブタの話を使って金持ち父さんが教えてくれたのは、個人の経済的基盤を築く時、ワラや木ではなくレンガの家を建てることの大切さだ。金持ち父さんはまた、『ダビデとゴリアテ』など、旧約聖書に登場する話もよく使った。この話から私たちが学んだ教えは、レバレッジ（てこの作用）の力だ。金持ち父さんはダビデの石投げ紐が発揮したレバレッジの威力を例に、どうやったら小さな人間が大きな人間に勝てるかを教えてくれた。

未来への展望《ビジョン》を持つことの大切さを教える時、金持ち父さんはよく次のような話をした。「ノアは展望を持っていた。だがそれだけでなく、それ以上のものを持っていた。それは、展望に基づいて行動を起こすだけの信念と勇気だ。これはいつも覚えておかなくちゃいけない。展望を持っている人はたくさんいる。だが、そのすべてがノアのような揺るぎない信念と勇気、つまり展望を実行に移すだけの信念と勇気を持っているとは限らない。だから、そういう人たちの未来の展望は今の展望と変わらないんだ」これを別の言葉で言うとこうなる。信念と勇気と展望を持っていない人には、近づいてくる変化が見えない。そしてそれが見えた時にはもう遅い。

●エンロンの倒産と401(k)

一九七四年に制定され、エリサ法という名前で知られる法律について、金持ち父さんはとても心配していた。「エリサ法が制定された当時、たいていの人はその存在すら知らなかった。議会を通過し、ニクソン大統領が署名をして連邦法となったこの法律は、今でも名前すら聞いたことのない人が大勢いる。この法律改正の本格的な影響は、二十五年から五十年後、私がこの世を去り、長い時間がたってからでなければわからないだろう。その影響をまともに受ける人たちに向かって、今きちんと準備をしておくように言えたらいいんだが……。でも、未来について話すなんて、一体どうやったらいいんだ？」

二〇〇二年一月、前年九月十一日の同時多発テロによるショックからまだ完全に立ち直っていないアメリカ国民の耳に、優良企業の中でも最大級の会社の倒産の話が聞こえてきた。だが、私と同世代の人間、つまり一九四六年から一九六四年の間に生まれたいわゆるベビーブーム世代の多くの人間をぞっとさせたのは、エンロンの倒産自体よりも、同社の従業員の多くが、引退後に備えて貯めていたお金をすべて失ったという事実だった。何百万という数のベビーブーマーたちは、この時はじめて、そのほとんどが投資信託と企業の株式からなる401(k)、IRAといった年金プランが、自分たちが思っているほど、あるいはファイナンシャル・プランナーが言っているほど安全ではないことに気が付いた。彼らはエンロンで働いていた何千人もの従業員と共通するものを持っていた。エンロンの崩壊は他人事ではなく、自分たちに向けて発された警告、不安の種であり、引退後の生活がこれまで思っていたほど保障されたものではないかもしれないと気付くきっかけとなった。つまり、金持ち父さんの予言が現実のものとなり始めたのだ。

この時、地元のテレビ局が電話をかけてきて、石油ガス業界の最大手だったエンロンの倒産について意見を聞かせて欲しいと、番組出演を依頼してきた。

番組が始まると、なかなか魅力的な若い女性司会者が私にこう聞いた。「このエンロンの倒産は単発的な出来事でしょうか?」私はこう答えた。「エンロンの倒産は極端なケースではありますが、単発的なものではありません。シスコやヴィアコム、モトローラといったほかの巨大企業についてメディアが触れないことに私は驚いています。エンロンほど劇的な結末にはなっていませんが、同じように、従業員の年金の大部分がその会社の株で占められているという例はいくつもあります」

「それはどういう意味ですか?」司会者はそう聞き返してきた。

「私が言いたいのは、エンロンの例を自分たちの目を覚まさせる警鐘とすべきだということです。401(k)が完全無欠のシステムではないこと、引退の間際になってすべてを失う可能性があること、分散投資をしたところで投資信託は必ずしも安全ではないこと……そういったことを知らせる警鐘とすべきです」

「投資信託が安全ではないとはどういう意味ですか? しかも分散投資をしてもというのは?」女性司会者は驚きと多少怒りの混じった声で聞いた。彼女はエンロンで働いていたわけではないが、私の言葉が気に障ったようだった。そこで私は、投資信託と分散投資についての論争は避け、次のように言った。「私は四十七歳で株や投資信託はまったく持たない状態で引退しました。私にとって、投資信託や株はたとえ分散投資してもリスクが大きすぎるんです。引退に備えて投資をするなら、ほかにもっといい方法があります」

「株や投資信託に投資するな、分散投資をするなとおっしゃるんですか?」

「いいえ。人にどうこうしろと言っているわけじゃありません。ただ、私の場合は株や投資信託を持たずに、そして分散投資もせずに早期引退をしたと言っているだけです。そういった方法はあなたには正しい方法かもしれません。でも私の場合はそうではなかったんです」

「ここでちょっとコマーシャルです。本日は当番組のゲストとして出演してくださってありがとうございました」若い女性司会者はそう言うとすぐにカメラの方に向き直り、新発売のシワ取りクリームのすばらしい効果について話し始めた。

インタビューは予定より早く終わった。どうやら、インタビューの内容がエンロンから離れて、番組司会者の個人的な投資戦略に関わりかねない話になった時、司会者にとってだけでなく多くの視聴者にとっても、シワ取りクリームの方が話題として心地よいものになったようだった。彼らにとって、引退についての話は快適な話題ではなかったのだ。

●エリサ法が年金制度を変えた

エリサ法がねらっていた効果の一つは、個人に年金資金を自分で貯めさせるようにすることだった。つまり、引退後の生活資金をまかなうのに、次の三つの異なる方向からのアプローチを奨励するものだった。

1. 社会保障
2. 労働者自身の蓄え
3. 従業員の確定年金プラン用に会社がとっておいたお金から支払われる企業年金プラン

二〇〇二年五月、ワシントンポスト紙に「年金の変化が生んだ難題」と題された記事が載った。これは今挙げた三つのアプローチを三本足の椅子になぞらえた記事だった。

一本目の足、社会保障を最後に私たちが見た時は、課税対象となる所得の果てしない拡大、退職年齢の引き上げ、給付金の一部への課税……といったことで保障が少しずつ減らされ、多少ぐらついていたものの、まだ立っていた。

４０１（ｋ）、４０３（ｂ）、ＩＲＡ、ＳＥＰ-ＩＲＡ、Ｋｅｏｇｈ《キオ》ｓなど、数字や文字の並んだ、議会のお墨付きの年金貯蓄プランはどれも二本目の足、労働者自身の蓄えを強化することを意図して作られたと言われている。

会社が後押しする年金プラン——大部分は労働者自身のお金からなる——を採用している会社に与えられる税制上の優遇措置は、椅子の三本目の足を強化するために、あるいは、あわよくばそれを新しいものに取り替えるために徐々に導入された。つまり、この優遇措置は、本来なら従業員が節約することに対して褒美を与えるべきところをそうせず、会社が従来型の年金プランを放棄するか、大幅に縮小する機会を与えた。

すべてを考え合わせるとこうなる——ママ、見て、見て！　三本足の椅子に二本しか足がないよ！

つまりエリサ法の影響で、人々は突然、引退に備えたプランを自分で責任を持って立てなければならなくなった。エリサ法はその責任を雇用者から従業員へと転嫁したが、従業員がしっかりしたプランを立てるのに必要なファイナンシャル教育は与えなかった。その結果、にわか仕込みのファイナンシャル・プランナーがごっそり現れ、何百万もの人に「長期の投資をしろ、買って持ち続けろ、分散投資をしろ」と教える事態になった。今、そのような教えを受けている従業員の多くは、引退後の収入が百パーセント、今の自分の投資能力にかかっていることにまだ気付いていない。もし金持ち父さんの予言が実現したら、一体どうなるだろう……。何百万という人（ただし、すべての人というわけではない）にとって、この問題はこれから先二十五年の間にどんどん深刻化する。私が見る限り、金持ち父さんの予言は現実のものとなりつつある。

●逆境と繁栄の未来

本書は悲観的予測、未来に待ち受ける逆境《グルーム》と悲運《ドゥーム》についての本ではない。本当は逆境と繁栄《ブーム》の本だ。一九七〇年代から一九八〇年代にかけて、金持ち父さんは自分の息子と私にエリサ法についてよく話をし、それに注意を向けさせた。「いつも法律の変化に気を付けているんだ。法律が変わるたびに未来も変わる。法律の変化とともに自分も変わる用意をしていれば、きみたちはいい生活を送ることになるだろう。法律の変化に注意を払わなければ、先に急カーブが待っていることを知らせる標識を見落としたまま車を運転し続けるドライバーと同じことになる。つまり、カーブに備えてスピードを落とす代わりに、ラジオをつけようとスイッチに手を伸ばしてカーブを曲がりそこね、道路からはずれて森に突っ込んだりする」

私がこれまでに出した本を読んだことのある人は、一九八六年の税制改正の話を覚えているかもしれない。これも、金持ち父さんが私に注意を払うように警告した法律の変化の一つだ。多くの人はこの変化に注意を払わず、その代償として何十億ドルも支払うことになった。私の考えでは、この法律改正こそが、貯蓄貸付業の崩壊、不動産市場における最大級の暴落を引き起こす最大の原因になったと思う。また、医者や弁護士、会計士、建築家といった高い教育を受けた専門家たちが、私のようなビジネスオーナーが利用できる税制上の優遇措置を使えないのもこのせいだ。金持ち父さんの言葉はここにもあてはまる。「いつも法律の変化に気を付けているんだ。法律が変わるたびに未来も変わる」

あまり人に知られていないこの法律の変化、つまりエリサ法によって、経済生活にマイナスの影響を受ける人は何百万人にものぼるだろう。一方、この変化が人生で最高の贈り物になる人もいる。この本が逆境と悲運の本ではなく、逆境と繁栄の本だと私が言うのはそれだからだ。自分をだまして、未来も現在と同じようになると自分に信じ込ませている人は、気の毒だが、気が付いたらエンロンの従業員たちと同じ苦境に陥っていた、つまり、引退の時期を迎えても、その後の生活のためのお金がまったく残っていない……という事態になりかねないと思う。一方、絶えず警戒を怠らず、未来が常に変化することを知っていて、その変化に備えている人たちにとっては、未来はとても明るい。たとえ、法律の変化によって史上最大の株式市場の暴落が引き起こされようと、彼らの未来は輝いている。

●未来に対する準備はできているか

金持ち父さんはノアの方舟の話を使って大切なことをいろいろ教えてくれたが、予言者になる努力をしろとは言わなかった。水晶玉を手に入れてプロの占い師になるように私たちを訓練するのではなく、用心と準備の大切さを教えてくれたのだ。金持ち父さんはよくこう言った。「船乗りたちがいつも天候の変化の兆しに注意しているように、ビジネスオーナーと投資家も、先に待っているあらゆる状況に対して、用心と準備を怠らないようにしなければいけない。ビジネスオーナーと投資家も、大海に小舟を進める船乗りと同じようにしなければいけない。つまり、あらゆることに備えるのだ」

私は、「金持ち父さんの予言が実現する」と言いたくてこの本を書いたわけではない。私がこの本を書いた主な理由は次の六つだ。

1．警戒を怠らないでいることの大切さをすべての人に思い出してもらうため。そして、注意を払う必要があると金持ち父さんが言っていた、警告的な予兆のいくつかを指摘するため。この本を読めば、エリサ法の弱点がよくわかると思う。あまりよく知られていないこの法律の中には、さらによく知られていない弱点が隠されている。その小さな弱点が、世界史上最大の株式市場の暴落の引き金を引くだろうと金持ち父さんは言っていた。

2．お金の面から正しく今の世界を見るため。金持ち父さんが行動の指針としていたのは、確かな事実、たとえば法律の変化、法律に隠された弱点といったことだった。また、統計上の事実も使った。例えば、七千五百万人のベビーブーマー――合法、非合法の移民を計算に入れれば八千三百万人――が一斉に年をとりつつあり、その大部分が親の世代より長生きするだろうといったことだ。金持ち父さんはそのような統計を引用した後、よくこう聞いた。「これらのベビーブーマーのうち、引退後の生活の心配をしないですむだけの資産を蓄えている人は何人いるだろう？」控えめに見積もると、ベビーブーマーのうち充分な資産を持っているのは四十パーセント以下だそうだ。

年をとっていくベビーブーマーの老後の生活や医療に必要なお金を払うために、アメリカ政府が税金を上げなければならなくなったら、国の経済はどうなるだろう？　世界における指導的立場を維持していけるだろうか？　ほかの国にひけを取らない、強力な軍隊を維持するだけの軍事費を捻出し続けることができるだろうか？　税金が上がれば、企業はもっと税金の低い国を探してアメリカから出ていってしまうかもしれない。もし中国がアメリカを追い越し、世界で最大の経済大国となったらどうなるだろう？　中国の労働者たちが同じ仕事を安い賃金でやるとしたら、アメリカは高い賃金水準を維持できるだろうか？　金持ち父さんが自分の息子と私に、現在の事実に基づいて未来の予測を行うように訓練したのは以上のような理由からだ。

3．未来に対する準備が本当にできているかどうか、あなた自身に問いかけてもらうため。私は金持ち父さんの予言が実現すると言っているわけではない。金持ち父さんは自分を超能力者とは思っていなかったし、未来の見える水晶玉を持っていたわけでも、神様と通じる特別なパイプを持っていたわけでもないのだから。

私がこの本を書いたのはあなたにこう聞くためだ——「もし金持ち父さんの予言が実現するとしたら、あなたにはそのための準備ができているか？」これを別の言葉で言うとこうなる。もし、今から西暦二〇二〇年までの間に、史上最大の株式市場の暴落が起こったら、あなたの経済生活はどうなるだろう？　豊かになるだろうか、それとも苦しくなるだろうか？　この暴落が本当に起こるとしたら、あなたはそれに対する準備をするつもりか、それともただそれに打ちのめされるつもりか？

4．史上最大の株式市場の暴落に備えて何ができるか、アイディアを提供するため。アイディアのいくつかは、これまでにもほかの本で取り上げているが、今回は「今、あなたに何ができるか」に焦点を合わせ、さらに、もっと重要な「なぜ今、先を見越して準備をすることが必要なのか」という理由について詳しくお話しするつもりだ。

5．未来に備えるための時間として、二〇一〇年までの年月が与えられていることを知らせるため。この本を読めば、なぜ今から二〇一〇年までが絶好のチャンスに恵まれた時期なのか、なぜその間に株式市場の急騰——大不況の前の大好況——がまたやってくるのか、その理由がわかる。たとえ今あなたが何も持っていなくても、きちんと準備ができていれば、一九九五年から二〇〇〇年にかけて訪れた、あのとてつもない上げ相場《ブル・マーケット》と同じような上げ相場が再び訪れた時に、そのチャンスをものにすることができるかもしれない。

6．この本を書いた最後の理由は、積極的に準備をすれば、将来、金銭的にいい状態でいられることをみなさんにお知らせするためだ。つまり、今しっかりプランを立て、行動を起こして準備をすれば、史上最大の株式暴落が起ころうが起こるまいが、お金の面でのあなたの将来の見通しはずっと明るくなる。先を見越して行動し、きちんと自分を教育して準備をしておくことは、たいての人の投資戦略、つまり「買って、持ち続け、祈る（株式が暴落せずに高騰するように祈る）」というやり方よりずっといい。株式市場はいつも右上がりで絶対に下がらないと信じている人たちは、おそらく、復活祭に贈り物を持ってくると言われるウサギ、イースターバニーのことも信じているに違いない。

ノアの方舟の話は、すばらしい展望と信念、そして勇気を持った偉大なる予言者の偉大なる物語だ。本書は予言者になることを教えるための本ではない。だが、これを読めば、きっとすばらしい信念が手に入ると私は信じている。その信念とは、史上最大の株式市場の暴落が起ころうが起こるまいが、あなたとあなたの愛する人たちが金銭的により明るい未来を持てると信じる気持ちだ。この本は、ただ未来を見せる水晶玉の代わりをするために書かれたものではない。いいことであれ、悪いことであれ、何が起ころうと、それに対して警戒を怠らず、きちんと備えのできている人間になることを教えるために書かれたものだ。別の言い方をするなら、金銭面での自分の将来に関して、あなたに今以上のコントロール能力を与えることを目的としている。金持ち父さんも言っているように、「ノアの方舟の話で大事なのは、ノアが正しかったことじゃない。ノアが信念と勇気を持ち、先に起こるあらゆること――たとえ、世界を全滅させるようなものすごい洪水が砂漠のど真ん中にやってくるなどという途方もないことでも――に対して準備を怠らなかったことだ」

注：エリサ法は悪名高い401（k）プランをはじめ、アメリカにおけるいくつかの年金制度の誕生に一役買った。名前は違うが、ほかの国にも同じような制度がある。たとえば、オーストラリアでは退職年金《スーパーアニュエイション》プラン、カナダでは登録退職貯蓄制度《RRSP》、日本では確定拠出年金（通称・日本版401（k））などと呼ばれている。

●本書の主な内容

・エリサ法には弱点がある。

・どのようにしてエリサ法は私たちの世代のお金の問題を子供の世代へと先送りしたか？
・正確な時期を特定することはむずかしいが、将来、株式市場の大暴落は必ず起こる。
・この暴落に備え、そこから利益を得る唯一の方法は、ファイナンシャル・リテラシー（お金に関する読み書きの能力）と、自分のお金に関するコントロール能力をしっかり身につけることだ。
・この本で、確実なファイナンシャル戦略について説明するので、将来の準備をするのに役に立てて欲しい。

第一部……おとぎ話はもう通用しない？

昔々、人間は学校に行っていい成績をとり、安定した仕事を見つけて一生そこで働き続け、引退してゴルフコースのわきの小さな家に引っ越し、末永く幸せに暮らしましたとさ……。

今はたいていの人が、「昔々」で始まり「末永く幸せに暮らしましたとさ」で終わる話はどれもおとぎ話だと知っている。問題は、今でも、こんなおとぎ話が通用すると思っている現代版「王子様」や「お姫様」がたくさんいること、つまり、「長期の投資をしろ、買って持ち続けろ、分散投資をしろ」というファイナンシャル・プランナーのアドバイス通りにしていれば、自分たちが生きている限りおとぎ話が通用すると思っている人たちがたくさんいることだ。

残念ながら、プロの投資家ならたいていの人が知っているように、株式市場にまつわるおとぎ話は必ずしもハッピー・エンドにはならない。

●金持ちの投資家になるよりも大事なこと

私が子供だった一九六〇年代には、投資はすでに金持ちの人か、金持ちになりたいと思っている人だけがすることだった。今では、私たちはみんな、ただ単に金持ちになるよりもずっと大事なことのために投資をする必要がある。今の時代は、どれだけ賢く投資をするかどうかが、その人の未来、つまり未来の生活水準、経済的安定、そして、もしかすると生死までをも決める。別の言い方をするなら、医療費の問題を考えに入れると、今どれだけ賢く投資するかが、将来どれだけ楽な暮らしができるか、あるいは生き延びるための経済的負担を背負えるかどうかを最終的に決めるということだ。生き延びられるかどうかは、ただ金持ちになるために投資するよりもはるかに大事なことに違いない……。

第一章……

法律が変われば未来も変わる

私の二人の父、金持ち父さんと貧乏父さんは、自分のもとで働いている人たちが幸せかどうか、いつも気遣っていた。ハワイ州の教育局長だった実の父のもとでは何万人もの人が働いていて、みんな、いわば父に面倒を見てもらうことをあてにしていた。私が貧乏父さんと呼んでいるこの父は、そういった教師たちのことをとても心配していて、教育局長を辞めたあともハワイ州教職員組合のリーダーとなり、彼らの幸せのために当局との交渉にあたった。

私が金持ち父さんと呼んでいる、小学校時代の親友マイクの父親も、自分の会社や店で働く従業員たちのことをとても心配していた。実際のところ、多くの点で私の実の父より心配していたと言えるかもしれない。その理由は、貧乏父さんの従業員たちには政府からの経済的援助があり、全国規模、あるいは州ごとの教職員組合もあったが、金持ち父さんの従業員には政府からの援助もなければ、組合による保護もなかったからだ。金持ち父さんはよくこう言っていた。「私が知っていること、私に見える未来について、従業員たちに話せたらどんなにいいだろうと思う。でも、もしそうしたら、みんなをすごく怖がらせることになる。それに一番の問題は、彼らの大部分が、まず私の話を理解し、次に間違ったことを正すための行動を起こせるだけの基本的なファイナンシャル教育を受けていないことだ。私に忠節を誓い、一生懸命働いてくれている彼らに、今の時代は忠節を誓って一生懸命働くだけでは充分じゃない、なんて言えるわけがない。長期にわたって安定した仕事に就いていることが、長期にわたる経済的安定を保証するわけじゃないなんて、どうやって話して説明したらいいんだ？ 彼らの人生を一変させるような法律の変化があったことなど、どうやって話したらいい？　彼らを不安がらせたり気落ちさせたりせずに、それを話すなんてことができるだろうか？　自分ではこれから起こるかもしれないと思っていても、絶対に起こると確信があるわけではないことを他人に話すなんて、そんなことができるだろうか？」

先ほども言ったように、私の父は二人とも、自分のもとで働く人たちの幸せにとても気を配っていた。二人の間で違っていたのは、貧乏父さんの場合は、彼らを助けるのに政府の力と教職員組合を利用できたことだ。金持ち父さんは、従業員たちが不利な状況にあるのを知っていて、そのことをとても心配していた。アメリカでは一九七四年、大きな法律の変化があったが、それは金持ち父さんのような人のもとで働く人たちを助けることを目的に作られたと言われていた。この新しい法律が意図するところはすばらしいとたくさんの人が思ったが、金持ち父さんにはその法律に内在する欠陥が見えた。金持ち父さんには、いろいろな意味で、自分の従業員の大部分が長期的に楽な暮らしができないだろうとわかっていた。それに、未来に待ち構える経済的な大災害――この法律の施行によって引き起こされる大きな混乱――の脅威がどんどん大きくなっているのも見えた。

●教科書を読んだだけではビジネスは学べない

一九七九年、私は三十二歳で、自分で起こしたビジネスをなんとか存続させようと奮闘していた。ベルクロ（マジックテープ）を使ったナイロン製のサーファー用財布の製造ビジネスは思いがけず急成長を遂げ、ほんの数年の間に、アメリカ国内だけで三百八十の販売代理店を抱える大会社に成長した。世界中となると、一体何人のセールスマンが私たちのために製品を売ってくれているか、見当もつかなかった。問題は、世界を市場とする製品を製造していたにもかかわらず、しろうとに毛が生えた程度の会社で、経営チームも若く、力不足の人間ばかりだったことだ。成功と能力の不足が組み合わさった場合、大惨事が起こるのは時間の問題だ。

「教科書を読んだだけでは泳げるようにならない」とよく言われるが、私はこれにこう付け加えたい。「教科書を読んだり、ビジネス・スクールに行っただけではビジネスは学べない」あの時の私たちには、教科書通りの限られた知識と、実社会でのごくわずかなビジネス体験しかなかった。まだ若かった私たちは、単純だが厳しい、ビジネスについての教えを学びつつあった。その教えは、最前線での経験からのみ得られる教えだ。成功がビジネスに死を招くこともあるという教えのほかに、私が当時学びつつあった教えは次のようなものだった。

1. 友達は必ずしもよきビジネスパートナーになれるとは限らない。
2. 会社は利益を出しながらも経済的に大きな問題を抱える可能性がある。
3. ほんのちょっとしたこと、例えば糸が足りないといったことがビジネス全体を止める場合がある。
4. 人はいつもきちんと請求書を払うわけではない。人があなたに払ってくれなければ、あなたも常に請求書の支払ができるとは限らない。支払わなければ、相手はあなたに好意を持たない。
5. 特許や商標はビジネスを成功させるための大事な要因だ。
6. 忠誠心は薄れることがある。
7. 正確な財務記録、会計報告は不可欠だ。
8. 強力な経営チームと、弁護士や会計士といった専門家を集めた強力なコンサルタントチームが必要だ。
9. ビジネスを築くにはたくさんのお金がかかる。
10. ビジネスを殺すのはお金の不足ではなく、経験の不足と、人間としての一貫性《インテグリティ》の不足だ。

実際に学んだことを全部並べたら、このリストはもっと長くなる。世界的な成功を収め、そして失敗した経験はとても貴重だった。私は一度ならず、二度もそのような経験をした。確かに、また同じ経験をするのはいやだが、そのための準備はいつもできている。間違いから学ぶことをいとわず、そうするだけの謙虚さを持っていれば、そこから得られる教えは何ものにも換えがたい価値を持っている。二つのビジネスの失敗は、自分が何を知らないか、何を学ぶ必要があるかを教えてくれた。そして、その学習体験が次の成功へとつながった。

●真実に目をつぶらない

一九七九年、私はそんな学習体験の中でアップアップしていた。自分が犯した過ちにどっぷり頭までつかり、個人的な無能さのせいで身動きがとれなくなっていて、もうそれ以上何も学びたくないと思っていた。そこから何か学べるはずの愚かさだけは充分すぎるほど持っていたが、金持ち父さんはそれ以上のことを私に教えてくれた。

一九七九年の春、定期的に金持ち父さんに会うことにしていた私はいつものように彼のオフィスに出かけ、自分の会社の財務報告書を見せた。それを見た金持ち父さんは頭を横に振り、こう言った。「きみの会社は財政的な癌にかかっている……気の毒だが末期のね。きみたちは経営のしかたを間違えた。うまくやればお金がたくさんあって大きな力を持った会社に成長させることもできたはずなのに……」

金持ち父さんの息子のマイクは私のビジネスには関わっていなかったが、私が金持ち父さんから教えを受けるために会う時にはたいてい同席した。マイクと私はハイスクールまでずっとごく親しい友達同士だったが、私が大学卒業後ベトナム戦争に行き戻って来たあとは、二人の世界はビジネスの面でも、経済的な面でもまったく異なっていたので、ごく密接な友人関係を維持するのはむずかしくなっていた。一九七九年の当時、マイクは何百万ドルもの価値のある父親のビジネス帝国を引き継ごうとしていた。一方、私は、何百万ドルもの価値のあるビジネスを失いつつあった。私の会社の財務報告書に目を通していたマイクが、金持ち父さんと同じように頭を振るのを見て、私は恥ずかしく、とてもきまりが悪かった。

「これは何だい?」財務報告書の項目の一つを指差して金持ち父さんが聞いた。

指摘されたところを見ながら私はこう答えた。「従業員の給料とそれに対する税金、つまり従業員と政府に支払わなければならない分です」

「よし、じゃ今度は現金のところを見てごらん。まったくないじゃないか」金持ち父さんは厳しい声で言った。「一体どうやって給料と税金を払うつもりなんだ?」

私はしばらく何も言わずに座っていた。「ええと……」口から出たのはか細い声だった。「それは……売掛金を回収すれば払えます」

「おいおい、よしてくれよ」金持ち父さんはそう言った。「私にそんなごまかしを言うのはやめてくれ。きみの大学の先生じゃないんだから。売掛金の大部分が支払期限を百二十日以上過ぎているのは、この報告書を見ればわかる。きみが製品を売ったこの人たちがもう払ってくれないことは、きみにも私にもよくわかっている。私には本当のことを言うんだ。自分自身に本当のことを言うんだ。きみは今すっからかんだ。無一文で、従業員の給料とその税金を支払う義務を怠ろうとしている。きみは会社を何とか存続させるために従業員のお金を使っているんだ」

「でも、これは短期的な売掛金の回収がちょっと滞っているだけのことです。お金は入ってくるんです。アメリカ中から、世界中から注文は入ってきているんですから……」私はそう言って自分を弁護した。

「それはそうだろうけれど、製品が作れなくて品物を送れなかったら、注文がいくらあったって意味がないじゃないか? この財務報告書を見たところ、きみは人にお金を貸してもいるし、借りてもいる。製品を作るための材料を入れてくれる人たちに借りがあるよね。彼らがこれからもきみに信用売りをしてくれると、どうして思うんだ?」

「それは……」私がそう始めると、腹に据えかねた様子の金持ち父さんがまた私の言葉をさえぎった。

「材料を納入する業者たちはもう信用売りをしてくれないよ。しなきゃならない理由はないんだから」

「そうなったら、また交渉するまでです」

「せいぜいがんばるんだね」金持ち父さんはそう言った。「いいかい、なぜ真実に目をつぶろうとするんだ？　きみと、きみがパートナーと呼んでいる三人の道化師たちは、ビジネスの経営を間違えたんだ。きみたちには自分たちが何をやっているかわかっていない。それだけの能力がないんだ。その上、最悪なのは、それを認めるだけの勇気がないことだ。きみたちはビジネスのプロのふりをしているだけだ。でも、財務報告書を見ればわかるけれど、実際にはきみたちは詐欺師か道化師のどちらかだ。私としてはどちらかといえば道化師であって欲しいと願うが、今何か手を打ってやり方を変えなければ、道化師が詐欺師になるのは確実だ」金持ち父さんは唇をすぼめ、頭をゆっくり左右に振りながらそう言った。「従業員からお金を借りているだけでも、ひどい話なのに……未払いの税金がいくらあるか見てごらん。一体どうやってこれを払うつもりなんだ？」

金持ち父さんは私が九歳の時からいろいろ教えてくれていた。とても親切で思いやりのある人だったが、怒った時はとても厳しく、はっきりとものを言った。会社の経営に関するこの時の「授業」には特に熱が入り、話は何時間も続いた。最後になってやっと私は、会社をたたみ、残った資産を現金化し、そのお金を従業員の給料と税金の支払にあてることに同意した。

●誠実で正直であることの大切さ

「自分に能力のないことを認めるのは悪いことでもなんでもない」金持ち父さんはそう言った。「だが、自分が何をやっているかわかっているふりをしたり、そう嘘をつくのはとても悪いことだ。それは悪い習慣で、きみにはすぐそれをやめて欲しい。金持ちになり、人生で成功を収めたいなら、もっと早く真実を告げて人に助けを求めること、そしてもっと謙虚になることを学ぶ必要がある。世の中には教育のあるなしにかかわらず、傲慢なために貧乏でいる人たちがたくさんいる。知らないことがあるのにそれを認められない人たちだ。この世の中は、頭がいいふりをして人生を送っている人でいっぱいだ。そういう人はそんなことをしているから馬鹿になるんだ。速く学びたいと思ったら、まず、自分が何かを知らないことを認めなくちゃいけない」

「日曜学校で習ったことを思い出してごらん。『柔和な人々は幸いである、その人たちは地を受け継ぐ』と習っただろう？　ここで『幸い』だと言われているのは弱い人でも、傲慢な人でも、高い教育を受けた人でもない。柔和な人だ。つまり、柔和な人は学ぶことができ、学ぶことができれば神――あるいは自然と言ってもいい――が私たちの前に用意してくれた人生の豊かさを受け継げるということだ。きみたちは傲慢で、いい気になっていて、なまいきで、何もわかっていない。柔和とは程遠い。製品が大当たりしただけで、自分たちも大物になれたと思っている。きみたちはまだビジネスマンでもなんでもない。幸運には恵まれたが、その幸運をビジネスに変えるだけの技術も経験も持っていない。だれだって一朝一夕でビジネスマンとして成功する人間になれるわけじゃない。きみたちには学ぶべきことがたくさんある。今日きみが学ぶべきことは、お金を借りているならそれを返すということだ。人間は払うべきものを払わない人間を憎む。払うべきものを払わないせいで、友人や家族といった人間関係、ビジネスがこわれることはよくある。きみたちの会社の財務諸表を見れば、政府や材料の納入業者、家主などに支払うべきお金があるのがよくわかる。一番重要なのは、従業員に支払うべきお金を支払っていないことだ。このつけを返すんだ。それも今すぐに。つけを全部返すまで、そのほかのことは何もしちゃいけない。税金を払い、従業員全員に給料を払うまでここに戻ってきてはだめだ。きみはお金にルーズなビジネスマンになりかけている。そういうビジネスマンは金持ちにも、成功するビジネスマンにもなれない」

前にも言ったように、私が九歳からその時までの長い年月の間には、金持ち父さんに厳しく諌められたことが何度もあった。でも、この時の教えは特に印象深く、私の頭にしっかりと刻み込まれた。部屋から出て後ろ手でドアを閉めながら、私は金持ち父さんの教えが魂に染み込んでいくのを感じた。そして、それは一生忘れられない教えになった……。私は傷ついてはいたが、それが大切な教えであることはよくわかっていた。なぜなら、もしそれが大切なことでなければ、金持ち父さんはあんなに怒らなかっただろうし、あんなに厳しく、単刀直入にも言わなかっただろう。三十二歳の私は、かなり強烈で、感情のこもったこの教えを受け入れられるだけの年齢に達していたし、学ぶべき大切なことがそこにあるとわかるだけの知恵もついていた。

金持ち父さんは何年にもわたり、誠実で正直であることについて繰り返し教えてくれた。そして、自分の息子と私によくこう言った。「人はよく子供に『大きくなったら何になりたい?』と聞く。これはたいてい、どんな職業に就きたいかを聞いている。私は、大人になった時、その人が何になるかには興味がない。医者になろうが、映画スターになろうが、ビルの管理人になろうがかまわない。それよりも、大人になったらますます誠実に、正直になることが大事だと思っている。大人になって礼儀をわきまえるようにはなっても、必ずしも誠実になるわけではない人が多すぎる。それどころか、もっと悪い場合は、子供時代に嘘をつき、大人になったらもっと大きな嘘をつく」金持ち父さんと別れ、道路に停めてあった車に向かって歩きながら、私は、これまで以上に誠実になるべき時がまた訪れたことに気が付いた。今こそ、自分自身、両親、自分の会社で働く人たちに対して、もっと正直になるべき時だった。

車に乗り込む私の耳に、金持ち父さんの声が聞こえた。「どんな臆病者でも嘘はつける。本当のことを言うには勇気が必要だ。きみたちが大人になったら、たとえそれを言うのがつらくても、あるいは正直であることで自分が格好悪く見えるとしても、早く本当のことを言う勇気を持たなくてはいけない。格好のよい嘘つきの臆病者でいるよりも、格好は悪くても本当のことを言う方がずっといい。この世の中には、格好のよい嘘つきがいっぱいいる」車のエンジンをかけ、ギアを切り替えた時、私はとてもみじめな気分だった。たぶん、金持ち父さんの目には、自分もあの財務諸表と同じくらいひどい状態に見えただろう……。私にはそれがわかっていた。車で立ち去る私には、自分に二つの選択肢が与えられていることもわかっていた。一つは自分に嘘をつき続け、金持ち父さんにもう二度と会わないようにすること。もう一つは、真実に真っ向から立ち向かい、自分が引き起こした混乱をきちんと整理し、それから、金持ち父さんにまた会えるのを楽しみにすることだった。

三十二歳のあの時、私は自分がまだまだ成長しなければならないことに気付いた。もっと金持ちに、もっと成功する人間に、そしてもっといい人間になりたければ、たとえその方が多少つらくても、もっと正確な真実に耳を傾けられるようにならなければならない。私はそのことを知った。私が成長するには、もっときちんと真実を語れるようになる必要もあった。自分の会社に戻り、駐車場に車を入れながら、私は、本当のことを語り始めるのは今だと思った。それは、金持ち父さんが道化師と呼んだ仕事上のパートナーたちを相手にまず始めなければならない。

●経験から学ぶ

およそ四カ月後、私は新しい財務諸表を携えて金持ち父さんのオフィスに戻った。金持ち父さんとマイクは長い間黙ってそれを見ていた。その沈黙は私には特別長く感じられた。しばらくしてやっと、金持ち父さんが口を開いた。「じゃ、たまっていた税金や従業員の給料は全部払い終わったんだね?」

「その通りです。気が付かれたかもしれませんが、前からの未収金もかなり回収しました」

「みんな払ってもらえたのかい?」金持ち父さんはそう聞いた。

「払ってくれたところもあります。そうでないところは財務諸表から削除して、あとは借金取立て代行業者に任せました」

「そいつはいい」とマイクが言った。「お金を払わない顧客は顧客じゃないからね。お金を払わない顧客は泥棒だよ」

「今はそのことがよくわかるよ」私はそう答えた。「でも、ぼくはそういう人間と同じことをしていたんだ」

金持ち父さんは顔を上げ、私の方を見て少しの間黙っていた。それから、ゆっくりうなずくと静かにこう言った。「そのことを正直に認められるようになってよかったよ」

「そうするのは簡単ではありませんでした。ぼくは成功した人間としてのイメージを自分に対して持っていました。でも、実際は、たくさんの人にたくさんのお金を借りていたんです」

マイクと金持ち父さんは小さくうなずきながら、黙って座っていた。しばらくしてやっと金持ち父さんが口を開いた。「真実はきみを解放する。今きみが解放されて、混乱をきちんと整理し、もっとしっかりした土台の上に新しいビジネスを築き始められるようになっていることを願うよ。嘘ばかりのどうしようもない状態の上にお金の『帝国』を築こうとする人が多すぎる。そんな嘘は帝国を支える足しにはまったくならないというのにね」

今度は私が黙って座っている番だった。ぴんと張り詰めるような沈黙が部屋に満ちた。しばらくその状態が続いたあと、マイクが聞いた。「で、今きみの会社はどんな状態なんだい？　財務諸表は前よりずっと正直になっているけれど、これだけでは決してすべてはわからないからね」

「あの会社はもう終わりだ。まだ売り上げもあるし、実際のところ商売はうまくいっている。でも、会社をスタートさせたぼくたち四人はもう終わりだ。もう二度と仕事上のパートナーになることも、友達に戻ることもないと思う。本当を言って、真実がぼくたちを引き裂いたんだ」

「つまり、きみはあれから会社に戻って腹を割った話をしたんだね」

「まあそんなところだよ。腹を割った話のつもりが、じきに真っ向からのぶつかり合いになったけれどね。もう少しで殴り合いのけんかになりそうだったけれど、ありがたいことにそうはならなかった。その後の仕事場の雰囲気はあまりよくないけれど、パートナーたちも自分の意志で最後までがんばり、きみのお父さんがこの間ぼくに言ったように、きちんと後片付けをすると思う。その点に関しては信頼している」

「で、今はどんなふうになっているんだい？」マイクがそう聞いた。

「会社を整理したあと残ったものを材料納入業者のうちの一つに引き渡す作業をしているところだ。そのあと、ぼくらはそれぞれの道を歩む。もうじき従業員たちに辞めてもらうことになるけれど、会社が彼らから借りていたお金は全部返す。投資家たちはある程度はお金を取り戻せるが、全部じゃない。でも、彼らとはもう話をしてあるし、自分たちが引き受けたリスクについては彼らも承知している。中には、ぼくが何かやるならまた投資すると言ってくれている人もいる。それから、税金も全部払った」

マイクと金持ち父さんは黙ってただ座っていた。まるで葬式に出ているようだった……胸にこみ上げる思いはたくさんあったが、言葉にならなかった。ビジネスに幕を引くのも、ほかのいろいろな物事の終わりと同じだ。いいことも悪いことも含めて、その経験の中には、人生、未来、そしてその人が将来どんな人間になるか、その方向をすっかり変えるような要素が含まれている。会社がまもなく閉鎖になることにほっとしながらも、最後にオフィスの電気を消しドアを閉めた時は、本当につらかった。しばらくしてやっと、金持ち父さんが口を開いた。「会社の失敗に対するきみたちの対処のしかたは立派だった。誇りに思うよ。それが楽しいことでないのは私もよく知っている。それに、違うやり方もあったことも知っている。残ったお金を持って逃げてしまうことだってできたんだ。でも、きみたちはもっといいやり方で幕を引く道を選んだ。そのおかげで、きっと次に何かを始める時の足場が少しよくなると思うよ。きみはたくさんのこと学んだだろう?」

「ものすごくたくさん学びました。今もまだ、いろいろな教えを消化している最中ですよ」

「そういう状態がまだ何年か続くよ」金持ち父さんがそう言った。「でも、今回の経験も、これから先に待っている間違いや新たな経験も、きっときみに成功と富をもたらす土台になる。たいていの人は間違いを避けようとする。たいていの人は、今きみが学んでいるような教えを避けて安全第一で人生を過ごす。そして、人生におけるそのような経験の不足が、将来の金銭的成功に制限をもたらす。いつも覚えておくんだ。ビジネスの経験は教科書を読んだり、教室にいただけでは決して得られない。確かに痛みは伴うが、この失敗に始末をつけるのにきみが選んだやり方はいいやり方だった。そのおかげで、この短い痛みの時期が、いつかきっと長期的な富をもたらす土台になるだろう。きみが逃げ出して嘘をついていたら、お金の面でのきみの未来は臆病者の未来になっていただろう。なぜなら、もし逃げ出したとしたら、きみは自分の中にいる臆病者に自分の未来を決めさせることになるからだ」

●どんな人間になるかを選ぶ

私はただ黙ってうなずいた。言うことはあまりなかった。同じ内容の話、同じ教えはそれまでにも聞いたことがあった。だが、この時には、単純なその教えがより大きな意味を持ち、強い影響を与えた。金持ち父さんはよくマイクと私に、私たちはだれでも、心の中にいろいろな種類の人間を持っていると話してくれた。たとえば、親切な人間、意地悪な人間、欲張りの人間、金持ちの人間、貧乏な人間、臆病な人間、ペテン師、ヒーロー、嘘つき、けちんぼ、恋する人、負け犬……まだたくさんある。金持ち父さんが常に私たちに言い聞かせ、忘れないようにさせたのは、成長とは、どの人間になるかを決めるプロセスだということだった。つまり、自分の中にいるいろいろな人間のうち、どの人間を選ぶかだ。前にも書いたが、「大きくなったら何になりたいか?」という質問で金持ち父さんが聞いていたのは、自分の中にいる人間のうちどれになりたいかで、医者になるとか、弁護士、あるいは消防士になるといったことではなかった。金持ち父さんにとっては、職業の選択よりも人間の種類の選択の方がずっと大事だった。

「世の中はお金のことになると臆病者になる人であふれている」金持ち父さんはそう言った。「お金はその人の中から、ヒーローではなく臆病者を引き出す力を持っている。本当の金持ちがこんなに少ないのはそれだからかもしれない。お金はまた、詐欺師やペテン師を引き出すこともある。刑務所がいつも満員なのはそのせいだ。それから、裏切り者を引き出すこともある。自分を愛し、信じていてくれる人からお金を盗む人だ。きみが自分の会社の従業員から『お金を借りた』時、きみはこのタイプの人間になる道を選んでいた。

だから私はあんなに厳しいことを言ったんだ。詐欺師やペテン師は悪人だ。でも、自分を信じていてくれる人を裏切る人間は最も卑劣だ。きみはそんな人間になることを選んでいたんだよ」

私には何も言えなかった。とてもつらかった。真実と誠実さは常に心地よいとは限らない。この時、金持ち父さんが私に味わわせてくれた真実と誠実さはとても苦かった。だが、それが私には必要だった。私は会社を救うことに必死のあまり、自分を信じていてくれる人たちを裏切る道を選んでいた。

「教えの意味がわかったかい?」金持ち父さんがそう聞いた。「人間の種類を選ぶという教えがよくわかったかい?」

私は黙ってもう一度大きくうなずいた。教えはよくわかった。痛みと共に心の奥に突き刺さったその教えは、私がいつまでも忘れることのない教えだった。それまで私は自分をいい人間、正直な人間だと思っていた。だが、いざという時に表面に現れたのは、自分を信じてくれる人を裏切る人間だった。

「よし」と金持ち父さんが言った。「どんな人間になるかを選ぶことについてのこの教えは、財務諸表を読むことについての教えよりずっと大事だ。財務諸表も、確かにきみが選んだ人物像を反映してはいたけれどね。あの財務諸表は、きみの中の『裏切り者』がきみに代わって会社を牛耳ろうとしていることをはっきり私に教えてくれた。会計とその説明責任《アカウンタビリティ》の重要性、また財務諸表を読む能力の重要性はこんなところにもあるんだ。数字は私に物語を語ってくれる。お金を牛耳っているのがその人の中のどの人間かを教えてくれるんだ。きみときみのビジネスパートナーたちが会社を始めた時、きみたちはギャンブラーだった。その後、幸運に恵まれたが、きみたちはそれを自分の腕のよさと勘違いする道化師になった。お金がどんどん入ってくるようになると、きみたちはポルシェやベンツのスポーツカーを買う愚か者になり、金繰りが悪くなると、納入業者や政府、従業員などを裏切る裏切り者になった。きみの財務諸表はちょっとした小説なんかよりずっと面白い物語を聞かせてくれるよ」

「父さん、もういいよ」私にとってつらい教えがこれ以上続かないようにと、マイクが助け舟を出してくれた。「ロバートには父さんの言いたいことがよくわかったと思うよ」

「オーケー」金持ち父さんは私の方に向き直り、こう聞いた。

「教えはちゃんとわかったかい？」

「身にしみてよくわかりました」私はそう答えた。

「よし。じゃ、昼飯を食いに行こう」金持ち父さんは話を続けた。「きみに学んで欲しい教えで、もっとずっと大事なことが一つあるんだ。それは、『きみの会社の従業員たちは、きみたちが自分たちのお金で何をしていたかなぜ知らずにいたのか？』という質問で始まる教えだ」

やっとエレベーターが来てドアが開くと、中は私たちと同じように昼食をとりに外に出かける人たちで混んでいた。身体を押し込むようにして乗ったエレベーターの中で金持ち父さんはこう言った。「私がこの世からいなくなって長い年月がたった将来、何百万という勤勉な労働者たちが気付くだろう……きみやきみのビジネスパートナーのような道化師たちが、自分たちのお金、引退後に備えて貯めたお金、未来の経済状態、その安定をおもちゃにしていたことにね。政府は法律を変えた。労働者を守るためということになっているが、私はこの法律の変化も問題の解決に役立つとは思わない。実際のところ、この変化は多くの人の状況を悪化させるにすぎないと思う。何か恐ろしいことが起こるんじゃないかと心配だよ……」

第二章……

世界を変えた法律

昼食をとるために外に出た金持ち父さんとマイク、私の三人は、お気に入りの中華料理店に向かった。そのレストランはおいしくて、サービスも速く値段も手頃だったので、その日もいつものように混んでいた。私たちはテーブルが空くまで少し待ってから、顔なじみのウェイターがテーブルの上を片付けている間に席に着いた。

三人でメニューをながめていると、金持ち父さんが私に向かってこう言った。「たいていの人は引退できるだけのお金を貯められない。賭けたっていいが、実際のところ、今このレストランにいる人のほとんどは絶対引退できない。理由は単純だ。退職に備えた年金プランが空っぽだからだ」

「ここで働いている人たちってこと?」とマイクが聞いた。「いつものウェイターや裏で仕事をしているコックや皿洗いの人たちってこと?」

「レストランで働いている人たちだけじゃない。食事をしているスーツにネクタイ姿の会社の重役たちだって、その多くが将来は文無し同然だ。つまり、引退後の生活を安心して送れるほどのお金は持てない。この部屋にいる人の大部分は、決して引退できるようにはならないんだ」

「大部分?」私はびっくりしてそう聞き返した。「大部分と言うより、一部と言った方がもっと正確なんじゃないですか?」

「いや、大部分という言葉の方が正確だ。一部じゃない」

「どうしてそんなことが言えるんですか?」私はまた聞いた。「今ここにいる大部分の人は、いい仕事に就いているように見えますよ。いい服を着ているし、頭もよさそうですし……」

「きみたちにエリサ法のことを話したのを覚えているかい?」金持ち父さんがそう聞いた。

「ええ、大体は……」私はそう答えた。「その話は何回か聞きましたが、あなたが言っていること、なぜこの法律の変化がそれほど大きな意味を持っているのか、その理由は完全にはわかりませんでした」

「たいていの人がその重要性に気付いていない」金持ち父さんがそう言った。「この法律の変化が将来に及ぼす波状効果に人々が気付き始めるには、何年もかかるかもしれない」

「この法律の変化にどんな意味があるんですか? なぜそれが議会で承認されたんですか?」

「いい質問だね。まず知って欲しいのは、エリサ法が従業員退職所得保障法(Employee Retirement Income Security Act)の頭文字をとった通称だということだ。401(k)が可能になったのはこの法律のおかげだ。これが議会で承認された直後は、私もあまり気に留めなかった。でも、それからまもなく、会計士や弁護士たちが、私のビジネスに関して、変えなければいけないことがいろいろあると忠告し始めた。そうなってからはじめて、私はもっと注意を払い、細かい質問をするようになったんだ」

「で、何がわかったんですか?」

「この法律は、従業員の引退後に備えたお金をビジネスオーナーによる乱用から保護する目的で議会を通ったらしいんだ」

「乱用というとどんな?」

「年金プランの乱用の種類はいろいろだ。大きな優良企業でも、年金プランが空っぽだったり、資金が不足しているところがある。それに、会社自体を獲得するためではなく、その会社の従業員年金資金を目当てに会社を買収することもよくあった。ほかより責任感のある一部の会社は、従業員年金資金として何千万ドルものお金を持っていて、その積立金が会社自体より価値を持っている場合も多かったから、乗っ取りをたくらむ会社は、その会社を買い取って、従業員の年金資金を搾り取ったんだ」

「年金資金のためだけに会社を買収するっていうことですか?」

金持ち父さんはうなずいた。「だが、乱用の例はそれだけじゃなくて、もっといろいろあったよ。エリサ法が議会で可決されたのはそういった乱用を防ぐため……そういうことになっていたんだ」

「『そういうことになっていた』ってあなたが言う理由は何ですか?」

「それはね、この法律は従業員のためになる法律、つまり、こういった乱用から従業員を守る一つの方法だというふれこみで議会を通ったってことだ、でも、みんな知っているように、一部の人のためだけに役立つものなんてこの世にはない。だからもちろん会社もこの法律によって恩恵をこうむったんだ。でも、会社の側の恩恵についてはマスコミではほとんど取り上げられなかった」

「会社側の恩恵って何だったんですか?」

●エリサ法は雇用者の負担を軽くする

「きみも自分でやるビジネスの初体験をすませたことだし、一つ質問させてもらうよ。従業員の年金プランは会社にとってどれくらい高くつくかい?」

「社会保障のための支払いや年金プランへの上乗せ分も含めてということですか?」

金持ち父さんはうなずいた。「そうだ。どれくらい高くつく?」

「とっても高くつきますよ」私はそう答えた。「従業員にもっとたくさん給料をあげられたらいいのに……とよく思いましたが、隠れた税金、つまりたいていの場合従業員は気付きもしない税金があまりに高くて、あれ以上は出せませんでした。従業員の給料を上げるたびに、政府の取り分も増えたわけですから」

「だから、エリサ法は確かに従業員のためになる法律として議会で可決されたけれど、実際は、多くの点で従業員よりもむしろ雇用者に与える恩恵の方が大きかったんだ。この法律のおかげで、年金にかかる費用が雇用者から従業員へ転嫁されるケースが多かったわけだからね」

「でも、雇用者は従業員の拠出額に見合った額を上乗せしないといけないんじゃないんですか?」

「年金プランがそうなっていれば確かにそうもできる。だが、鍵は『見合った額』という言葉にある」マイクがそう説明した。「つまり、雇用者が払わなければならない金額は大幅に減ったんだ。これはたとえて言えば、住宅ローンの支払が半分になったようなものだ。きみもできることならローンの支払を半分にしたいと思わないかい?」金持ち父さんからこの新しい形の年金プランについてよく理解するように言い聞かされていたマイクは、とても詳しかった。「それに、多くの従業員たちはまったく拠出しない道を選ぶ。だから、雇用者側の『見合った額』はゼロになる」

「つまり、従業員の拠出額がゼロなら雇用主は何も払わなくていい。その従業員の年金プランにかかるコストはゼロになるってことなんだね。で、将来問題が起こるのはそのせいかい? 引退後に備えた蓄えがまったくないという問題が起こるのは?」私はそう聞いた。

「ほかにも問題は起こるけれど、それもそのうちの一つで、とても大きな問題だ。でも、ぼくが思うに、最終的に一番大きな問題を引き起こすのは、引退後に備えた蓄えが何もない人じゃなくて、引退後に備えた口座にせっせとお金を入れてきた従業員たちだ。まじめにそうやってお金を貯めてきた人たちが、史上最大の株式の暴落を引き起こすんだ」

「史上最大?」私はいぶかしげに聞いた。「しかも、お金のない従業員たちによってではなく、お金を貯めてきた人たちによって引き起こされるって?」

金持ち父さんがうなずいた。「よく考えてごらん。何も持っていない人が株式市場の暴落を引き起こせると思うかい?」

「実際どうなのかぼくにはわかりません。考えてみたこともありませんから」私はそう答えた。

「史上最大の株式市場の暴落は、株式やお金をまったく持っていない人ではなく、投資信託や株式といった形で株式市場に自分のお金を預けている何百万という人たちによって引き起こされる」マイクが付け加えた。

「常識で考えればそれはすぐわかる」

「この法律の変化はたくさんの問題を生むだろうが、そのうちの一つ、ずっと先になって起こる問題がこの株式市場の大暴落だ」金持ち父さんがそう言っている間に料理が運ばれてきた。

●史上最大の株式暴落

「なぜそうなるんですか？　あなたはなぜそんなに確信があるんですか？」

「それは、そうやって株式市場にお金を注ぎ込んでいる人たちが投資家じゃないからだよ。もうきみにもわかったと思うが、きみの会社の従業員の大部分は財務諸表を読めない。財務諸表を読めない人がどうやって投資できるっていうんだい？」金持ち父さんはそう聞いた。「エリサ法がきっかけとなって引き起こされる影響は、年金プランのない何百万という人が置き去りにされることだけじゃない。エリサ法は将来の経済状態を株式市場に委ねることを人々に強要する。で、みんなも知っているように、どんな市場も上がりもすれば下がりもする」金持ち父さんは私の目をまっすぐ見て言った。「私はきみとマイクを投資家にするために訓練してきた。上げ相場の時も下げ相場の時も儲けられる投資家だ。だが、だれかに雇われている人のほとんどは、そういう投資家になるための頭脳的訓練も感情的訓練も受けていない。だから、大暴落が始まったら、彼らはそういった訓練を受けていない投資家の大部分と同じ反応をすると思う。つまりパニックに陥って売り始める。自分の人生を救うため、自分の未来を守るために売るんだ」

「いつそんなふうになると思いますか？」

「わからない。未来がはっきり見える水晶玉を持っている人はいないからね。でも、今からこの史上最大の暴落までの間には、そこまで極端ではないにしても、かなりの規模の好景気と不景気が何度かあると私は見ている。それらの小規模な好景気、不景気は史上最大の好景気、不景気がやってくる前に訪れる」

「じゃあ、警告を発する徴候のようなものがあるの？」マイクがそう聞いた。

「もちろんあるさ」金持ち父さんはにこりとした。「それもたくさんね。ありがたいことにきみたちのような若い人たちには、これらやってくる小規模な好景気、不景気の中で実地訓練をして、経験や技術を身につけるだけの充分な時間がある。冬の大きな波に乗る準備のために、きみたち二人が夏の比較的小さな波でサーフィンの練習をするのと同じさ。投資の技術についても同じように準備することを、きみたちに勧める。好景気や不景気の規模が次第に大きくなるにつれてきみたちもどんどん金持ちになり、そうなることがどんどん楽になっていくはずだ」

「でも、ほかの人たちはどんどん貧乏になる……」私は静かにそう言った。

「残念ながらその通りだ。でも、ノアの方舟の話を思い出してごらん。ノアはすべての動物を方舟に乗せることはできなかっただろう？　残念だけれど、これから先に起こる株式市場の大暴落の場合も同じことが言えると思うんだ」

「つまり、適者生存の法則ということですか？」私はそう聞いた。

「これはお金に関する適者、お金に関して頭のいい人間が生き延びるという法則だよ」金持ち父さんはそう答えた。「ノアが方舟を造って将来に備えたように、きちんと準備をしていた人が生き延びる法則だ。ノアと同じように、将来に備えた方舟を造るように私はきみたちを訓練してきたんだ」

「ぼくたちは方舟を造っているんですか？」私はクスクスと笑った。「どこにあるんですか？　ぼくには何も見えませんが？」

「これまで私が手伝ってきみたちに造らせた方舟はきみたちの頭の中にある」

「頭の中の方舟……」私はちょっと皮肉っぽく言った。「それはまた斬新な考え方ですね」

「いいかい、よく聞くんだ」金持ち父さんは手を伸ばし、料理を自分の皿に取り分けながらそう言った。「もしきみが準備をしておきたくないなら、今はっきりとそう言ってくれ。私は時間を無駄にしたくないからね。ビジネスに関わるお金や個人的なお金の管理の仕方を間違えたからといって、きみを叱るのを私が楽しんでいると思うかい？　きみのために時間を費やしてきたのも、きみを信じてきたのも無駄だったのかい？　もしそうなら、今はっきり言ってくれ」

「とんでもない。そんなことは絶対にありません」私はあわてて弁解した。「ただ方舟というのが……。方舟を造る、しかも頭の中に、という考え方がぼくにはむずかしいんです」

「いいかい、お金や投資、ビジネスといったものはどこに存在すると思う？　どれも頭の中に存在するんだ。もし頭の中でお金が見つからなかったら、手の中にも絶対見つからない」金持ち父さんは怒っていた。

「わかりました、わかりました」私はまた弁解がましく言った。

●頭の中に方舟を造る

「いいかい、この株式の大暴落はあるかもしれないし、ないかもしれない。でも、比較的小さな好景気、不景気は必ずやってくる。過去にも常にそうだったし、将来もそうなる。好景気や不景気が来ると予測するには予言能力など大して必要ない。きみたちはまだ三十歳になったばかりだ。ファイナンシャル教育の基礎はしっかり受けているし、ビジネスにおけるすばらしい経験も重ねつつある。現実の世界に真っ向から立ち向かうのに年齢に不足はない。毎日のようにサーフィンに出かけ、波の高いところや低いところを乗りこなせるように練習するのと同じだ。金融市場の上がり下がり、そのサイクルを乗りこなす練習をするようにと言っているんだ。それをやればきみの技術は向上する」

「つまり、市場も海の波とまったく同じに、上がったり下がったりするんですね」私はそう言った。

「その通り」と金持ち父さんが言った。「ビジネスサイクルって呼ばれるのがそれさ」

「で、父さんは、エリサ法が沖合いに居座る嵐で、まもなく海岸に向かって、砕け散る大波を送ってくるって言うんだね」マイクがそう口をはさんだ。

「サーファーの言葉で言えばそうなるかな。少なくとも私はそんなふうに考えている」金持ち父さんはそう答え、料理の最後の一口を口に入れた。「好景気と不景気はこれまでも常にあった。でも、今度のこの法律の変化は、史上最大の好景気と不景気をもたらすだろうと私は思っている」

「でも、もしあなたの考えが間違っていたらどうなります?」私はそう聞いた。

「もし間違っていたとしても、きみが私の言う通りにしていれば、少なくともどんどん金持ちになっていく。なぜなら、きみは方舟を造っているからだ。金銭的にきみを豊かにしてくれる方舟を頭の中に造っている。ただそれだけで、世の中の経済状態がいい時も悪い時もお金を儲けられるんだ」

「なるほど」と私は言った。「今の方舟の話をしっかり頭に入れて、よく考えてみます。方舟を造ることを未来への準備、計画を立てること、つまり、ノアがしたように、起こるかもしれないし起こらないかもしれないことに対して準備をすることだと考えるようにします。でも、あなたはなぜ法律上のこのような変化がそれほど大きい影響を持ち、それほど大きい市場の暴落を招くと思っているんですか?」

●法律の変化が未来を変える

「法律の変化が未来を変えるからだよ。たとえば、政府がこのレストランの前の小さな道路の制限速度を時速二十五マイルから百マイルに変えたとしたら、すぐに目に見える変化が出てくる。つまり、すぐに交通事故とその犠牲者の数が増える。法律の変化が私たちの未来を変えるというのはそういうことだよ——いい方向にせよ悪い方向にせよね」

「じゃ、この法律の変化は何を変えたんですか? なぜその変化がぼくたちには見えないんですか? 今まわりに座っている重役たちは、なぜあなたと同じように心配していないんですか?」

金持ち父さんは新しい紙ナプキンを手元に置き、その上に次のような文字を書いた。

DB

「ここにいる重役やレストランで働いている人たちが心配していないのは、彼らが今、DB年金プランからDC年金プランへ移る過渡期にあるからだよ」

「何なんですか？　DBプランからDCプランへっていうのは？」私はそう聞いた。

「DB年金プランからDC年金プランだよ」マイクが代わって答えた。「たいていの人はきみと同じようにこの二つのプランの違いに気付いていない。そこにはとても大きな違いがあるんだけれどね。ぼくたちのまわりに座っている重役たちの大部分は、まだDB年金プランをもとに考えている。DCプランじゃなくね。だから心配していない。変化や、それがもたらす将来への影響に気付いていないんだ」

「この人たちはいつ、その違いに気付き始めるんだい？」私はそう聞いた。

「だいぶ先のことだと思うよ」金持ち父さんが答えた。「この法律の変化の影響についてみんながはっきり気付くようになるまでには、二十五年から五十年かかると思う」

「つまり、二〇〇〇年頃にぼくたちは変化に気付き始めるということですか？」

「いや、きみはもっとずっと早く気付くと思うよ」金持ち父さんはそう言った。「株式市場における比較的規模の小さい好景気や不景気といった変化にはみんなも気付くだろうが、二〇〇〇年より以前に、この法律の変化がもたらす恐ろしい影響に気付く人はいないと思う。みんなが気付くのは二〇〇〇年、あるいはもっとあとになってから、もしかするとまったく手遅れになってからかもしれない」

　私たちは勘定をすませ、テーブルから立ち上がった。顔なじみのウェイターがもうテーブルの上をふき始め、おなかをすかせた次の客たちのための用意をしていた。「で、そういう将来の変化に備えて、あなたは今何をしているんですか？」私は金持ち父さんにそう聞いた。

「私はもう準備万端だ。すでに方舟を造ってある」三人でレストランから外に出る時、金持ち父さんはにこにこしながらそう言った。「将来起こる問題は私にとっては問題じゃない。でも、きみにとっては問題になる。第一、この法律の変化がもたらす本当の影響が現れる頃には、私はもうこの世にはいないだろう。きみのお父さんも私も、大波が海岸に打ち寄せる前にこの世におさらばしている」

「じゃ、法律を変えたのは、まるであなたがたの世代が自分の問題をぼくたちの世代に押し付けたようなものじゃないですか」世代間の「責任転嫁」――この場合は問題の転嫁――がそこにあるのではないかという考えを金持ち父さんがどう受け止めるか、私は知りたかった。

「私に言わせれば、それはかなり正確な見方だね。確かにこれは、第二次世界大戦の世代がベビーブーム以降の世代に問題を押し付けているようなものだ。私たちの世代が恩恵をこうむった結果生まれた問題をね」

「あなたがたの世代はすでに利益を受けていて、今、ぼくたちの世代がその利益に対して支払をしている……それが、あなたがたがぼくたちに遺した遺産ってことですか?」

「話はそれだけでは終わらないんだよ」金持ち父さんはずる賢そうににやりとしながらそう言った。「まず、DB年金プランとDC年金プランについて説明しよう」

●DBプラン vs DCプラン

金持ち父さんは次のような説明を始めた。「確定給付（defined benefit）」の頭文字をとったDB年金プランは、給付金の額が確定している、つまり、退職した人がもらえる金額が決まっている年金プランだ。例えば、一つの会社で四十年間働き六十五歳で退職した人に対して、毎月千ドルといったように決まった額をその人が死ぬまで払い続ける。その人が六十六歳で亡くなった場合、会社は一年しか確定給付金を払わなくてすむので実際には得をする。もしその人が百五歳まで生きたとすると、会社は四十年間、毎月千ドル支払う。この場合、得をするのは従業員で、そのための支払いは会社がする。社会保障は政府によるDB年金プランだと言っていい。

エリサ法にはその後修正が加えられ、会社はDCプラン、つまり「確定拠出（defined contribution）」プランに乗り換えられるようになった。DBとDCの違いは給付と拠出という言葉の違いにある。DBプランの場合は給付額が確定されているのに対し、DCプランは拠出額によって確定される。つまり、従業員の退職後の生活は拠出額次第ということだ。拠出しなければ何ももらえない。

これでは、何も拠出してこなかった従業員は何もない状態で退職することになりかねない。それに、たとえ年金プランの中に二百万ドル貯まっている状態で退職したとしても、引き出して使ってしまったり、うまく運用できなかったり、市場の暴落があったり……といった理由で、八十五歳までに全部なくなってしまったとすると、その人は八十五歳にして年金資金も運も尽きてしまう。会社に戻って、もっと給付金をくれと要求することはできない。

簡単に言うなら、引退後の生活の責任、支出、長期的な影響など、すべてを雇用主から従業員へ転嫁するのがDCだ。DBとDCの違いは文字だけ見ればわずかだが、長期的な影響は大きく、その影響はどんどん大きくなっていく。金持ち父さんが言った通りだ。「これは第二次世界大戦の世代がベビーブーム以降の世代に問題を押し付けているようなものだ。私たちの世代が恩恵をこうむった結果生まれた問題をね」つまり、金持ち父さんの世代が恩恵をこうむり私たちにそのつけが回ってくる。それもとても大きなつけが……。

●会社はもう従業員の面倒を見てくれない

三人で金持ち父さんのオフィスに戻ると、私は二人と軽く抱き合い、大切な教えを授けてくれたことに礼を言った。私はまた最初からやり直そうとしていた。お金もなければ、仕事もなかった。だが、知識と経験だけはたっぷりあった。不安や心配がなかったわけではないが、仕事に戻る準備、新しい会社を作るためのビジネスチャンスを探す準備はできていた。

「もう一つ質問があるんですが」私は金持ち父さんに向かってそう聞いた。「あのレストランにいた重役たちの多くは、ＤＢ年金プランとＤＣ年金プランの違いに気付いていないんですか？」

「ああ、ほとんどがそうだと言っていいと思うよ」マイクが父親に代わって答えた。「そのことが将来、もっと大きな問題を引き起こすことになるんだ。彼らは気付いていないから、当然将来に向けて準備もしていない。今でも、引退したあと死ぬまで充分なお金があると思っている」

「残念ながら、きみたちの世代の多くは引退後、私たちの世代の引退生活よりも水準の低い生活を余儀なくされるだろう」金持ち父さんがそう言った。「私の世代の大部分の人には、まだＤＢ年金プランがある。だから、引退後はゴルフコースのまわりのコミュニティに住んで、一日中ゴルフやビンゴをして暮らすこともできる。でも、きみたちの世代は決して引退できない。きみたちの多く――私に言わせればほとんど――が、一生仕事をすることになるだろう。その中には好きで仕事を続ける人もいるが、大部分は必要に迫られてそうする」

「みんな自分の好きなことができるといいですね」私はにこりとしながらそう言った。

「それは短期的な考え方だな」とマイクが言った。「ちょっと調べてみたんだけれど、統計によると、労働者のうち二十五パーセントは引退後、いつか身体的な障害を抱えるようになる。障害が一時的な人もいるが、中にはそのまま治らない人もいる。だから、自分の一番好きなことができればすべて解決だと思うのは、目先しか見ていない考え方だ。ぼくたちと、それに続く世代はもっと長期的に考えなくちゃいけない。これまでより長生きするんだからね。で、問題は、長生きをして、どんどん増え続ける健康管理のための費用をまかなうだけの余裕があるかどうかってことだ。それに、もし身体に障害を抱える二十五パーセントのうちの一人になって、働くことも、自分の好きなこともできなくなったらどうする？　ぼくやきみが自分や自分の家族、ぼくたちの会社に勤める従業員たちに聞かなければいけないのは、むしろこういうことなんだ」

「で、今はぼくたちはそういう質問をしていないってことなんですね？」私は金持ち父さんの方を見てそう聞いた。

「ああ、残念ながらね」金持ち父さんが時計で時間を確かめながら言った。「あの小さな中華料理店にいた重役たちの大部分が抱えている問題は、彼らのほとんどが、自分には両親と同じDB年金プランがあると信じていることだ。大きな企業に勤めているからという理由でそう思っている人もいるだろう。だが、大きな企業も近い将来、DC年金プランに切り替える。それでも、重役を含めてほとんどの従業員は、そういった変化がもたらす長期的影響に気付かないでいるだろう」

「大企業に勤めるのは、大きな船に乗って仕事をしているようなもんだよ」マイクがまた話に飛び込んできた。よく勉強していて、将来について本当に心配しているようだった。「昔は、従業員が勤めあげると、会社は船の後部にある個室を与えた。退職した従業員はほかの船客と一緒になって、『いい会社号』のために長く働いてきたことに対する恩恵を享受した。そして、夜を徹して踊ったり、ベニー・グッドマンに聞きほれたり、シャンペンをすすったり、甲板でシャッフルボード（木製の円盤を滑らせて的に入れて点数を競うゲーム）をしたりして一日を過ごすことができた。今はその『いい会社号』が、確定拠出プランという名の小さな救命具だけをつけさせて、引退する従業員たちを甲板から外に放り出すかもしれないんだ」

「放り出された人の確定拠出のプランが空っぽだったらどうなるんですか？」私はそう聞いた。

「船はそんなことはおかまいなしさ」マイクがそう言った。

「救命具を使って何とか方舟を造るんだね」金持ち父さんが苦々しげに笑いながらそう言った。「たいていの人は方舟を造る訓練を受けていない。だから、ちっぽけな救命具や、子供や政府からの施し物にしがみついて引退後の人生を送る。それだからこそ、私はきみたち二人に、今、方舟を造り始めて欲しいんだ。今始めれば、変化が訪れた時に大きな自分の船を持っていられる。自分の方舟だ。大きさも強度も充分で、海でどんな嵐にあっても負けない方舟……。嵐が、それも大きなやつがやってくるのは絶対確かなんだから」

ランチに誘ってくれたお礼を金持ち父さんとマイクに言ったあと、私は二人に背を向けてエレベーターに向かって歩き出した。その時の私は三十二歳で、お金も仕事もなかったが、今回は豊富な知識と経験を持って新たに始めようとしていた。次のビジネスを立ち上げるのがこれまでより楽で、安全度も増していることが私にはわかっていた。だから、たとえお金はなくても、そして、そこに大きな嵐が待っているとわかっていても、将来のことを思うと胸がわくわくした。私には、救命具——確定拠出型の年金をはじめ、世界各国でさまざまに呼ばれる、いわばお金の世界の救命具——を用意するより、方舟を造る方がずっと理屈に合っているように思えた。

第三章……

現実の世界に立ち向かう準備ができているか？

ワイキキの通りは、これから海岸に行く、あるいはそこから戻って来る観光客でにぎわっていた。ほとんどの人が水着姿で、砂にまみれたゴムのサンダルを履いていた。みんな普段の生活、いつも住んでいるところから離れて、ちょっとした息抜きを大いに楽しんでいるようだった。

通りを渡ってバスの停留所へ向かう途中、私は目を上げ、海岸から数百ヤードのところで砕ける波を見つめながら、そこでサーフィンをしている仲間たちと一緒に遅い午後の波乗りを楽しむ時間があるだろうかと考えた。砕ける波、温かな水、ゆっくりと沈んでいく太陽……そのすべてが私を呼んでいた。バスが来るまでの間、そこに立って海をながめながら、少年時代と同じ生活、太陽が沈み、疲れ切って動けなくなるまでサーフィンをする生活をうらやましく思った。そして、今日はこのまま家に帰るのが一番いいと気が付いた。もう自分が少年ではないこと、今は、よりよい未来が手に入れられるように、過去から引きずっている混乱の整理をつけるのが一番大事だということがわかってくると、悲しい気持ちになった。金持ち父さんとマイクと昼食をとりながら過ごした時間はとてもつらかった。でもためになった。会社の財務諸表を見直すのはつらい作業だったが、おかげで真実が見えてきた。単純な財務諸表が、それまで語られてきた嘘だらけの物語をはっきり見せてくれた。今はその物語を書き換える時だった。私は会社の財務諸表が入っている大きな茶封筒を脇に抱えてバスに乗り込み、会社同様まもなく手放すことになる我が家へと向かった。

今、私は大勢の人から「どうやってまた最初からやり直したんですか？」と聞かれる。人がすべてを失ったあと、どうやってそこから立ち直り、新たに始めるか、みんな興味があるらしい。そういった質問をする人の多くは、いい仕事に就いていたり、すでにキャリアを確立していて、これまでに築き上げたものを失うのはちょっと……とためらっているように見える。日本から来た一人の若い男性は私にこう聞いた。「すべてを失ったあと、あなたは恥ずかしいと思いましたか?」私は笑いながら答えた。「いろいろな思いがありましたよ。恥ずかしいというのは確かにそういった感情の一つでした」次にこちらからいくつか質問をしてみると、この人が給料を充分にもらえない今の自分の仕事を嫌っていることがわかった。でも、安定した仕事だったので、恥ずかしい思いをしたり、面目をつぶしたりするより、いやでもこのままずっと今の仕事を続けるつもりでいた。私はそんなふうに感じるのはその人に限ったことではないと言って、なぐさめた。実際のところ、人生が自分のために用意してくれているすべてを手に入れるために、恥ずかしい思いをしたりきまりの悪い思いをしたりする危険を冒すより、いくらかのお金とある程度の幸せの方がいいという人は多い。

●明日も今日と同じことをしていたいか?

「仕事もお金もなくて、一体どうやってまた始めたんですか?」これもまた、私の人生のこの時期について人がよく聞きたがる質問だ。この種の質問には「これだ」という決定的な答えもなければ、相手を充分納得させられる答えもない。そもそも言葉だけで説明するには限度がある。だから、私はたいていこんなふうに答える。

「ほかに行くところがなかったから前に進んだだけです。後戻りしてもあてにできるものはなかったわけですから」また、こんなふうに言うこともある。「毎日その日の心配だけをしてやってきたんです」「あの頃は私の人生で最悪の時期でした。もう一度やってみたいとは思いませんが、いま振り返ってみると、人生で最良の時期でもあったと思います。私の人生の方向を変えてくれたのですから。また、人生を変えるプロセスの中で、私がどんな人間になっていくかも変えてくれました」

また、時にはこんなふうに言うこともある。「私は自分の過去と未来のどちらをとるか選ばなければなりませんでした。未来も過去と同じにする道を進むか、未来を過去よりずっといいものにする道を進むかという選択です」この謎めいた答えに眉をひそめる人もいるが、私が言いたいのは、変化やリスクをとることを恐れる人の大部分は、明日も今日やっているのと同じことをやっているということだ。多くの人にとっては、今日一日を生き延びることの方が、よりよい未来のために今日を危険にさらすより大事だ。私はそういう生き方も理解できる。今でもワイキキの海岸で雇われ仕事をする「ビーチボーイ」をやっている友人に会って、彼らの生き方をうらやましく思うことがある――特に、ロンドンからニューヨークへ、あるいはロサンゼルスからシドニーへと飛ぶ747型旅客機の座席にじっと座っている時に。私もみんなと同じように、人生において自分が正しい決定をしてきたかどうかよく疑問に思う。私が飛行機の座席に座り、機内食を食べている頃、三十四年来ビーチボーイをしている三人の友人は、毎日通い続けている同じ場所に出かけ、サーフボードを借り、老いていく男のプライドをくすぐってくれる若い女子学生たちに声をかけ、チップをあてにしてハワイアンを演奏したり歌ったりしている。そして、次の日も彼らは同じところで同じことをする。確かに、ある意味では私も前の日と同じことをしている。私が思うに、違っているのは、人生の終わりをどのようなものにしたいと思っているかだ。私は「違う」明日が欲しいと思い、彼らは「同じ」明日が欲しいと思っている。

たいていの人は、今言った二つのどちらかのカテゴリーに入ると思う。そして、どちらのカテゴリーに入るかによって、人生からできる限りのものを得るためにリスクをとるか、今日も明日も同じ生活をすることで満足するかが決まる。私はすべてを危険にさらした。それは、今日よりずっといい明日が欲しかったからだ。すべてを失ったあとどうやってまた立ち上がったかという質問に対する説明としては、これが一番わかりやすいと思う。つまり、私はすべてを賭け、それを失い、また立ち上がった。なぜなら、そうなってもまだ、前に望んでいたのと同じもの、よりよい明日が欲しかったからだ。たいていの人は、ビーチボーイの友人のように、今いるところから動かない。それは、今日が安定していて、明日も安定していて欲しいと思っているからだ。だが、残念ながら、たいていの人が知っているように、今日はいずれ終わり、明日が始まる。ビーチボーイの友人たちだって、そのことはわかっている。

金持ち父さんは、私が会社の財務諸表と私個人の人生にぽっかり開けた穴がどんなに大きいか知っていた。数カ月前に私の会社の財務諸表を見た時、金持ち父さんは「きみの会社は財政的な癌にかかっている」と言ったが、その通りだった。金持ち父さんには私にお金がないことも、生活するところや仕事がないこともわかっていた。それでも、仕事を世話してくれたり、財政的な援助を申し出たりは決してしなかった。私もそのような形で助けてもらうことは、望んでいなかったし、期待もしていなかった。私はその時までにすでに二十年以上、金持ち父さんと一緒にお金についての勉強をしてきていたので、今彼が私から何を望んでいるのか、よくわかっていた。

私が貧乏父さんと呼んでいる実の父はとても思いやりのある人だった。父は何度か私にお金をくれようとした。だが、私は父の経済状態を知っていた。その状態はとても悪く、私と大して変わりなかった。父には持ち家こそあったが、五十代後半で、教職員組合からのわずかな早期退職年金にほぼ百パーセント依存する生活をしていた。退職時にあったわずかな蓄えは、アイスクリームショップのフランチャイズ権を買い、経営に失敗してすっかりなくしていた。この事業は父にとってビジネスの世界でのはじめての体験だったが、この世界は父の学問的な優秀さではなく、実社会での経験のなさに対して手厳しい見返りをよこした。父は新しい仕事を見つけるのにも苦労をした。年齢とプライドが邪魔をしたからだ。教育局長として人の上に立って働いていた父にとって、自分より年下の人から仕事をもらうために頭を下げるのはむずかしかったのだろう。

父はまた、州政府での自分の経験がビジネスの世界には通用しないと聞かされてとても腹を立てた。父はよくこう言われた。「あなたの職歴はすばらしいです。確かにすばらしい業績もあげています。でも、あなたの持っている能力は、私たちが必要としているものとは違います。ここではあなたが一生かけて学んできたことが役に立たないんです」父は次に、同年輩で同じような苦境に立たされた多くの人の例にならい、コンサルタント業を開業した。父を雇う人が一人でもいたのかどうか、私は知らない。だが、「コンサルタント」という肩書きは、父の心の痛みを和らげるには役立ったようだった。

●傲慢さを捨てて学び直す

私が前進を続ける原動力となったことはいくつかあるが、その一つは、自分に対して次のような誓いを立てたことだった。「私は自分の無知、傲慢さ、あるいは恐怖に踊らされて、自分に手に入れられるはずの人生を手に入れられなくなるようなことは絶対にしない」年齢や傲慢さ、実社会での実践的な技能の不足、ファイナンシャル・インテリジェンス（お金に関する知性）の不足、最新の情報の不足、政府からの施し物への依存といったことが父にどんな影響を与えたか、私はよく知っていた。だから、父の例を教訓、つまり反面教師とすることを誓ったのだ。あの時、私はもう一度「学生」になろうと誓った。そして、私の「教育」はまず個人的な財務諸表をきれいにすることから始まった。それは私の無知と傲慢さがもたらしたひどい混乱を反映していた。次に私は、金持ち父さんの言葉通りにすることを誓い、たいていの人が学ばないことを学び始めた。

私が九歳の時から、金持ち父さんは私にとってとても大切な「よき師」だった。三十二歳のこの時、私は大人として金持ち父さんからもっと多くのことを学ぼう、子供の時に習った同じ教えを大人として学び直そうと心に誓った。サーフィンとラグビーで明け暮れる時期が終わろうとしているのが私にはわかった。それは悲しいことではあったが、同時に、私はまったく新しい、これまでとは違う未来を心待ちにするようになっていた。その未来は、お金の面で私にもっと大きなコントロールの力を与え、一生その力を維持させてくれる未来だった。私は大人になって貧乏父さんのようになるのはいやだった。父は「コンサルタント」の看板を掲げ、六十歳を目の前にしてまだ仕事を探していた。なぜなら年金では暮らしていけないことに気付いたからだ。私はこの時自分が三十代で始めようとしていた変化を、父のように六十歳になって始めるのはいやだった。六十歳になってはじめて、年金では余生を送れないことに気付くのはいやだった。三十二歳の時私が立てた誓いは、人生のお金の面をきちんと整理すること、教育を受けること、そして明日ではなく、今日、自分の未来の面倒を見ることだった。

●私が高給の仕事に就くのをやめた理由

アパートの家賃が払えなくなり、引越しの準備をしながら、一体どこに行ったらいいか考えていた時、一人の友人が電話をしてきた。仕事のために四カ月ほどカリフォルニアで暮らさなければならなくなったので、その間植物に水をやったり、犬に餌をやったりして留守番をしてくれないかという話だった。おかげで私の住宅問題は解決した――少なくともその期間だけは。お金はいろいろな形で入ってくる。そのあとも、お金がまったくなくなると、前に払いすぎたお金がタイミングよく戻ってきたり、何かの理由で払い戻しがあって、郵便で小切手が届いたりした。また、会社の売掛金を借金取立人がやっと取り立ててくれて、そこからお金が入ってくることもあった。ただし、このように小切手が時折届くにしても、それはそう頻繁にあるわけではなく、そうなると、お金がなくなって食事ができないこともあった。この時期はとても大変だったが、それと同時にいい時期でもあった。私がこんなことを言うのは、おかげで、自分が何者で、何ができるかを見つけるための時間が与えられたからだ。

カリフォルニアへ発った友人の家に一時的に身を寄せていると、別の友人が電話をしてきた。この友人はヘッドハンターで、経営幹部の人材を探していた。「きみにすごく興味を持っている会社があるんだ。きみがゼロックスで一、二を争うセールスマンだったこと、最近の四年間は、何百人ものセールスマンのチームを動かして国内外で製品を売ってきたことなんかを話したら、ちょうどきみのような人を探していたと言うんだ。給料はいいし、出張でたくさん旅行もできる。経費もかなり使えるし、各種給付金もたっぷりもらえる。それに、いつかこの会社の社長になるチャンスだってあるかもしれない。引越しする必要もないんだ。ハワイにいて、アジアとカリフォルニアの顧客の橋渡しをしてもらいたいんだそうだ。この話に興味があるかい？」

正直言って、文無しで必死だったあの時にかかってきたこの電話は、まるで天国からの電話のように思えた。私はうれしくて天にも上る心地だった。高い給料、名のある会社、高い地位、さまざまな給付金、車、昇進の階段……そういったものの誘惑が、私の中の貧乏人、生き延びるために必死になっている部分に強く働きかけた。それに、一番重要だったのは、誰かに愛されている、必要とされているとまた感じるようになったことだった。その仕事に適任であることは自分でもわかった。ニューヨークの学校を出ていたし、日系四世だったので日本の文化についても知っていた。私はすぐにその話に乗ることにした。

四週間後、私は、会社が履歴書を見て選んだ十六人の中からさらに面接で選び抜いたわずか三人の候補者の中に残っていた。私は面接のたびに、食べ物を買うお金を切り詰めてスーツを新調することさえしていた。お偉方との面接もそろそろ終わろうというある日、私は地域担当副社長のオフィスの外の椅子に座っていた。だが、いい気分どころか、だんだん気持ちが沈んできた。何かおかしい……自分がやっていることが貧乏父さんのやっていることと同じだと気付き、胃のあたりがぎゅっとなった。父と私の唯一の違いは、三十二歳と五十九歳という年齢だけだった。二人とも同じように仕事を求めて面接を受けていた。高い給料、安定した仕事、地位、昇進、給付金の多さなどは実に魅力的だった。私は自分の中にいるどの人間がそれに応えようとしているか気付いた。

副社長のオフィスの外に座っていたあの十分間はとても長かった。その間、私は自分と語り合った。十分後、私は次のようなメモを書いた。「私に興味を持ってくださり、ありがとうございました。検討のためにお時間をとっていただいたこと、心から感謝いたします。おかげさまで自信を取り戻せました。でも、私は自分の人生を歩まなくてはいけないことに気が付きました。ですから、この仕事の候補者のリストから私の名前をはずしていただきたいと思います。ありがとうございました」メモを秘書に渡すと、私は部屋から出て、ドアを閉めた。それ以来一度も、私は雇ってもらうために仕事に応募したことはない。

●「だれでもない」状態を受け入れる

金持ち父さんはいつも、私がどんな職業を選ぶかより、どんな人間になることを選ぶかに興味を持っていた。仕事もお金もなかったこの時期、私は自分の中の「弱虫」と「戦士」の二つのタイプの人間から一つを選ばなければならなかった。何もない状態で、厳しい現実の世界に立ち向かうようになって最初の二週間ほどは弱虫が優勢だった。それからある日、戦士が弱虫を打ち負かし、その日一日はとてもいい気分でいられた。でも、次の日からまた弱虫が優勢になった。そんなことを繰り返して四週間目に入った時には、ちょうど両者の力が同じくらいで、一日のうち半分は弱虫、残りの半分は戦士……といった感じでいたが、そうなってやっと、いろいろなことが変わり始めた。つまり、お金も仕事も、特別な職業的技能もない人間でいることに抵抗を感じなくなってやっと、人生が変わり始めた。私は「だれでもない」状態を抵抗なく受け止められるようになりつつあった。私はもう子供でも、学生でも、船乗りでも、軍のパイロットでも、起業家でもなかった。何も持っていなかったが、その状態が結構気に入っていた。それは考えていたほどいやなことではなかった。私は何も持たずに、何もない未来に立ち向かっていた。そして、その状態を続ければ続けるほど、私の中の戦士がどんどん強くなっていった。全国を統括するセールスマネジャーの仕事に就ける可能性を自分の手で握りつぶした理由の一つは、私が当時、個人的な「実験」をしている最中だったからだ。私は自分の中のどの人間が勝つのか、ただそれを見極めたいと思っていた。

金持ち父さんはマイクと私によくこんな質問をした。「もし何も持っていなかったら……お金も、仕事も、食べ物も、雨露をしのぐところもなかったら、きみたちならどうする?」

私たちが「少しでもいいからお金が稼げる仕事に就きます」と答えると、金持ち父さんは「きみたちは従業員になるように訓練されているね」と言った。

私たちが「ビジネスチャンスを探して、ビジネスを自分で起こすか、ほかから買うかします」と答えると、金持ち父さんは「きみたちは起業家になるように訓練されているね」と言った。

また私たちが「投資先を見つけて投資家を探します」と答えると、金持ち父さんは「きみたちは投資家と起業家になるように訓練されているね」と言った。

金持ち父さんはこうも言った。「たいていの人は、生まれた時から、仕事を探すように訓練される。実際のところ、そういう人が学校に行くのは、その訓練を強化するためだ」金持ち父さんの質問に対して、今挙げた三つのうち最後の二つの答え方をしたいと思っている人は、たいていの人が受ける教育とは異なる形の教育、つまり金持ち父さんが「現実の世界のための教育」と呼んだ教育が必要だ。

私は一人で静かに考えた。金持ち父さんの質問を思い出し、何も持っていない今、これから先の人生で三つの答えのうちどれを自分の答えにするか選び始めた。

●避難所を渡り歩く

中華料理店で昼食をともにしてから六週間ほどたったある日、金持ち父さんが電話をかけてきて私をまた昼食に誘った。私は二つ返事で誘いを受けた。今回はホノルルの中心にあって、大物たちの集まる高級レストランで待ち合わせた。店の客はほとんど全員がビジネススーツを着ていた。バスに乗って到着した私は、ショートパンツに赤いアロハシャツといういでたちだった。お金があって、もうほかの人たちと同じような服装をする必要がないんだというふりを精一杯していたのだ。今思えば、そんなごまかしに乗った人はいなかっただろうし、そもそもそんなことを気にする人がいたとも思えない。昼食の相手は金持ち父さん一人だったし、私の経済状態を知っている金持ち父さんは、たとえスーツを着て行ったところで、何とも思わなかったただろう。椅子から立って私を迎え、握手をしながら金持ち父さんは「調子はどうだい？」と聞いた。

「上々ですよ」椅子に腰を下ろしながら私は言った。「何も持たず、何者でもないことに慣れてきました」

金持ち父さんはくすくすと笑った。「そんなに悪いもんじゃないだろう？」

「ええ、そんなに悪くはないですよ。自分の能力を疑う気持ちが忍び寄ってきて、これまでにした愚かな行いのすべてに関して自分を責め立てたりしなければ、何だってそんなひどいことにはなりません。ぼくはどんどん強くなっています。ぼくの中の弱虫の旗色が悪くなり、戦士が力を増しているんです。現実の世界に立ち向かう準備はもう少しで整います」

給料の高いセールスマネジャーの仕事に応募し途中でやめたことを話すと、金持ち父さんはうれしそうにこう言った。「この数カ月の間、きみから聞いた話はあまりよくない話ばかりだったけれど、これは最高にいい話だ。きみは本気で自分の未来を変えようと決めたんだね。それに、一番大事なのは、きみが現実の世界に立ち向かう勇気を見つけたことだ。本当によかったね」

私はわけがわからず、目を細めて聞き返した。「だれだって、現実の世界に立ち向かいたいと思っているんじゃないんですか？」

「たいていの人は自分がそうしていると思っている。でも、本当を言うと、今、たいていの人は必死で現実の世界から身を隠そうとしている」

ウェイターがテーブルにやってきて私たちにメニューを渡し、グラスに水を注ぐと、その日の特別料理を口早に説明した。

「現実の世界から身を隠す？　それはどんなふうにするんですか？　仕事による安定を使って？　方法はそれだけですか？」私はそう聞いた。

金持ち父さんはメニューをウェイターに返しながら、「いつものを頼む」と言った。それから、私の方を見てこう言った。「現実の世界から身を隠すには、仕事による安定のほかにもいろいろな方法があるよ。今、たいていの人は現実の世界から自分を守ってくれる避難所を転々と渡り歩いて一生を過ごす。たとえば、多くの人が生まれ育った家という避難所をあとにして進むのが大学という避難所だ。そして、そこを卒業すると、今度は仕事や職業といった避難所に飛び込む。結婚した人はそれと並行して、自分自身の家族のために避難所を作る。このプロセスは、人が安全な避難所からまた別の避難所へと渡り歩く限り続く。仕事を辞めた時は、履歴書をひっぱりだしてきて、また別の避難所を探しに出る。あるいは、離婚をした場合は、新たな避難所を作るために別の相手を探し始める」

「そうするのがいけないんですか?」

「いや、必ずしもいけないわけじゃない。それに、常に別の避難所がある限りは問題ない」金持ち父さんは水を一口飲んで続けた。「でも、一つの避難所を出たあと次が見つからないと問題が持ち上がる。きみのお父さんがそのケースだ」

「ぼくの父?」私はちょっとびっくりしてそう聞いた。

「そうだよ。きみのお父さんだ。今きみのお父さんときみはまったく同じように現実の世界に立ち向かっている。二人のうちどちらの方がうまくやるんだろうね……。違いはきみのお父さんが五十歳を過ぎてから現実の世界に立ち向かい始めたのに対して、きみはまだ三十代だという点だ。仕事がないのは同じだ。これは観察するにはなかなかおもしろいと思うよ」

「あなたの目から見て、今ぼくの父が立ち向かっている現実の世界がどんなものか説明してもらえますか?」

「きみのお父さんは両親の家という避難所を出て、いい学校へと進んだ。そして、いい仕事に就き、成功へ続く階段を上った。そうだね?」

「ええ、そうです」

「つまり、きみのお父さんは教育局長という地位、肩書きに達するまで、安全な避難所を渡り歩いてきた。

家を出て学校へ通い、結婚して、一度も学校システムの外に出なかった。そうだね?」

私はうなずいた。「父はすばらしい学生でした。だから、自分の自尊心を満足させてくれ、また成果をあげさせてくれるシステム――あなたの言うところの避難所――の中に留まったんです。あなたは父が高等教育というこの避難所を去るべきだったと言いたいんですか?」

「なぜそんなことをしなくちゃいけないんだい? お父さんは頭がよくて、優秀な学生で、クラス委員で、短期間でそのシステムの頂点に立った。自分がうまくやれるシステムに留まるのは当然さ。もし私がお父さんの立場でも、たぶん同じことをしたと思う。でも、そのあと、お父さんは五十歳にしてそのシステムから去る道を選んだ。学校システムの外にあるのは現実の世界だ。お金の面で、きみのお父さんは現実の世界に対する準備が頭脳的にも感情的にもできていなかったんだ」

「父がハワイ州の副知事に立候補すると決めた時のことを言っているんですか?」

「そうだよ……きみのお父さんは誠実な人で、腐敗した政治システムに反対して立ち上がった。そして、誠実にすることが最良の方法ではないことを思い知らされた。副知事に立候補して選挙に敗れた時、お父さんは現実の世界に飛び込んだ。選挙に敗れたあと、自分が育ったシステム、自分がうまくやれるシステム、自分が知っている唯一のシステムの外側にいることに気付いたお父さんは、突然、現実の世界に立ち向かわなければならなくなった。で、今それをやっているけれど、あまりうまくできていない。その上、お父さんが仕事を失ったあとすぐに、きみのお母さんが若くして心臓発作で亡くなった。たぶんお母さんは、それがどんなものでも、何かを失った時に感じる気恥ずかしさや、お父さんが失業しているという事実に耐えられなかったのだと思う。何しろきみのお父さんとお母さんは、それまで自分たちを守ってくれていたシステムの外に放り出されたんだからね」

「父より母にとってショックが大きかったんです。政府関係の社交グループの見せかけだけの友人たちは、父が選挙に敗れたとたん、母に電話をかけてくることも、一緒に昼食を食べに行くこともしなくなりました。

その中には、特に親しいと思っていた友人の多くが含まれていたんです。世間は自分が敗者とみなした人間に対してとても残酷になれます。上に立っていればみんなが愛してくれますが、落ちぶれるとすぐに忘れられてしまいます。母は父が頂点から転落したことにだれよりもショックを感じていたと思います。五十歳を待たずに亡くなったのはそのせいだったと思います」

●現実の世界に立ち向かう

私が母について話をしている間、金持ち父さんはじっと黙って聞いていた。母を失ったことを私がどんなに悲しんでいるか、金持ち父さんにはわかっていた。私が気を取り直すまで待って、金持ち父さんは話を続けた。「悲しみの時期を乗り越えたあと、お父さんは再婚した。もちろん相手は学校の先生だ。それからアイスクリームショップのフランチャイズ権を買い、一生かけて貯めた蓄えを失った。そのあと離婚することになったけれど、避難所のないことから来るプレッシャーのせいだったに違いない。避難所、安全な港がない状態は、若かろうが年をとっていようが、夫婦にとって大きなストレスとなる。今のきみのお父さんは孤児みたいなものなんだ。両親はもう亡くなっているし、二人の妻も自分のもとから去っていった。子供たちもお父さんを支えることはできないし、自分が育った避難所、教育システムは自分を再び受け入れてくれようとはしない。だから、生き延びようとして、あれこれやってみているんだ。現実の世界から自分を守ってくれる次の避難所へ通じる扉を何とか見つけようとしてね」

「もし教職員年金がなかったら、父は現実の世界につぶされてしまうでしょう。ホームレスになっていたかもしれません」

金持ち父さんも私と同じ考えだった。「多くの子供たちがそうするように、きみの家でも子供がお父さんを引き取らなければならなくなるかもしれないね。最後に残された避難所は家族だ。もっとも、その家族に経済的な余裕があればの話だがね」金持ち父さんは私の目をまっすぐ見ながら言った。「今のきみにはお父さんの面倒を見る余裕はない。そうだよね?」

「とてもむずかしいとは思いますが、何とか方法を見つけます」私はそう答えた。「でも、なぜ今ぼくたちは、現実の世界と避難所を比較する話なんかしているんですか?」

「それはきみの学習がまだ続いているからだよ」金持ち父さんはにこりとして言った。「三十代になったからといって、それだけで、もうそれ以上学べないってわけじゃない。きみの今の経済状態はひどい。でも、ありがたいことに、きみはまだ三十二歳だ。いいかい、きみはこのあまりよくない状況をもっと悪くする道を選ぶこともできる。負け犬はだいたいそうするんだけれどね。あるいは、今の状況を、これまでの人生で最高の状況に変えることもできる。何百万人という人が、オフィスや農場、セールスの仕事、さまざまな職業……といったものに縛られて、きみが今直面しているような恐怖を抱えながら生活している。今のきみをせせら笑い、はみ出し者のように扱う人も多いだろうが、きみをうらやましく思う人も何人かはいるだろう。そう思う理由は、きみが少なくとも、すべてを失うというつらい経験をすでにくぐり抜けているからだ」

「それはちょっと信じられません。なぜ何にも持っていないぼくをうらやましいなんて思うんですか?」

「それは展望《ビジョン》を持っている人が少しはいるからだよ。ほかの人は持っていない、あるいは持ちたい、見えるようになりたいと思っていない展望をね。一部の人は、きみの世代が直面する困難の方が、私たちの世代が直面する困難より大きいことに気付き始めている。二〇〇〇年を過ぎると、きみの世代の人間の多くが、自分たちも今きみが直面しているのと同じ経済状況に直面することに気付くだろう。展望を持ったごく少数の人がきみをうらやましく思うのは、きみが何もない状況に今直面しているから、つまり避難所のない現実の世界に、明日ではなく今日立ち向かっているからだ……将来立ち向かうのではなくね。きみと同年輩の仲間が今お金があったり、成功していたとしても、それは明日もお金と成功が維持できることを意味しない。このことに気付いている人がきみをうらやましがるんだ」

「そういう人がなぜぼくをうらやましがるのか、まだよくわかりませんが……」

「きみがすでにプロセスの半分まで来ているからだよ。たいていの人はこれから先、仕事がどんどん減り、経済的な安定も減っていくことを知りながら、見せかけだけの安定にしがみついている。早めにへまをしたきみには、それをきちんと片付けて、経験を活かして成長する時間がある。きみは後ろに進むより前に進みたいと思わないかい？」

「そりゃ、できればそうしたいですよ。ぼくは自分が引き起こしたへまのど真ん中にいます。つまり、あなたが現実の世界と呼んでいるものにすでに直面していますが、それはそんなに悪いものじゃありません」

「そいつはいい」金持ち父さんはにこりとした。「いいかい、私の人生で一番よかったことは、十三歳で現実の世界に立ち向かうチャンスが与えられたことだよ」

「あなたのお父さんが亡くなって、ビジネスと家族の面倒を見なければならなくなった時の話をしているんですね？」

「十三歳、つまりきみのお父さんが仕事による安定について学校で学び始めた頃に、私はすでに現実の世界に直面していた。きみのお父さんがいま直面している世界だ。ティーンエージャーになりたての私には、教育もお金もなく、あるのは悲しみにくれる病弱な母親と、面倒を見なければならない家族、経営不振のビジネスだけで、頼る人もいなかった。でも、今振り返ってみると、ああなったのは人生の最高の贈り物だった。今私がこんなに金持ちでいられるのは、隠れる避難所がなかったからだ。きみに手を貸さないのもそのためだよ。きみに手を貸して避難所を与えたら、必ず通らなければならない試練を先送りにすることになるからね。もしきみが私の世代の人間だったら、仕事を見つけてあげるだろう。なぜなら、私の世代の人間にとって必要なのは仕事による安定だけだからだ。きみの世代は仕事による安定よりも、本当の経済的安定を必要とする。きみの世代には仕事はたくさんある。ファーストフードの店はいつだって人手を探している。だが、きみたちは本当の経済的安定を達成するのに必要なファイナンシャル教育を持っていない。避けられない運命が待っているのは、この教育の不足のせいだ」

「避けられない運命？」私はそう聞いた。

「ああ、そうだ。きみの世代は、社会保障や高齢者医療保険《メディケア》といった頼れる避難所を手に入れられないか、あるいは手に入れられたとしても充分でない可能性が大いにある。きみのお父さんや私の場合は、最後の手段としてそれがあるけれど、きみの世代の何百万という人たちは、頼りとする年金がまったくもらえないか、もらえても充分ではないだろう。きみたちは現実の世界から自分を保護してくれるDB年金プランも、組合による年金プランも持たずに年をとる。だから、今きみが直面している状況は、二〇一〇年以降、つまり前にも言ったように私がこの世からいなくなってから何年もたったあとに、何百万というきみと同世代の人たちが直面する状況なんだ」

●安全ではない引退後の避難所

ウェイターが食事をテーブルに並べる間、私は黙って座っていた。二人の父親が従業員の年金プランの重要性を強く主張する理由がわかりかけてきた。ウェイターが立ち去ると私はこう言った。「つまり、あなたの世代にはDB年金プランがあるけれど、私たちの世代にはないかもしれない。で、あなたにとってそれはとても大きな違いなんですね」

「とてつもなく大きな違いだよ。いいかい、きみのお父さんのもとで働いていた人たちは、政府や組合が引退後の生活の支援をしてくれる。うちの従業員の場合は、自分を支えるのは自分だけだ。で、彼らの大部分は引退後に備えた年金プランに今お金を入れていない。自分の年金プランが何かも知らないんだ。中にはDB年金プラン、つまり自分の親がやってきたプランと同じだと思っている人もいる。DBプランなら安心だという間違った考え方のおかげで、うちの従業員の多くにはまったく貯金がない。大きな家、いい車、豪華なテレビなんかは持っていても、ほかには何も持っていない。だから私は心配なんだ。彼らに投資の話をすることもあるが、彼らにとってはいい車や豪華なテレビの方が投資信託や銀行預金などより大事なんだ。それに、彼らには貯金と投資の違いすらわかっていない。どちらも同じだと思っている。きみやきみの世代のほかの人たちのことを私が心配するのは、それだからだ。私の世代の人間の大部分は、いくらかは現実の世界から保護されている。きみの世代の人間の大部分は、いずれ現実の世界に直面する。直面する準備もできていない世界にね。そして、多くの人の場合、その時にはもう手遅れだ。まもなくこの大きな問題が噴き出してくる。それなのに、だれも心配している様子がないんだ」

「つまり、ぼくと同じ世代の何百万という人間が、ぼくが今直面しているような状況、何も持たずに現実の世界に立ち向かう状況にいつか必ず直面するってことですね」

「そうだよ。私が言っているのはそれだ」金持ち父さんは厳しい声で言った。「まさにそのことを言っているんだ。きみとほかの人たちとの違いは、きみが一九七九年に三十二歳で現実の世界に直面しているのに対して、きみの仲間たちは二〇一〇年以降、つまり六十二歳、七十二歳、八十二歳、あるいは運がよければそれ以上長生きした時点でそうなるってことだ。いくつになっていようと、彼らは必ずそれに直面する」

「ぼくの世代の年金プランは、自分で充分なお金を拠出しなければ、資金不足になる可能性があるんですね？」

「それだけじゃない。きみたちの年金プランは、たとえたくさんお金を注ぎ込んだとしても資金不足になる可能性がある。なぜなら、私が予想するような株の大暴落があったら、きみたちの年金プランは吹っ飛んでしまう可能性があるからね」

「つまり、DB年金プランは株の大暴落があっても大丈夫なようになっているけれど、DCプランはそうなっていないということですか？」

金持ち父さんはうなずいた。「多くの場合はそうだが、DBプランでも管理・運用の仕方を間違えばつぶれてしまうこともある。でも、DCプランの方がリスクが大きいことは確かだ。だから、先になって必ず問題が起こる。真実が明らかになる瞬間がもうじきやって来るんだ。新しいDCプランがうまくいくかどうか、きみたちの世代の人間が確かめる時がまもなくやってくる。問題は、そのプランがうまくいったかどうかは、きみたちが引退してからでないとわからないことだ」

「ぼくのクラスメートたちは六十五歳になってから、DCプランではうまくいかなかった、それでは不充分だったと気付くかもしれないということですか？　彼らがそれに気付くのは引退してからで、働くにも、そのプランを埋め合わせる、つまり足りない分を補うにも、もう遅すぎるということですか？」

金持ち父さんはうなずき、話を続けた。「きみの世代は多くの人が年金プランにお金を拠出していない。あるいは、いくらか出していても充分でない人が多い。それに、株式や投資信託がどんなに危険か知っている人はほんのわずかだ。株式市場が暴落すれば、投資信託もゼロになる可能性がある。株式の暴落はいつか必ず起こる。すべての会社、すべての投資信託がパンクするわけではないが、将来いつか、きみの世代の人間は自分たちのDCプランが安全ではなく、引退後の避難所が危機にさらされていることを思い知らされる。そのことに気付いた人は、株式市場から手を引き始める。そして、パニックが始まり、市場が暴落する。そのパニックが大きければ、暴落も史上最大のものになるだろう。問題は、あまりに多くのアマチュア投資家が市場に参入していることだ。このアマチュア投資家たちが問題なんだ。年金制度の改革の欠点なんかよりずっと大きな問題を抱えている。きみの世代の大部分が現実の世界、つまりきみが今直面しているような状況に直面すると私が予想するのはそれだからだ。そうなるのは確実として、残る唯一の問題は、その時、彼らがいくつになっているかということだ」

●夫婦が子供と老親を養う時代になる？

「ぼくの世代の大部分？」私は金持ち父さんの言葉が信じられずにそう聞いた。

「そうだよ。きみの世代の大部分だ。少なくとも八十パーセントは、あてにできる充分なお金を持っていない状態で引退時期を迎える。そして、この株式市場の大暴落のあと、二〇二〇年を過ぎた頃から、お金もなく、どこからの援助も受けられない人たちが何百万人と出てくる。その時のアメリカ政府には、政府からの援助がなければ生きるための生活費、医療費すらまかなえない一億五千万人の国民の面倒を見る余裕はないだろう」

「一億五千万人?」私は金持ち父さんの数字が間違っているのではないかと思ってまた聞き返した。「戦後のベビーブーマーの数は七千五百万人だけでしょう?」

「そうだよ。一億五千万人になるのは、私の世代の人間でまだ生きていて援助を必要とする人間がいることや、何百万人もの移民や、すでに存在している貧困層などを勘定に入れるからだ。二〇三〇年までには、アメリカの人口の半分が政府からの援助を日増しに必要とするようになっている可能性がある。その理由は単純だ。医療の飛躍的な進歩によって寿命が延びる一方、たいていの人が、年をとってからの生活に立ち向かう準備が経済的にできていないからだ」

「それに、今の数字には、約束通り政府に面倒を見てもらうことを期待している、連邦政府や州政府で働く大勢の人たちは入っていない」私はそう付け加えた。「私の父のように一生政府に雇われて働いてきた人たちのことですが……」

「その通りだ」金持ち父さんはうなずいた。「政府が面倒を見てくれる、つまり政府が安全な避難所になって、自分たちを現実の世界から守ってくれることを期待するように教え込まれてきた人が多すぎるんだ。だから問題がどんどん大きくなる」

「だから、ベビーブーマーの子供たちの多くが両親を援助しなければならなくなるんですね」

「自分の両親だけじゃない。ベビーブーマーの子供たち、つまり一九七〇年以降に生まれた人たちは、二つの家族を養うよう要求されるかもしれない。つまり、たとえば子供が二人いる夫婦は、家族四人以外に、自分だけの力では経済的に生きていけない四人の人間の面倒を見なければならなくなるかもしれないんだ。これはいろいろな税金の形をとるだろうけれどね」

「親子四人の家族が本当は八人の家族になるってことですか?」

「そうなる可能性がある。将来は、二つの異なる世代、つまり若い世代と高齢者の世代とで、お金と生命維持のための医療を取り合うことにだってなりかねない。で、もし年寄りが政府を牛耳っていたら、若者たちが年寄りのつけを払うために税金を取られるのは確実だ」金持ち父さんは自分の考えをそう述べた。「反対にもし若者が政治の実権を握っていたら、何百万人ものきみのようなベビーブーマーたちが、若者が年寄りを敬わなくなったとぶつぶつ文句を言うことになるだろう」金持ち父さんは自分で言った言葉に気が付き、くすくすと笑った。

「なぜ笑っているんですか?」と私が聞くと、金持ち父さんはまだ笑いながらこう言った。「年寄りを敬うなんてもう古い考え方なんだろうね。この先、若い人たちが年寄りを敬う気持ちは、多くなるどころか少なくなるばかりだろう。でも、私が間違っている可能性だってあるよ。ベビーブーマーの子供たちは、喜んで自分の財布の口を開け、年寄りたちのために自分の持っているお金を全部を差し出すかもしれない。そうならないとはだれにも言えない。それよりもっと奇妙なことだってこれまでに起こっているんだから……」

それからしばらくの間、二人ともほとんど何も言わず、黙々と料理を食べた。私は帰りの交通手段について考えていた。歩いて帰るべきだろうか、それとも思い切って贅沢をしてまたバスに乗って帰ろうか? 金持ち父さんに車で送ってくれと頼む勇気はなかった。現実の世界に直面する、何も持たない——正確にはほんのわずかしか持っていない——状態でそれに直面するこの絶好のチャンスを無駄にしたくなかった。七十二歳や八十二歳、あるいは運よく生きながらえて九十二歳といった高齢に達してからではなく、三十二歳で現実の世界に直面できたのはラッキーだったと感じ始めていた。

テーブルに運ばれてきた勘定書を金持ち父さんが手に取った時、私はこう聞いた。「なぜこんなことになってしまったんですか? なぜ、現実の世界から逃れるための避難所を必要とする人がこんなにもたくさんいるんですか?」

●安全 vs 自由

「いい質問だね」金持ち父さんがクレジットカードをウェイターに渡しながらそう答えた。「みんなが自由の代わりに安全を求め始めた時に大きな違いが出てきたんだと思うよ」

「ぼくたちはみんな自由を持っているんじゃないんですか？　何と言ったってここはアメリカです。自由な民の地、勇士の故郷アメリカです」

「ああ、確かにそれがアメリカで、あの歌は古くから歌われているよね」金持ち父さんは口元にうっすらと笑みを浮かべた。「問題は、たいていの人が、安全と自由が同じ言葉だと思っていることだ。でも、実際はそうじゃない。多くの点から見て、安全と自由はまったく正反対の意味を持っている」

「安全と自由が正反対のことを意味する？　どういうことか説明してくれますか？」

「いいかい、一七七三年のかの悪名高きボストン茶会事件で、アメリカ人は何に抵抗して反乱を起こしたんだ？」

「税金です。税金からの自由を要求したんです。勇敢なあの男たちは、自由のためにイギリス本国に対して犯罪行為を行い、牢屋につながれる危険を冒したんです」

「よし。つまり、彼らは仕事による安全がもっと欲しいからといって紅茶を船から外に投げ出したわけじゃないよね？」

「ええ、彼らは自由のために喜んで戦おうと思っていたんです。仕事による安全のためじゃありません」

「で、今私たちが学校で子供たちに教えているのは何だろう？　親や教師が子供たちに一生懸命勉強しろ、いい成績をとれと、脅しをかけるように強く言う一番の理由は何だろう？　自由を得るためだろうか？」

「いいえ」私は静かにそう言った。「親や教師たちは仕事による安定を得るため、できれば高い給料のとれる仕事に就くためにいい成績をとれと子供に言うんです」

「で、建国の父たちがあれほど大切にしていた自由はどうなった？　何百年も前に、勇敢な男や女たちがそのために戦った自由は？　仕事による安全ばかりが大事にされて、自由はわきに追いやられてしまったんじゃないかい？　食卓に食べ物を並べるのに充分なお金が持てないのでは……という恐怖が自由にとって代わり、私たちの社会の最優先事項になってしまったんだ」

金持ち父さんは話を続けた。「だから、学校は自由を教えるところじゃない、仕事による安全とDB年金プランについて教えるところだ。教師たちが持っているのがその二つだからね。でも、彼らが教える学生たちは将来それを持てるわけじゃない。学校と現実の世界との直接的なつながりがどんどん少なくなっているのはそのせいにほかならない。現実の世界の人間の大部分は、将来DB年金プランを持つことはないけれど、学校の教師たちはそれを持っている……」

「……というわけさ」金持ち父さんは話を続けた。「きみはベトナムで何のために戦ってきた？　行かないでいることもできたのに、徴兵から免除される立場でありながら何のために戦った？　それは自由のためじゃなかったかい？」

「そうです。でも、あなたと父が、国のために戦うのは息子としての義務だと説明してくれたからそうしたんです。二人がそれほど強く言わなかったら、ぼくは行ったかどうかわかりません」

「そうだね……で、きみの友達の親たちの大部分はどうした？　徴兵を避けるために学校へ留まれと強く言ったんじゃないか？　きみの友達の大部分はベトナムへ行かなかった。彼らは賢かったから、大学に入って徴兵免除を受けた。そうじゃないか？」

「ええそうです」

「この国がどんなに変わったか、きみにはわかるかい？　私たちは自由の理念のもとに建国した。だが、今は安全が自由よりずっと大事になっている。安全と自由は同じ理念ではないし、安全を求める人たちと自由を求める人たちとはまったく違う。そしてその違い、つまり人間の違いが、史上最大の株式の暴落を引き起こすんだ。何百万という人たちが今、確定拠出型の年金プランにお金を注ぎ込んでいる、つまり、投資信託やそのほかのものに投資し、それによって安全が保障されるように願っている。やれやれ、そういう人は将来どんなに荒っぽく目を覚まされることだろうね……」

●安全を求めれば自由が減る

「だから私はエリサ法のことをこんなに心配しているんだ。私たちはもう、ボストン茶会事件が起きた頃の国民とは違う。一つの国として自由のために戦うなんてことはもうしない。その代わり、安全を求めて必死に戦う国民になってしまった。この先、何百万という人たちが、自分から進んでそうする気持ちもなければ、お金についてそれほど洗練されてもいないのに、株式市場に無理やり参入させられる。きみも知っての通り、株式市場は安全が大好きな人間のための場所じゃない。自由を求める人間のための場所だ。厳しいことを言うようだが、結局は自由を愛する人たちが勝ち、安全を愛する人たちが負けるのではないかと思う。で、負けた時、彼らは現実の世界に直面する……困ったことに、かなり年をとってからね。これが私の予測する未来だ」

「つまり、自由と安全は違うってことですね?」私にはその違いがまだよくわからなかった。

「違うだけじゃない、正反対だ。安全を求めれば求めるほど、手にする自由が減る」

「そこのところを説明してください。安全が増えるとなぜ自由が減るんですか?」

「きみが面接の途中でやめたあの仕事は、きみに多くの安全をもたらしてくれたかもしれない。でも、それは自由と引き換えに得られるものだったんじゃないかい? あの仕事に就いていたら、きみが稼げる可能性や、いつ、どこで仕事をするかを選ぶ自由、さらにはいつ休みをとるかを選ぶ自由までもが制限されていたんじゃないかい?」

「ええ、仕事による安全と引き換えにぼくの自由は制限されていたでしょう。多くの人の場合、仕事による安全と引き換えに昼食をとる時間まで決められてしまいます」私はそう付け加えた。「でも、たいていの人は自由よりも安全を求めるんじゃないんですか?」

「その通りだよ。それが彼らの選択なんだ。でも、このことはいつも頭に入れておいて欲しい。この二つのうち一つを多く手に入れればもう一方が減る。実際のところ、安全を多く手に入れればそれだけ動きがとれなくなる。世界で一番安全な人たちを見ればそれはすぐにわかる。刑務所の囚人のことだよ。彼らには住むところも、食事も、余暇も、エクササイズのできる運動場もある。もちろん警備は厳しいから安全性は最高だ。でも、自由はない」金持ち父さんは少し言葉を切り、「安全性は最高」という言葉の意味が私の頭にしっかり入るまで待った。「今度は、社会保障にほとんど頼り切っている人たちのことを考えてごらん。彼らはお金の面でのわずかな安全を手に入れるために、自由を犠牲にしている。ライフスタイルを選ぶという自由をね。社会保障に頼って生きる人たちはアメリカで最も貧しく、最も自由のない人たちの部類に入る」

「つまりあなたはぼくに安全か自由か、そのどちらかを選ばせたいんですね。自由を手に入れるには勇気と強さが必要で、もしそれがなければ自由を失う。つまり、自由はただで手に入るわけじゃないんだ」

「絶対にただなんかじゃない。ベトナムから帰ってきたあと、人がきみにつばを吐きかけ、『赤ん坊殺し《ベビーキラー》』と呼んだのを覚えているかい?」

「確かにぼくの方に向けてつばを吐く人はいましたけれど、実際にぼくの身体につばを吐きかけた人はいませんでしたよ。それはともかく、あなたが何を言いたいのかはわかります。ぼくたちは彼らがそうする自由を手に入れる権利を獲得するために戦ってきたんです。たとえ自分に向かってそうされるのがいやでもね」

「『自由な民の地、勇士の故郷』と歌われるのはそれだからだよ。自由を手に入れるには勇気が必要だ。勇敢でなければいけないんだ。で、きみは今まさに、自分の中にあるこの勇気を試されている。何も持っていなくても、きみの勇気が勝利を収めれば、ごくわずかな人しか知らない自由を見つけることができるだろう。たいていの人は自由の国に住んでいるにもかかわらず、自由じゃない。安全を必要とするあまり、自由を奪われているんだ」

それからまもなく、レストランの前の歩道に出て駐車係が車を持ってくるのを待っている間に、金持ち父さんは私に「送っていこうか？」と聞いた。

「結構です」私は笑顔で答えた。まだお金もなく、仕事に就きたいとも思っていなかったが、私の中の戦士はやる気満々だった。自分に可能な限り、何もない状態で現実の世界に立ち向かい、自分の中の強い人間をもっと強くしたいと思っていた。私は自由が欲しかった。仕事を必要とする気持ちに支配されたり、持っているお金の量でライフスタイルが決められてしまうような状態から自由になりたかった。この時金持ち父さんと話したおかげで、私は金持ち父さんの世界、つまり彼が十三歳の時に立ち向かわなければならなかった現実の世界で生きるために何が必要か、ずっとよくわかるようになった。「ぼくはどちらかというと現実の世界が好きです。それをできる限り現実的なものにしたいと思います」駐車係が金持ち父さんの前に車を停めている間に、私は大きな笑みを浮かべながらそう言った。「ぼくは明日ではなく今日、現実の世界に立ち向かいたいと思います」金持ち父さんはにこりとして手を振り、うらやましそうに車を眺める駐車係たちをあとに走り去った。

●忘れていた大切な教え

何もない状態で現実の世界に立ち向かっていたこの時期に、私は自分の人生を振り返り、忘れていたいくつかのとても大切な教えを思い出す時間が持てた。気持ちのいいある朝、ワイキキの浜辺に座って波をながめながら、私は数年前、海兵隊にいた頃、部隊が戦場に赴く準備をしていた日のことを思い出した。早朝、日の出前に、指揮官がその日飛ぶパイロット全員の前に立ってこう言った。「覚えておいて欲しい。わが軍の兵士たちの生命は、この任務から切り離せない大事な一部だ。偉大なるリーダー、偉大なるパイロットは兵士を無事に故郷まで送り届ける。きみたちが自分とともに戦う兵士たちの面倒をしっかり見れば、兵士たちがきみたちの面倒を見てくれる」

また、同じ時期、二十五年の時をさかのぼり、日曜学校で先生がこんな質問をしたことを思い出した日もあった。「私たちは兄弟の番人ではないのか?」私はこの教えも忘れていたようだった。

一九七九年は私にとって人生の変わり目だった。金持ちになりたいと必死になっていたせいで、若い時に学んだたくさんの教えを忘れていたことに気が付いた。金持ちでないばかりか、自分で誇りに思えない人間になりかけていた。何かを変える時期だった。三十代にさしかかったあの時、私は金持ちにならなかったが、それは貴重な教えを学ぶという大きな報いを与えてくれた。その教えは私自身についてだけでなく、未来についての教えでもあった。自分の未来を変える時期が来ていたのだ。

●金持ちはお金のために働かない

自分の中にいるいろいろな人間を試す実験期間が始まってから六カ月ほどたった時、ベルクロを使ったナイロン製財布の会社を引き継いだ人が電話をしてきてこう言った。「この会社は思っていたよりひどい状態だ。戻ってきて、手伝ってくれないか?」

一瞬考えたあと、私は頼みを聞き入れ、もし状況を好転させられなければお金はもらわないという取り決めのもとに、この人のパートナーとして会社に戻った。言い換えれば、私は金持ち父さんの第一の教え、『金持ち父さん　貧乏父さん』で最初に紹介した教えを忠実に守ったことになる。つまり、金持ちはお金のために働かないという教えだ。この時の私は、会社を所有するパートナーの一人としてそれを立て直そうとしていた。そして、もし会社が利益を出すようにならなければ、支払いは受けない取り決めをしていた。

この時までに、すでに私は、利益を生むいくつかのベンチャービジネスに関わっていた。その一つは地元のラジオ局との合弁事業で、商品のプロモーションと売り込みをやっていた。この事業はその後、アメリカのラジオ放送史上で最も成功した販売促進ビジネスの一つに成長した。私は居候をやめて自分の家に引越し、前のように車を持つことができるようになった。だが、一番重要だったのは、私を信じてお金を貸してくれた投資家たちにお金を返せるようになったことだった。投資家の多くはすでに損失を処理して帳簿から消していたので、お金を受け取ることを拒否し、その代わり、次のベンチャービジネスに乗り出す時に電話をしてくれと私に頼んだ。

一九八一年、私は成長しつつあったナイロン製財布の会社とロックンロールのラジオ局の成功とを合体させた。この年、ロックバンドのピンクフロイドが電話をしてきて、私たちの財布製造会社は彼らのためにロゴ入りの製品を作り始めるようになった。その後、ヴァン・ヘイレン、ボーイ・ジョージ、ジューダス・プリースト、ポリス、デュラン・デュランといったアーチストたちが同じような製品を作ってくれと注文してくるようになり、一度倒れかけたこの会社の残骸は、私が立ち上げた最初の会社よりずっと大きく、しっかりとした会社に育っていった。一九八二年、MTVが大ヒットし、私たちの会社はまた急成長を遂げた。今回は私は前よりずっと愚かではなくなっていたし、ビジネスの知識も増えていて、前よりいいアドバイザーもついていた。また、私自身、前より正直になっていて、失敗して現実の世界に直面することを恐れる気持ちも、ずっと少なくなっていた。この時の私は、もし失敗してもまた立ち上がることができる、前より高く、素早く立ち上がることができると知っていた。

今でも現実の世界が私を打ち負かすことができるのはわかっている。でも、前より少し賢くなった今の私は、株式市場が上がりもすれば下がりもすることを知っている。また、投資信託が安全でないことも知っている。私が持っている株や投資信託の数はそう多くはないにしても、株式市場の大暴落が私を破産に追い込む可能性があることもわかっている。だが、前と違うのは、もう一度失敗したいとは思っていないが、そうなるのを恐れてもいないということだ。すべてを失うことのきまり悪さはもう経験済みだ。そこから立ち直り、前以上の成功を収めるプロセスは楽しかった。何もない状態で現実の世界に立ち向かう経験をした今の私には、もう一度倒されたとしても、自分がさらに多くを学び先に進むことがわかっている。それどころか、前よりも素早く立ち直るだろうことがわかっている。だから私は、史上最大の株式の暴落に備えて毎日準備をしている。

残念ながら、私の実の父は二度と立ち直れなかった。そして、年をとればとるほど、現実の世界の厳しさに耐える力が弱まっていった。一九八二年、父は六十三歳だった。その年齢では、守衛やハンバーガーショップの店員以外、仕事の口はなかった。父は「コンサルタント」を自称し続けることを可能にしてくれる過去の成功の栄光にすがって生きていた。だが、もし教職員年金や社会保障、高齢者医療保険などがなかったら、現実の世界につぶされていただろう。子供たちも少しは援助した。だが、誇り高かった父は、私たちからの経済的援助を断ることが多かった。父は政府の教育の世界で生きるには充分な準備もできていたし、充分な教育も受けていた。だが、その限られた世界、避難所の外に出た時、現実の世界への準備がまったくできていないことを思い知らされた。私たちの世代は、父が直面したのと同じ世界にまもなく直面しようとしている。準備ができていようといまいと……。

●変化に備えて準備をしておく

私個人としては貧乏父さんのプランに従うつもりはまったくない。仕事による安全を確保して一生会社に面倒を見てもらうことや、年金、投資信託、株式などをあてにはしていないし、社会保障、高齢者医療保険などの政府からの施しが将来の自分の生活を支え、生きながらえさせてくれると期待もしていない。だが、残念ながら私と同年輩の大勢の仲間たちは、親がたどったのと同じ道をたどろうとしている。そして、今になってやっと一部の人がDB年金プランとDC年金プランに違いがあることに気付き始めた。

たいていの人は、株式市場が上がり続けること、そして、投資信託と分散投資したポートフォリオが、自分を現実の世界から救ってくれることを願い、祈っている。そのように単純で洗練されていない投資戦術では、たいていの場合効き目がないと私は思う。株式市場が大暴落すれば、たとえうまく分散していたとしても、ほとんどの投資信託はパンクしてしまうだろう。これまで見てきたように、株式市場は安全を求める人のための場所ではない。自由を求める人のための場所だ。だが、残念なことに、安全を求める多くの人がその違いを知らない。

エリサ法はそもそも国民のためになることを意図して作られたかもしれないが、問題は、その法律自体と、それに続く修正案に欠点があったことだ。だが、その欠点も、安全を求めて一生働き続けてきた人たちが、現実の世界では株式市場がその安全を取り上げることもあるのだと気付いた時に引き起こされるパニックに比べたら取るに足らない。このパニックこそが、エリサ法が考えに入れていなかった弱点、つまり、一生安全を求めてきた人たちが、突如、その安全がそこにないことに気付いた時に現れる弱点だ。

この本の目的は、現実の世界の株式市場が上向きになろうと、あるいは暴落しようと、それには関わりなく豊かに生きるためにどうやって準備をしたらいいか、その方法についてアイディアを提供することにある。大事なのは、現実の株式市場で何が起ころうと、そのための準備をしておくことだ。現実の世界とは、家庭や学校、会社といった避難所の外にある世界だ。ノアが砂漠の真ん中で方舟を造ったように、今こそあなたも、まだそれを造る時間があるうちに頭の中に方舟を造り始めるべきかもしれない。

（一九七四年以降のエリサ法の歩みと、その主な修正案については巻末付録1を参照のこと）

第四章……

悪夢のはじまり

二〇〇一年十一月三十日付USAトゥデイ紙のマネー欄の第一面に、五十八歳の男性の大きなカラー写真が掲載された。腕を胸の前で組んだ銀髪のこの紳士は、知性的で見るからに立派だった。だが、大企業のCEO（最高経営責任者）として充分通用しそうな彼は、実際はそうではなかった。エンロンに忠誠を誓い、そこでずっと働いてきた一従業員だった。エンロンでは、CEOをはじめとする最高幹部たちが個人的に何百万ドルも稼いだと思われる一方、会社自体は破綻に追い込まれていた。

CEOではなくこの男の人の写真が第一面を飾った理由は、株式の暴落、経済の低迷、そして自分が一生せっせと働いてきた会社の破綻などのために、この忠実な従業員の401（k）がめちゃくちゃになってしまったからだ。一時期は彼の会社の株は一株百ドル近くにまで上がった。この従業員は金持ちになったような気がして、どんどん自社株を買い足し、引退後に備えた年金プランにそれを含めた。この新聞が発行された二〇〇一年十一月三十日の同社の株価は三十五セント以下で、さらに下がっていた。いい時にはこの人の401（k）は三十一万七千ドルの価値があったが、今では十万ドルくらいだろうと彼は見積もっている。自分は決して引退できる状態にならないということが、この人にもわかりかけてきた。何しろ一番大事な資産である「時間」がもうほとんど残っていないのだから。エリサ法が最初に議会を通過してからおよそ二十五年後、金持ち父さんの予言は現実のものになろうとしている。

●投資家教育の必要性

二〇〇一年十二月二日、マイアミ・ヘラルド紙は政府に401（k）年金プランの改正を促す見出しを付けた記事を掲載した。記事を書いたジャーナリストは、運転する時にシートベルトの着用を義務づける法律はあるが、投資家たちに賢く投資することを義務づける法律はないと指摘していた。私に言わせれば、これはぜひ学校教育に携わる人たちに聞かせたい話だ。

それからまもなく、新聞やテレビ、ラジオがこぞって憤りの声を上げ始めた。「政府はよくこんなことができたものだ！」地元ラジオ局の一つではキャスターがそう息巻いた。「アーサー・アンダーセン会計事務所はなぜ株主たちに警告を発しなかったのだ？」「従業員を裸で置き去りにして、自分たちは何百万ドルというお金を持って逃げるなんて、エンロンの経営幹部たちはなぜそんなことができるのだ？」メディアの中には、エンロンの事件を二〇〇一年九月十一日のワールド・トレード・センター襲撃などの惨事と比較するところまで出てきた。しばらくしてからやっと、私はあるテレビ局で、理にかなった意見を言っている人を見つけた。

「エンロンは極端なケースではあるが、特異なケースではない。総額何十億ドルにものぼろうという、引退に備えた蓄えを失った従業員の数は数百万人にものぼる。ほかの何百という会社に勤める従業員で、すべてを失ったわけではないが、何年もかけて株式市場に注ぎ込んでいた引退用の蓄えを失った人はどうだろう？　夢に見ていた引退生活が決して現実のものにならないことを知らされた今、彼らはどんな気持ちでいるだろう？　今、株式市場に対する彼らの信頼度は前より上がっているだろうか？　それとも下がっているだろうか？　投資家は市場に対する信頼を失いつつあり、それがより大きな問題となっている。問題なのは、単にエンロンとその不透明な会計にとどまらない」

こういった意見に対して、いくつかのテレビ局はファイナンシャル・プランナーを招き、「もし従業員が投資を分散していれば、この問題は起こらなかっただろう」といったお決まりの企業側の発言をさせた。ケネディ大統領ばりの、ハンサムでボストン訛りの有名な投資信託ファンドマネジャーもテレビに登場し、こんなことを言った。「私たちはいつもお客様に投資の分散を勧めています。エンロンの経営陣たちはなぜ従業員にポートフォリオを分散するように忠告しなかったのでしょう？　もし分散していれば、今のような問題は抱えずにすんだでしょう」

金持ち父さんに意見を求めたとしたら、彼もエンロンが極端なケースであることに同意しただろう。極端だという理由は、そこに渦巻いていた欲と、あまりに見え透いた腐敗の規模が大きかったからだ。また、これがほかに例のない特異なケースではないことも金持ち父さんにはわかっただろう。この数年の間に、大きな損害をこうむったのはエンロンの従業員だけではない。フォード、シスコ、コカコーラ、ゼロックス、ルーセント、メイタグ、ポラロイド、ライト・エイド、ユナイテッド航空など、その例を挙げたらきりがない。エンロンの従業員はじめ、株式市場にお金を注ぎ込んでいたすべての従業員の今の窮状について意見を求められたとしたら、金持ち父さんはこんなふうに言ったかもしれない。「問題は分散されていなかったことではない。ファイナンシャル教育の欠如と、お金に関して洗練されていなかったことだ。この二つは単に分散しただけでは解決できない」

●ある退職者からの素朴な質問

二〇〇一年はほかにもセンセーショナルなニュースがあった。ワールド・トレード・センターとペンタゴンを標的とした、想像を絶する攻撃のニュースだ。この悲劇と苦しみからやっと立ち上がろうとしていた時、エンロンとアーサー・アンダーセンの不透明な会計についてのニュースがメディアを騒がせた。アフガニスタンでの戦争さえも、当時全米で七番目に大きい企業と言われていたエンロンのニュースの前では影が薄く見えた。今、エンロンはアメリカ史上最大の倒産の例として名を残しているが、あくまでこれは今までのところで、これから先はどうなるかわからない……。

メディアがセンセーショナルに記事を書き立てる時、大衆は本当に重要な点を見逃すことが多い。なぜなら、本当の問題は新聞の第一面には載らないからだ。エンロンとそれに続くワールドコムの崩壊が取り沙汰されている間に、年金制度改革が抱える多くの弱点の一つが、同じ二〇〇一年十二月二日付マイアミ・ヘラルド紙に取り上げられた。私にとっては、同紙に定期的に記事を載せている、正式な資格を持ったファイナンシャル・プランナーに答えてもらうために一人の退職者が送った、次のようなごく素朴な質問の方が、エンロンの大失策より重要な意味を持っているように思えた。

質問――私は七十歳で、すでに引退しています。寿命が尽きるまで、IRA(個人退職年金)が生活を支えてくれることを願っているのですが、来年にはそこからお金を引き出し始めなければなりません。そこで、ぜひアドバイスをいただきたいと思います。数年前に、私は専門家の意見に従い、個人退職年金を投資信託に投資することにしました。それはしばらくはとてもうまくいきました。でも、過去二年の間に、ほかのたくさんの人と同じように私も大きな損をこうむりました。損はもうあきらめて残りを引き出し、たとえ利率が低くても、安全な貯蓄性のものに再投資すべきでしょうか?

答え――最初のプランを守り通すべき時があるとしたら、今がその時です。市場の上がり下がりは予想されていたことです。あなたもすでに数年間は投資家としてやってきているのですから、もういくつかの波は乗り切ってきています。その波の多くは上向き相場でした。ただこれほど長びく下向き相場がなかっただけです。あなたの痛みはわかります。でも、年利二パーセントのCD(譲渡性貯蓄)や大幅成長の見込めない貯蓄性の投資では、その痛みを止めることはできません。

今持っている投資信託を見直し、それが堅実で、着実成長型ファンドや成長利益型ファンドがたくさん含まれているかどうか確かめてください。攻撃型のファンドは不安定になる傾向があります。あなたの年金の保管受託者に、年金資金の中から株や投資信託を売って毎月引き出さなければならない最低額を送るように指示してください。これは「計画的引き出し法」と呼ばれていて、魔法のようによく効きます。

みなさんはこの記事を読んで、法律の弱点の一つがここに現れているのがわかっただろうか？　この七十歳の引退者がアドバイスを求める理由として、お金を「引き出し始めなければならない」からと書いているのに気付いただろうか？　そして、ファイナンシャル・プランナーが「株や投資信託を売って毎月引き出さなければならない最低額」を送ってもらうようにと答えていることにも気付いただろうか？

●買い手よりも売り手が多くなる

前にも言った通り、世間の大部分の人が、ゆったりとコーヒーをすすりながらエンロンについて書かれた記事を読み、エンロンの問題は自分には関係ないと思っていた同じ時に紙上に掲載されたこの退職者の素朴な質問は、エンロンの問題がすべての人にとっての問題であることをはっきり示している。金持ち父さんが二十年前に気が付いていた、新しい年金制度の欠点の一つは、七十歳と六カ月を超えたら、毎月株を売って株式市場からお金を引き上げ始め「なければならない」という決まりだ。今は大したことには思えないかもしれないが、みんな知っての通り、問題を大きく――あるいは小さく――するのはこういった小さなことだ。

これから年がたつにつれ、株を売って市場からお金を引き出すことを法律によって要求される人の数がどんどん増える一方、引退前の労働者たちは株を買うことを要求される。このプランの欠点、高齢者の増加とともにどんどん大きくなるその欠点を見つけるのに高等数学は必要ない。買い手より売り手が多い状態で、一体どうしたら株価が上がるというのか？

これはエンロンの問題よりずっと深刻だ。その理由は単純だ。影響を受ける人の数が違う。さまざまな形でエンロンの失策の余波の影響を受ける人が何百人、何千人の単位だとしたら、七十歳の投稿者が投げかけた疑問は、その波状効果だけで何千万、もしかすると何億という人に何らかの形で影響を与えるだろう。

大きな波状効果の話で思い出したが、かつての経済大国で、国民が働き者でせっせと貯金することで有名な日本は、今や財政的荒廃の危機に瀕している。これは日本の国民のせいだろうか？ それとも国の指導者のせいだろうか？ 世界で最も裕福な国アメリカがよろめき、世界で第二の経済大国日本が没落したら、その余波はすぐに大きな波に変わり、砂漠の真ん中で方舟が必要となるような大洪水を起こすかもしれない。

二〇〇一年十二月二日付のマイアミ・ヘラルド紙に載ったあの退職者の質問は、世間にはほとんど何の影響も与えなかった。その理由は簡単で、今はまだ七十歳以上の人が少なく、DC年金プランをやっている人はその半分以下だからだ。大部分はまだDB年金プランをやっているが、それは別のルールに従って動く。また、一九四六年以前に生まれた人たちの多くは、引退前に給料の高い仕事に就いていて、持ち家をベビーブーマーに高い値段で売り、利益を得た。中には実際に蓄えを持っている人も多い。この七十歳の退職者の質問が、本当は一番大事な質問であったにもかかわらず、新聞の後ろの方のページに追いやられたのにはこのような理由があった。

今本当に考えるべき問題は、何百万人ものベビーブーマーが株式市場からお金を引き出し始めることを要求されるようになった時、一体どうなるかということだ。それでも株式市場は一九九〇年代のように、十パーセント、二十パーセント、三十パーセントといった率で上がり続けるだろうか？ 一九四六年以降に生まれた人で、DC年金プランの中身が株式や債券、投資信託ばかりの人のために、私は市場が上がり続けることを願う。だが、歴史を見た限り、その夢は叶いそうにない。

今はまだDCプランを持った七十歳以上の人がごく少ないので、この欠陥は株式市場にほんのわずかな影響しか与えていない。だが、二〇一六年、七千五百万人のベビーブーマーの第一陣が七十歳に達した時、その多くはDC年金プランを持っている。それからあとは、毎年、七十歳以上の人の数は増えるばかりだ。あの予言をした時、金持ち父さんは占いに使うタロットカードや紅茶の葉は使わなかった。金持ち父さんが使ったのは法律の変化、時間の経過、市場での経験、そして、人々が年をとるという事実だ。言い換えれば、金持ち父さんはあてずっぽうを言ったのではなく、ただ事実や、歴史、現実を使って未来を見通したにすぎない。

●需要と供給

株式、投資信託、債券、あるいはほかのどんなものでも、ものの値段は売り手よりも買い手の数が多い限り上がり続ける。一九九〇年から二〇〇〇年の間には、株式市場に参入し、DC年金プランを使って引退後の資金を貯めようとする三十歳から五十歳までのベビーブーマーたちがたくさんいたので、株式市場は好景気を続けた。一九七〇年代、ベビーブーマーたちが生まれ育った家や学校を離れ、最初の家を買い始めた時にも同じような好景気が訪れた。ある程度の年齢の人なら、当時の不動産をめぐる人々の熱狂ぶりを覚えているかもしれない。あの不動産熱は利率が二十パーセント以上に引き上げられた時、パニックを引き起こしパンクした。利率が引き上げられたのはインフレの速度を抑えるためだった。このインフレが引き起こされた原因の一部は、七千五百万人のベビーブーマーたちが仕事に就き、自分で使えるお金を手にし始めたことにあった。何であれ七千五百万人の人がものを買えば景気はよくなる。その反対も言える。つまり、七千五百万の人が何かを売り始めれば不況になる。これは経済の基本とも言うべき需要と供給の法則だ。

これから数年の間には、株式市場が一九九〇年代のように年二十パーセントの割合で常に上昇するものではないことにみんな気付き始めるだろう。たとえすぐにはわからなくても、みんな遅くとも二〇一六年までには必ず気付く。残念なことに、そうなっても、何百万という従業員は401（k）や個人退職年金プランから手を引かない。あるいはたとえ手を引いたとしても手遅れになってからだ。株式市場が暴落し始めているとわかっても、政府が早期の引き出しに対し税金面で罰則を設けているからという理由で、早く自分の持分を売ろうとしないベビーブーマーもたくさんいるだろう。彼らは引き出す代わりに市場に留まり、投資を分散させ、一時しのぎの次の避難所を探して投資信託の種類をいろいろ変えてみたりする。

たいていの人は、自分が経済的に問題を抱えるようになっているのはすでにわかっているが、法律に隠された多くの欠陥の真の影響がどんなものか気付いていない。社会を動かす鍵を握る多数派がそのことに気付き、自分の引退後の生活を守ろうと必死で戦い始めたら、パニックが起こる。残念ながら、どんなに投資を分散していようと、これほど大きな暴落には焼け石に水だ。

アメリカで最も金持ちで、最も頭のよい投資家と言われるウォーレン・バフェットは投資の分散について次のように言っている。

「分散は無知に対する防護策だ。自分が何をしているかわかっている人にはほとんど意味がない」

ここで注意しておきたいが、ウォーレン・バフェットは分散するなと言っているわけではない。自分は分散しないと繰り返し言ってはいるが、他人に「分散するな」とは勧めていない。一九七九年に、ウォーレン・バフェットは私にこう言った。「あの法律にはたくさんの欠点があるが、その一つは、ファイナンシャル教育を受けるように人々に忠告していないことだ。フォード大統領とアメリカ議会は、法律は変えたものの、適切なファイナンシャル教育、つまりDC年金プランを利用する人に必要なファイナンシャル・リテラシー（お金に関する読み書き能力）を供給するように教育システムに命じなかった。その代わり、政治家たちはファイナンシャル教育を施す仕事をウォール街の人間に任せてしまった」

金持ち父さんは、もっと皮肉の効いた次のような指摘をしている。「ファイナンシャル教育を与えてくれとウォール街の人間に頼むのは、狐に鶏を育ててくれと頼むようなものだ。賢い狐ならば、じっくりと時間をかけて鶏を太らせる。狐は鶏の信頼を勝ち取るためにせっせと働く。つまり、見栄えのするパンフレットやこぎれいなオフィス、投資家ぶった話ができるように訓練を受けた、格好のいいセールスマンなどを用意して顧客の面倒を見る。セールスマンはみんな一様に、頭がよさそうに聞こえる金融の専門用語を使うように訓練されている。そして、それらの言葉を散りばめて、『長期の投資をしなさい。プランを立て、業種別ファンド、小型成長ファンド、非課税の地方債などをいろいろ組み合わせるんです。資産の二十パーセントは現金で持っていなさい。REIT《リート》（不動産投資信託）、ロスIRA、再投資《ロールオーバー》、テクノロジー株、優良株、新興企業株なんかもいいですよ』などと言う。それにもちろん、『一に分散、二に分散、三にも分散です』とアドバイスをする」金持ち父さんはこうも言っている。「年金改革は私たちが使う語彙を変えるだろうが、たいていの人は新しい言葉が何を意味しているか、皆目見当がつかないだろう」その一方で、狐はほくそえむ。彼らには鶏たちが満足していることがわかっている。鶏たちは新しい避難所に落ち着き、安心している。安全を約束してくれる安定した仕事があり、お金は、お金のことをよく知っていて抜け目のない人たちに預けてある。それから一九九〇年代、株式市場がどんどん上がっていくのを見て、自分たちがさらに賢くなったような気になり、いいアドバイスを受けているのだと思い込む。彼らはファイナンシャル・プランナーが自分たちの面倒を見てくれる、自分たちを金持ちにしてくれ、鶏小屋の外の冷酷無情な世界から守ってくれると思っている。

だが、二〇〇〇年の三月、世界が変わり始めた。テクノロジー関連株のバブルがはじけ、株式市場がしぼみ始めた。テレビの解説者たちは「次の四半期には回復するでしょう」などと言い始めるが、次の四半期が終わっても何も変わらず、彼らはまた「次の四半期には回復するでしょう」と言い、ファイナンシャル・プランナーは「辛抱強く待つことです。長期に投資をするんです……分散するんです」などと言い始める。それを聞いて鶏たちは少し安心する。自分たちがやっているのが賢いことだとわかったからだ。長期で投資しているし、分散もしている。それに、もうじき回復するのはわかっている……。

●ファイナンシャル・リテラシー＝分散投資ではない

二〇〇〇年九月十一日の悲劇のあと、株式市場は一時大幅に下がったが、すぐに盛り返した。市場が上向きになり始めると、鶏たちはまた前より自信満々になった。そこへエンロンの一撃があり、全国の太った鶏たちが、金網で囲まれた安全な避難所の中から突然コッコッと大声を立て始めた。ところが彼らがコッコッ、クワックワッと大声で騒ぎ立てても、狐はそれにはおかまいなしに、「辛抱強く待つことです。長期に投資をするんです……分散するんです」と言い続けた。エンロンの崩壊のすぐあとに市場最大の株式市場の暴落が起きなかった理由の一つは、狐たちにまだ鶏料理のディナーを食べる準備ができていなかったからだ。鶏たちがあと二、三年小屋にいれば、もう少し太ってくれることを狐たちは知っている。何と言っても、法律がそう要求しているのだから。鶏たちはこれからも株式市場にやってきて投資信託を買い続け、分散投資をし続けなければならない。問題は、一部の鶏が不安になって質問し始めたことだ。例えば、新聞に質問を送ったマイアミの七十歳の退職者のような人だ。そういう人は、「投資家の皮をかぶったファイナンシャル・プランナー」からのお決まりの答えをもらった。「心配しないで気楽に構えてください。もっと買って、分散すればいいんです」

ここでもう一度言っておきたいが、「長期に投資をしろ。辛抱強く待て。分散しろ」というアドバイスは、一般的に言って、限られた量のファイナンシャル教育と投資経験しか持っていない人にとっては堅実なアドバイスだ。私が強調したいのは、個人としてのみなさんに三つの基本的な選択肢が与えられていることだ。その選択肢は、①何もしない、②分散するという昔ながらのアドバイスに従う、③ファイナンシャル教育を受ける、の三つで、どれを選ぶかはあなた次第だ。当然ながら、私が勧めるのは長期的なファイナンシャル教育を受ける方法だ。今日では私と同じことを主張する人がたくさん出てきている。

二〇〇二年二月、連邦準備制度理事会の議長アラン・グリーンスパンが、株式市場と会計業務に対する信頼の喪失を懸念して、国民を前に演説を行い、学校で子供たちにファイナンシャル・リテラシーを教える必要があると力説した。グリーンスパンは、大衆が株式市場への信頼を失ったら、現在のような形の資本主義の存続が危機に瀕することを知っていた。投資家たちのお金がなければ、経済は大幅な縮小を始める。そのような心配があったからこそ、彼は議会で、この国の子供たちにファイナンシャル教育を与える必要があると説いたのだ。二月六日付のアソシエイテッド・プレスの記事は次のように報じている。

学校は初等・中等教育の段階で、基本的な金融概念をもっとよく教えるべきだ。グリーンスパンの言葉によると、数学の基礎をしっかり学ぶことはファイナンシャル・リテラシーを高め、「立ち直るのに何年もかかるようなお粗末な金銭的決定を若い人たちが下すのを防ぐのに役に立つ」。

またグリーンスパンは次のようにも言っている。「私のこれまでの経験からすると、数字を扱うことや数学的な概念の基礎を理解することに長けていれば、日常的なお金に関する決定を大きく左右する、もっとあいまいで、質的な関係をうまく扱う能力が高まる。」

議会でのグリーンスパンの演説の生放送の直後、私が見ていたその金融情報専門チャンネルでは、かなり名の通った大手の投資信託会社のトップにコメントを求めた。すると、この有名なファンドマネジャーはこう答えた。「私もアラン・グリーンスパンと同意見です。ファイナンシャル・リテラシーを教える必要があると思います……で、ファイナンシャル・リテラシーというのは、分散を意味します」

「すばらしいアドバイスをありがとうございます」番組の司会者はそう言った。「子供たちにファイナンシャル・リテラシーを教えるのなら、分散することを教えなければなりません」

もし金持ち父さんが生きていてこれを聞いたら、こう言っただろう。「アラン・グリーンスパンは『分散』とは言っていない。彼は学校でファイナンシャル・リテラシーを教える必要があると訴えたんだ。わが国が成長・発展し、世界をリードする国の一つであり続けるためには、ファイナンシャル教育が不可欠だと言ったんだ」また、こんなふうにも言うかもしれない。「ファイナンシャル・リテラシーは分散を意味するんじゃない。この二つの言葉の意味は、似ているどころか全然違う。ファイナンシャル・リテラシーが分散を意味するなんて言うのは、これまた狐が鶏を教えているのと同じだよ」

●ファンドマネジャーが分散投資を勧める理由

今ビジネスに携わる人はみんな、自分が提供する製品やサービスを永遠に買い続けてくれる顧客を求めている。投資信託のファンドマネジャーや金融情報専門チャンネルのオーナーたちも同じだ。このようなテレビ局の最大の広告主が投資信託会社だというのは、天才でなくてもすぐわかる。だから、テレビ局がファイナンシャル・リテラシーについてのアラン・グリーンスパンの呼びかけに対するコメントを求める相手も、当然、ウォーレン・バフェットではなく、あのようなファンドマネジャーになる。ウォーレン・バフェットはそういったテレビ局で宣伝したりしない。理由は単純で、その必要がないからだ。ウォーレン・バフェット自身の投資信託、バークシャー・ハサウェイは、おそらくアメリカで一番高価なファンドだ。その理由は、これまた単純で、うまく運用され、成果を上げているからだ。彼の投資信託はあまりにうまくいき、値段が高くなっているので、バフェットは投資家たちに、自分のファンドは高すぎるからこれ以上投資しないようにとまで言っているそうだ。もしそれが本当で、彼がみんなに自分のファンドを買うなと言っているとしたら、彼に金融情報チャンネルで宣伝する必要のないことは明らかだ。グリーンスパンの話に対するコメントを求められなかったのも、たぶんそれだからだ。テレビ局は広告のスポンサーとなってお金を払ってくれる人、つまり自分たちにお金を落としてくれる顧客を招いて話を聞く。ファンドマネジャーが、自分が運用する投資信託にとって一番有利なことを言うのは当然だ。

金持ち父さんなら、こう言うだろう。「投資の分散を勧めるファンドマネジャーは、一台ではなく、もっとたくさんの車を買えと勧める中古車のセールスマンに似ている。彼らはこう言う。『運転している車がいつこわれるかだれにもわかりません。そうなったら仕事にいけなくなるかもしれませんよ。だから、一台だけ買ってリスクをとるより、六台買ってリスクを分散し、仕事をやめて引退するまでの四十年間、毎月そのための支払をしてください……』」ここで考えてもらいたい。中古車を六台買ってくれるような顧客を大勢抱えたいと思わないビジネスマンがどこにいるだろうか？　車がこわれても困らないように、六台買ってリスクを分散する必要があるなどという売り口上にほとんどの人が乗らない理由は、そんなことをするほど無知ではなく、ちゃんと教育を受けているからだ。だが、お金の面での乗り物《ヴィークル》、つまり株や債券、投資信託といった投資手段《ヴィークル》となると、たいていの人はどこがどう違うのかすらわからない。金持ち父さんがファイナンシャル教育の欠如を年金システム改革の大きな欠陥だと考えたのはそのためだ。

●ファイナンシャル・プランナーの問題点

この年金改革のおかげで、一番急速に成長している専門的職業の一つはファイナンシャル・プランナーという名で知られる職業だ。教師、主婦、元不動産業者などさまざまな人たちが三日、三週間、あるいは六カ月のコースをとり、ある日突然、金銭面での将来の安全についてアドバイスを与える「資格」を手にする。

ファイナンシャル・プランニングという仕事に伴う問題は、金持ち父さんも指摘しているように、すべてのファイナンシャル・プランナーが同じではないことだ。しっかりした教育を受け、献身的に仕事をするファイナンシャル・プランナーも多い一方、彼らが与えるアドバイスが顧客の金銭面での将来や安定に大きな影響を与えるにもかかわらず、そのための適切な訓練もファイナンシャル教育も受けていないプランナーも多い。ファイナンシャル・プランニングという仕事はとてもあいまいだ。それは、プランナーの専門知識の程度に大きな差があるからだけでなく、報酬の受け方もいろいろだからだ。ファイナンシャル・プランナーがあなたに何かを売り、それに対して報酬を受けるとしたら、あなたはそれを買うのが自分にとって正しい決断なのか確信が持てるだろうか？　だから買い手は充分注意しなければいけない。だれかがファイナンシャル・プランナーを自称しているからといって、その人がファイナンシャル・プランニングについて何か知っているとは限らない。投資についてならなおさらだ。金持ち父さんが改革の欠陥の一つと見ていたのは、このような専門的訓練の欠如だ。年金改革におけるこの欠陥は非常に重大だ。なぜなら、今、何百万という人が、多くの場合自分たちより貧乏だったり、受けている教育が少ない人たちから、お金に関するアドバイスを受けているからだ。

二〇〇二年五月五日、ワシントン・ポスト紙のビジネス欄でまさにこの問題が取り上げられた。「プランナーを雇う時、しっかり相手を見極めよう」という見出しで、「ほとんど規制のない市場で増殖するファイナンシャル・プランナー」と小見出しのついたこの記事の中では、次のような意見が述べられている。


ファイナンシャル・プランニングに関連して大きくなりつつある問題の一つは、利用してみるとよくわかる。今ファイナンシャル・プランニングの世界では、多くの異なる専門家たちが、ほとんど規制を受けない市場でサービスを提供している。大人数を抱えるベビーブーマーの世代が、避けがたい引退とその後の時期を迎えるにあたり、さらに多くの人間がこの業界へ惹きつけられてくると思われる……。

資格を持つファイナンシャル・プランナーにはいくつかの種類がある。その一つは三万九千五百人を擁するCFPだ。CFPの資格を得るにはテスト、継続的な教育、カリキュラムによる学習が必須だ。彼らは時間給、固定給、あるいは管理する資産の何パーセントという形で相談料をとる。また、得た利益による歩合制や、それと相談料を組み合わせる場合もある。

これとは別に、相談料だけしかとらない団体もある……十六年の歴史を持つ全米個人ファイナンシャル・アドバイザー協会（NAPFA）がそれだ……。


記事はファイナンシャル・プランナーを見つけるための参考として、NAPFAの主催する www.napfa.org と、ファイナンシャル・プランニング協会の主催する www.fpanet.org/plannersearch の二つのウェブサイトを紹介している。

ファイナンシャル・プランニング業界のこのような成長は、投資に関する教育とアドバイスへの需要の高まりに応える形で起きている。これはとても大事な事なので繰り返し言っておくが、年金改革の最大の欠陥の一つは、教育システムに対して、ファイナンシャル教育がもはや「選択」ではなく「必修」であると言い渡さなかったことだ。

●ファイナンシャル教育を他人に任せるな

このような欠陥は金持ち父さんにとって本当に驚きだった。年金に関する法律が変わったあと、基礎的なファイナンシャル・リテラシーを教えるように議会が学校に要求しなかったのは、金持ち父さんにしてみればほとんど犯罪に近い過失、一連のエンロンの事件の中で嫌疑のかけられている数々の犯罪よりはるかに重い犯罪だった。議会が新しい法律を通過させ、ファイナンシャル教育を与える役目を金融市場で働く人間に任せてしまった時、金持ち父さんはこれは絶対おかしいと感じた。ずる賢い狐どころか、隠れて悪さをする大きなドブネズミの臭いを感じたのだ。あの法律が議会で可決された時、議員の多くは自分たちのやっていることをよく知っていた——金持ち父さんにはそれがわかっていた。わが国を率いる政治家たちは、あの時、自分たちが何百万という労働者に対し、汗水たらして稼いだ何十億というお金を、金融市場を牛耳る人間に委ねるよう強制したことを知っていたのだ。

ここでもう一度はっきりさせておきたいが、金持ち父さんは株式市場にお金を投資することに反対していたわけではないし、投資がいわば義務的なものになることに反対していたわけでもない。ただ、学校の教師だった私の実の父のような人間、つまり議会で何が起きているかまったくわかっていない人たちに腹を立てていたのだ。金持ち父さんが異議を唱えていたのは、あの法律改革に隠された巧妙なごまかしと、正式なファイナンシャル教育の欠如に対してだった。金持ち父さんにとっては、人々のお金に関する無知を利用して利益を得る人間の手にファイナンシャル教育を委ねることは犯罪に等しかった。

今、ファイナンシャル・プランナーや株式ブローカー、不動産ブローカー、保険のセールスマン、会計士、弁護士といった多くの専門家たちがこぞって、お金と引き換えに投資に関するアドバイスを提供している。

金持ち父さんが心配していたのは、こういった人たちの多くが投資家ではないことだ。彼らは真の投資家がそうしているように、投資からの収入で生計を立てているわけではない。金持ち父さんは自分の息子と私に、投資に関するアドバイスを撒き散らす人間の大部分が、手数料や給料、相談料などをとって働く営業マンであることをいつも忘れないようにさせた。金融関係の機関・団体のためにファイナンシャル教育を行っているのはまさにこういった営業マンたちで、彼らのうち大部分が、その機関・団体から「こう言うように」「これを勧めるように」と指示されたことをそのまま言ったり勧めたりするのは当然だ。そうしなければ彼らは仕事を失うのだから……。そんな状況の中で、私たちは、なぜこんなに多くの人たちが将来の自分の経済状態について心配を募らせているのだろうと不思議に思っている。彼らがどんどん不安になっているのは、偏りのない、公平なファイナンシャル教育を受ける代わりに、ファイナンシャル教育の姿を借りた売り込み口上をセールスマンから聞かされているからだ。金持ち父さんがよく言っていたように、「セールスマンがよくブローカーと呼ばれるのは、彼らが往々にして顧客より文無し《ブローカー》だからだ」。

ウォーレン・バフェットはウォール街にうごめく金融関係者から得るお金に関するアドバイスについて、次のように言っている。

「ウォール街は、地下鉄に乗って通勤する人間からアドバイスを得るために、ロールスロイスに乗った人間がやってくる唯一の場所だ」

●信頼できるアドバイザーを探す

ここでまた、はっきりさせておかなくてはいけないことが一つある。それは次のようなことだ。

私はお金に関するサービスや投資商品を私に売ってくれるセールスマンたちが大好きだ。彼らのうち何人かはいい友人でもある。また、何人かは私をとても金持ちにしてくれた。そういう人は特に大好きだ。彼らが私を必要としているのと同じだけ、私も彼らを必要としている。私は手数料をきちんと払う。それは、私に投資対象を売ってくれた人にも豊かになって欲しいからだ。自分が豊かになれば、彼らは私のところにもっとたくさん話を持ってきてくれるし、一番いい投資をまず私のところに持ってきてくれることも多い。手数料を払うのをいやがる投資家は、たいてい一番割の悪い投資を手にする。これは当然だ。彼ら自身がけちなのだから。実際、私の友人の中にも、ハンバーガーとフライドポテトの食事をしてウェイターに二十パーセントのチップを平気であげるのに、自分を金持ちにしてくれるかもしれない投資に関して手数料を払うのをいやがる人がいる。貧乏人の金銭的価値観に縛られている状態とは、まさにこのような状態のことだ。自分を貧しくする人間に喜んでチップを払い、金持ちにしてくれる可能性のある人間にチップを払うのをためらう……。先ほども言ったように、こういう人は私の友人にもいる。ここで私が言いたいのは、投資家になりたかったらもっと教育を受け、信頼できるアドバイザーを探すべきだということだ。教育を受けていなければ、金融商品を売るセールスマンがよかろうが悪かろうが話にならない。

ここでもう一度ウォーレン・バフェットの言葉を引用しておこう。

「市場は神のごとく、自ら助くる者を助く」

これを別の言葉で言い換えるなら、将来豊かな生活を送りたいと思ったらファイナンシャル教育を他人の手に任せておくなということだ。

●二つの欠陥

最後に、年金改革が抱える二つの欠陥をもう一度振り返っておこう。一つめの欠陥は、新しい法律がその制度への参加者に対し、七十・五歳になったらそこに組み込まれた投資対象を売り始めることを義務付けていることだ。これから二、三年のうちに、パニックが始まるだろう。簡単に言うと、七千五百万人——移民も数に入れると八千三百万人——のベビーブーマー世代の第一陣が七十歳に達すると、投入されるのではなく引き出されるお金がどんどん増えるということだ。このような事態が大々的に起こるのは二〇一六年だと言われているが、市場への影響はそれよりずっと早い時期に現れるかもしれないので充分注意が必要だ。年毎に売り手が増えていく時に価格を上向きに保つことがむずかしいことは、高等数学がわからなくてもすぐにわかる。

金持ち父さんが気付いた二つめの欠陥は、投資家に教育が不足していればいるほど儲かる立場にある人たちにファイナンシャル教育が委ねられていることだ。だから、今のファイナンシャル教育は、実際は強引な売り込み口上にすぎない。

次の章では、この新しいシステムが抱える三つめの欠陥を取り上げる。この欠陥も、アドバイスを求めて新聞に投稿してきたあの七十歳の引退者の手紙の中にはっきりと浮き彫りにされている。前にも言ったように、たいていの人はコーヒーをすすりながらエンロンやアーサー・アンダーセンの不祥事の記事を読み、自分たちがそれによって影響を受けないことを喜んでいたが、その一方で、彼らは重大な事実を見落としていた。つまり、その新聞の後ろの方のページに隠されていた事実、今日と明日の自分たちに大きな影響を与えるだろう、システムの抱える欠陥を見落としていた。

第五章……

お金に関するあなたの仮定と思い込み

プロの交渉人は、どんな交渉においても一番重要なキーワードの一つが「仮定する、思い込む（assume）」という言葉であることを知っている。私がビジネスの世界に足を踏み入れたばかりで、本物のお金をめぐって実際に交渉を始めた頃、金持ち父さんは私にいつも、相手が何を仮定しているか理解すると同時に、自分の仮定にも注意するように言った。金持ち父さんにとって、「仮定、思い込み（assumption）」という言葉はないがしろにできない言葉だった。金持ち父さんはよく、「ass（まぬけ野郎）-u（おまえ）-me（私）」と区切って発音して、この言葉を強調した。こんなふうに区切ると、今日のビジネスの世界にかなり一般的にあてはまる警告の言葉になる。この言葉の意味をまだ知らない人は、まわりの人に聞いてみるといい。そばに必ずだれか、それが何を意味するかよく知っている人がいるはずだ。

たくさんの特許を持ち、最も大きな業績を残したアメリカ国民の一人と言われるバックミンスター・フラー博士は、「仮定する」という言葉について次のように語っている。「自分がすでに仮定していても、そのことを知らないでいるとその仮定に疑問を持つことはできない」博士の教えを受けた人間の一人として、私がこの言葉の深い意味を理解し始めるまでにはしばらく時間がかかった。私はビジネスと投資の世界で、自分が何かを仮定している、つまり当然と決め付けているのに、そのことを知らないために損をする、それもかなりの痛手をこうむる人がたくさんいることに気が付いた。つまり、無意識のうちに立てた仮定、立てたことに本人が気付いてもいない仮定が彼らに大きな損をさせる。

たとえば、弁護士の友人からこんな話を聞いたことがある。ある夫婦は、問題がないと「仮定して」、二人の長年の夢だった土地を買い、そのためにすべてを失った。土地を手に入れてから十五年後、定年を迎える三年前になって、その土地がかつて有毒廃棄物のゴミ捨て場だったこと、そして前の持ち主はもうずっと以前に姿を消していることがわかった。夫婦は連邦政府から告訴され、敷地の洗浄を命じられた。それにかかる費用は莫大だった。当然二人は裁判で争った。そして、いくつかの点では勝訴し譲歩も認められたが、裁判の費用を払うのに全財産を投げ出さなければならなかった。弁護士の友人はこう言った。「この夫婦はあとになってこんなふうに言っていたよ。『林に覆われたこの美しい土地を見た時、私たちはここはこれまでどんな用途にも使われたことがなく、使うのは私たちが初めてだと、当然のように思い込んでしまったんです』」

サンディエゴに住んでいた頃、ディズニーランドに家族で出かけようと決めたある夫婦の話を読んだことがある。仕事のスケジュールの調整がつかなかった二人は、それぞれが車を運転して現地に向かうことにした。ホテルで落ち合った時、二人とも子供を連れてきていなかった。おたがいに相手が子供たちを車に乗せて来ると仮定していたのだ。だが、この仮定は意識して立てられたものではなかったので、どちらも、相手が子供を連れてくるかどうかあえて聞かなかった。フラー博士が、自分で立てたことを気が付かないでいる仮定が何か、自分自身に聞く必要があると強調したのは、こういうことがあるからだ。

●自分の仮定に疑問を持つ

私は最近、ビジネスをする時、よく顧問の弁護士と会計士に契約書をチェックしてもらう。前はそんなことはしなかったが、今は他人の目で契約書を見てもらい、見落しがないかチェックしてもらう必要があることがよくわかっている。専門家の二人には、契約までのプロセスの中で私が立てた仮定が間違っていないか、あるいは立てるべきなのに立てないでいる仮定がないか、検討するようによく頼む。自分の立てた仮定、とくに無意識に立てている仮定に疑問を投げかけることで、私は自分自身について多くを学んだ。

私の見たところ、法律上の争いの多くは、契約の主だった内容をめぐってではなく、だれもが存在に気付かないでいた単純な仮定に基づく場合が多いようだ。私自身、最近、クリスマスの電飾を家につけてくれる会社とちょっとした行き違いを経験した。十二月の初旬、その会社のオーナー夫婦がうちにやってきて、取り付け費用の見積を出してくれた。そして二、三日後、飾り付けが終わった。電飾に明かりがともったところで私は費用の全額を支払い、二人と握手を交わした。仕事のできばえはなかなかで、私はとても満足だった。自分がやったのでは絶対こうはいかなかっただろう……。

ところが、クリスマスが終わり、この会社に電話して電飾をはずしてくれるように頼むと、「取り付けはするとは言いましたが、取り外しもするとは言っていませんよ」と言われた。きちんとした契約書は交わしていなかったので、この話は言った、言わないの言い争いに発展した。私は結局ほかの人を雇って電飾を取り外してもらった。言うまでもなく、確かに取り付けの仕事は申し分なくやってくれたが、私はあの会社をもう二度と使わないだろう。私は電飾を取り付けた会社はどこも取り外しもやってくれるものと仮定していた。だが、その仮定を立てていることを自分では知らなかった。私が次にこういう会社を雇う時は、取り付けだけでなく取り外しの作業も料金に含まれていることを明記した契約書を作るつもりであることは言うまでもない。この一件は「ass-u-me」のいい例だ。

●特に注意したい、お金に関する仮定

今挙げた例からもわかるように、仮定は生活のいろいろな側面でとても重要な意味を持っているが、金持ち父さんは特に、お金やビジネス、投資に関する仮定に注意を払っていた。金持ち父さんはこう言った。「ある人が自分の仮定に疑問を持たなかったために、よけいにお金を損したり、友情がこわれたり、人が傷ついたり、事故が起きたり、裁判の数が増えたりする」そこで質問だ――この「仮定する」という言葉を、あなたの引退や、これからやってくる株式市場の暴落、お金に関して他人から受けるアドバイスなどにあて

はめるとどういうことになるだろう？

この質問に答えるのは簡単だ。二〇〇一年十二月二日付のマイアミ・ヘラルド紙に掲載された、七十歳の退職者の質問に戻りさえすればいい。あの人はアドバイスを求めていたが、返ってきたアドバイスは適切だっただろうか？

最初のプランを守り通すべき時があるとしたら、今がその時です。市場の上がり下がりは予想されていたことです。あなたもすでに数年間は投資家としてやってきているのですから、もういくつかの波は乗り切ってきています。その波の多くは上向き相場でした。ただこれほど長びく下向き相場がなかっただけです。あなたの痛みはわかります。でも、年利二パーセントのCD（譲渡性貯蓄）や大幅成長の見込めない貯蓄性の投資では、その痛みを止めることはできません。

今持っている投資信託を見直し、それが堅実で、着実成長型ファンドや成長利益型ファンドがたくさん含まれているかどうか確かめてください。攻撃型のファンドは不安定になる傾向があります。あなたの年金の保管受託者に、年金資金の中から株や投資信託を売って毎月引き出さなければならない最低額を送るように指示してください。これは「計画的引き出し法」と呼ばれていて、魔法のようによく効きます。

ここでちょっとテストをしてみよう。このファイナンシャル・プランナーの答えから、あなたはいくつ仮定を見つけることができるだろうか？　また、あなたが「見つけられない」仮定はいくつあるだろうか？　どうなるとそれらの仮定が正しい仮定、あるいは間違った仮定になるのか？　もしこの退職者がファイナンシャル・プランナーのアドバイスに従ったとして、そのアドバイスが間違った仮定に基づいていたらどうなるだろう？　疑ってみるべき仮定はどれか？　このアドバイスを与えるためにファイナンシャル・プランナーが新たに立てた仮定はどんな仮定か？　このファイナンシャル・プランナーがお金に関するアドバイスを人に与える前に、疑問を持つべきこととしてほかに何があるか？

今挙げた質問に対する私の答えはあとで紹介することにして、みなさんにはまず、何人か友人を集めて、このアドバイスからいくつの仮定が見つかるか、じっくり話し合ってみて欲しい。やり方は簡単だ。だれかがこのファイナンシャル・プランナーの答えを声に出して読むか、コピーしたものを一人一人に渡し、みんなで話し合ってできるだけ多くの仮定を見つけるようにすればいい。これはやってみるとなかなかためになり、学ぶことが多いと思う。中にはその結果にびっくりする人もいるかもしれない。また、これがきっかけで、お金に関して自分が仮定していることに疑問を持ち始める人もいるかもしれない。そうなるためにあなたがしなければいけないのは、このファイナンシャル・プランナーの答えから見つかる仮定に「これは正しいのだろうか？」と疑問を持つことだけだ。そうすればあなたのファイナンシャルＩＱを大幅に高めることができるかもしれない。

そこで、私の答えだ。まず私が疑問をはさみたいと思うのは「最初のプランを守り通すべき時があるとしたら、今がその時です」というアドバイスの根底にある仮定だ。このファイナンシャル・プランナーは明らかに、投稿者がプランを持っていて、そのプランを知っていると仮定している。だが実際は、確かにプランを持っている人は多いが、大部分がそのプランの背後にある法律については知らないでいる。

次に、「あなたの痛みはわかります。でも、年利二パーセントのＣＤや大幅成長の見込めない貯蓄性の投資では、その痛みを止めることはできません」というのはなかなか興味深い答えだと思う。このファイナンシャル・プランナーは投稿者が投資について何も知らず、おそらくは年利二パーセントのＣＤにお金を預けておこうと考えている——投稿者はそうするつもりだとはまったく言っていないのに——と仮定している。年利二パーセントのＣＤを選択肢の一つとして持ち出した理由は、このファイナンシャル・プランナーがそれしか知らなかったからではないかと私は思う。この七十歳の退職者が世界で一流のヘッジファンド・トレーダーになれる、つまり、退職金を注ぎ込み、将来の株式市場から毎月充分レバレッジの効いた利益を得るだけの能力があるかもしれないとは考えてもいない。私もその可能性は低いとは思うが、ここで問題なのは、プランナーがこの投稿者は何も知らないと仮定している、ろくに知らない自分自身よりももっと知らないと仮定していることだ。

もし私があのプランナーだったら、投稿者にこう聞く。「投資の経験はありますか？　年金プラン以外に、ポートフォリオとして何か資産を持っていますか？　ほかの資産に投資してうまく行った経験がありますか？　安心して、自信を持って投資できる対象は何ですか？」つまり、私なら、このファイナンシャル・プランナーがしたように、投稿者が投資について何も知らないという仮定に基づいてアドバイスをする前に、相手を知るための質問をする。

●矛盾する仮定

この退職者が何も知らないと仮定したあと、プランナーはアドバイスの方向を百八十度転換させ、「今持っている投資信託を見直し、それが堅実で、着実成長型ファンドや成長利益型ファンドがたくさん含まれているかどうか確かめてください」と言っている。つまり、最初にこの退職者が何も知らないと仮定しておきながら、次には、投資信託が堅実かどうか見極めるだけの力があると仮定しているのだ。ここで私が聞きたいのは、どの投資信託が堅実かわかる人などいるのかということだ。少なくとも私にはわからない。投資信託はある年には好調で、翌年には不調ということもある。現実を見ればわかるが、「堅実」と思われていた投資信託の多くが、最近のこの不景気のおかげで結局は大きな損を出している。例えば、一九九九年に多くのファイナンシャル・アドバイザーに気に入られ、大々的に宣伝されて有名になった投資信託がある。当時、それが堅実と考えられていたのは確かだし、今もそう考えられているが、二〇〇一年までにこのファンドは六十パーセント近く値を下げた。一九九九年のレベルまで回復するには何年もかかるだろう。

実際のところはこうだ——今、売られている投資信託の数は、株式が公開されていて、それらの投資信託に組み込まれている会社の数より多い。マイアミ・ヘラルド紙に投稿してきたあの退職者が、およそ一万二千種ある投資信託の中から、どれが一番堅実か、どれがこの次に大幅に値上がりするか見極めることができるなら、引退生活などやめて、今、どの投資信託が堅実なのだろうかと思いあぐねている何百万もの人にアドバイスを授けて巨富を築いた方がいいかもしれない。このファイナンシャル・プランナーが、まずこの退職者が投資について何も知らないと仮定しておきながら、次の文では、市場に参加している人の大部分よりもこの人が投資面ではるかに洗練されていると仮定しているのは、実に矛盾していると私は思う。

このファイナンシャル・プランナーのアドバイスの中から私が指摘できる仮定や矛盾はまだ限りなくある。ここで私が言いたいのは、アドバイスを求めてきた人の個人的な状況をほとんど知らずに、投資に関するアドバイスをするなどということは私にはできないということだ。だが実際は、何百、何千万という人が、金持ち父さんが「漂白パンのようなファイナンシャル・アドバイス」と呼んでいたものを与えられている。金持ち父さんがそう呼んだのは、それが大衆に対する型通りのアドバイスだからだ。それは一つの公式、つまり、投資商品を売る会社から指示された売り込み口上をただ繰り返すだけの大勢のファイナンシャル・アドバイザーが常に使う公式に従ったアドバイスにすぎない。

金持ち父さんはまた、「ファーストフード・ファイナンシャル・プランニング」という呼び方も使った。今日多くの人が抱える健康上の問題を考えてみよう。味もそこそこで、大々的に宣伝され、パッケージもしゃれていて、買いやすいファーストフードを食べているせいで不健康になっている人がどんなに多いことか……。金持ち父さんが心配していたのは、西側世界の人々が、ファーストフードの食べすぎによる健康上の問題ばかりでなく、投資のファーストフードの食べすぎのせいで金銭上の問題も抱えるのではないかということだった。

金持ち父さんはこう言った。「ごく簡単に買え、過剰に宣伝されていて、手軽で見た目のいい包装が施され、どこにでも店があったりセールスマンがいたりする食べ物、あるいは投資は、たとえどんなものでもおそらくきみのためにはならない」金持ち父さんはさらにこう続けた。「私は人があまり行かないレストランで、とてもおいしく、身体にもよく、値段も手頃な食べ物を見つけた経験があるが、それとまったく同様に、これまで私が経験した投資のうち最高のもののいくつかは、大企業ではなく、真のアーチストや天才たちが人目を避けて細々と営む店や作業場で見つけたものだ」金持ち父さんは自分の息子と私にこのことを常に思い出させるために、次のように言った。「世界中どこでも、すばらしい食べ物やすばらしい投資は同じようなところで見つかる。困るのは、その同じ場所に、悪い食べ物や悪い投資もあることだ。すばらしい食べ物やすばらしい投資を見つけたかったら、まず、それらがどんなものかを知らなくてはいけない。便利だから、見栄えがいいから、よさそうな話だから、値段が手頃だから、みんなも買っているから……というだけでは、それがきみたちのためになるものとは限らない」

マイアミ・ヘラルド紙上に紹介されたファイナンシャル・プランナーの回答からもっと多くの仮定を見つけ、それに疑問をはさむことは可能だが、この章の目的はそうすることではないのでこれ以上は取り上げない。それに、ファイナンシャル・プランナー側にも言い分はある。何百万もの人にサービスを提供しなければならないから仕事の量は膨大だ。手っ取り早い、お仕着せのアドバイスしか与えられない場合も往々にしてある。私の友人の中にもファイナンシャル・プランナーがいるが、彼らはよくこう言う。「投資のための現金を二万五千ドル以上持っていない人に多くの時間を費やすことはできない」つまり、もしあなたがたくさんお金を持っていなければ、たいていのファイナンシャル・プランナーはあなたのために時間を費やすわけにはいかず、大したアドバイスはできないということだ。彼らも家族を養い、自分自身の引退に備えて投資するためにお金を稼がなければいけないのだから……。

●市場は常に上向きだという間違った仮定

あの新聞記事にあった仮定で私が一番疑問に思うのは、「これは『計画的引き出し法』と呼ばれていて、魔法のようによく効きます」という言葉の中に隠された仮定だ。その理由は、これがファイナンシャル・プランニング業界のほぼ全体に前提として存在する仮定だからだ。つまり、ここで私が指摘したいのは、このファイナンシャル・プランナー個人ではなく、業界自体の仮定だ。百パーセントではないにしても、ファイナンシャル・プランニング業界のほとんどが、市場は常に上向きだという仮定の上に立っている。だから、このファイナンシャル・プランナーの「魔法のようによく効きます」という言葉は、もっと正確に言うなら、「市場が上昇を続け、あなたがいい投資信託を選び、ポートフォリオに充分なお金を注ぎ込んでいれば、魔法のようによく効きます」ということなのだ。少なくとも私には、この言い方の方が真実に近いし、より正確に思える。

きちんと時間をかけて市場の歴史を学んでいるプロの投資家ならだれでも、どんな市場も上がりもすれば下がりもすることを知っている。真のプロの投資家は市場が上がり続けるなどという仮定に自分の将来を賭けたりしない。それなのに、何百万という人がそれをやっている……。

金持ち父さんシリーズの第三弾『金持ち父さんの投資ガイド』（邦訳では同『上級編』三十九ページ）に、市場の急騰と暴落の様子を示すグラフをいくつか紹介した。図①のグラフは、一九二九年のウォール街の市場暴落前後の株価の動きを示している。

あのファイナンシャル・プランナーの「これは『計画的引き出し法』と呼ばれていて、魔法のようによく効きます」という言葉を、一九二九年の暴落後の実際の数字にあてはめてみよう。そうすれば魔法の効き目がどんなものかわかる。

次に挙げるのは、資産運用サービスで有名なイボットソン・アソシエイツ社による数字だ。それにいくつかの仮定をあてはめて検討してみよう。

まず、アドバイスにあった「計画的引き出し法」に従い、投資口座の残金の八パーセントを毎年引き出すとする。そうすれば残りが自然に増えて、二度とお金に困ることはないはずだ。ところで、この「二度とお金に困ることはないはず」というのも、ファイナンシャル・プランニング業界にはびこるもう一つの仮定だ。

六十五歳になった時、あなたに百万ドルのお金があり、S&P500インデックスに名を連ねる、安定した大企業の株式に投資し続けたとする。市場が一九二九年とまったく同じ動きをしたとすると、あなたがDC年金プランに注ぎ込んだお金は一〇九ページの表①のようになる（一九二九年直後のインフレーションの影響も考慮に入れた）。

少しわかりにくいかもしれないので、先に進む前にこれらの数字の意味を説明しておく。一九三〇年の資産価値の変化△461,840はそれだけ損失があったことを意味する（会計業務で数字の前の△印は損失を意味する）。その結果、一九二九年のスタート時点で百万ドルあった資産が四十八万七千七百十九ドルに下がった。つまり、一九三一年のあなたの生活費はその八パーセント、三万九千十七ドルだ。

この数字からわかることを簡単に言うと、確定拠出型のDC年金プランをやっているベビーブーマーが六十五歳の時に百万ドル持って引退したとすると、その後、市場が一九二九年以降と同じ動きをしたとしたら、

①1921年〜32年のダウ・ジョーンズ工業株価平均

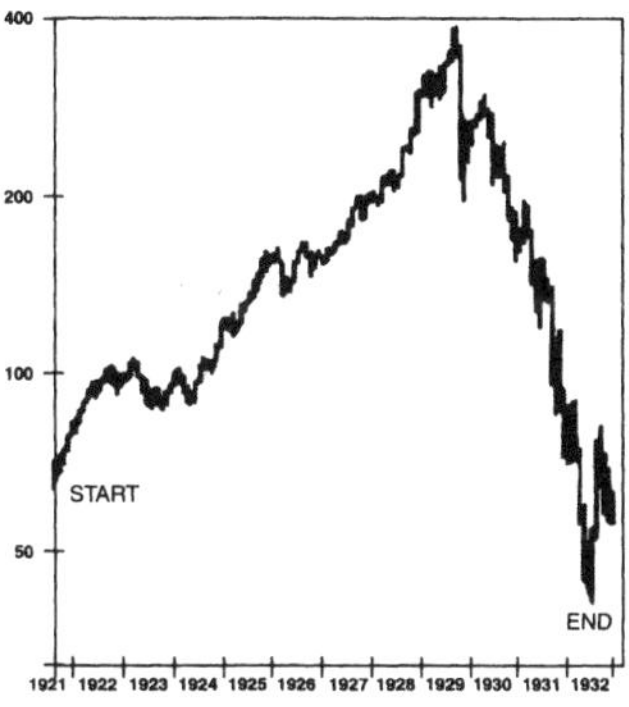

その人は八十二歳になるまでに資産の九十パーセントを失うということだ。そして、はじめは八万ドルだった年間の生活費を五千六百六十九ドルに切り詰めなければならなくなる。これはなかなか大変なことだ。

あのファイナンシャル・プランナーの「これは『計画的引き出し法』と呼ばれていて、魔法のようによく効きます」という言葉が、いろいろな仮定（市場が上がり続けるなど）が正しい場合にのみ有効だというのは以上のような理由からだ。仮定が間違っていたらどうなるだろう？　仮定通りに市場が反応をしなかったら？　そうなったら、十年後、二十年後に、あの投稿者に一体何と言ったらいいのだろう？

●市場は三つの方向に動く

ファイナンシャル・プランニングの公式の多くは、市場が上がり続けるという仮定に基づき、物事がうまくいくと仮定している。これから定年を迎える何百万もの人のことを思うと、この仮定があたっていて欲しいと心から願う。だが、プロの投資家の大部分が知っている通り、現実の世界では、市場は基本的に三つの方向に動く。その三つとは、上向き（強気相場《ブル・マーケット》とも呼ばれる）、下向き（弱気相場《ベア・マーケット》）、横ばい（チャネリング・マーケット）だ。

多くの人が引退に備えて用意しているポートフォリオで問題なのは、長い目で見れば、市場は最終的に上昇するという仮定に基づいている点だ。「長期に投資をしろ」とよく言われるのはそのためだ。市場の不安定さ、つまり上がったり下がったり横ばいになったりする動きからの影響を和らげる解決策として、ファイナンシャル・プランナーは分散投資を勧める。だが、これも同じことで、分散投資に効果があるのは、投資家が長期に投資し、市場が上がり切ったところで引退時期を迎え、その後市場が暴落するなどということがない場合に限られる。この条件が満たされなければ、この表からわかるように、すべての仮定は崩れてしまう。

次ページの表を見ると、一九三六年に市場が非常に高い水準にあったことがわかる。一九二九年のピーク

表①1929年の株式市場暴落後に何が起こったか

（数字はすべてドル）

年　度	資産価値の変化	資産価値	生活費
1929	0（引退直後）	1,000,000	80,000
1930	△461,840	487,719	39,017
1931	△294,797	169,976	13,598
1932	△10,946	162,166	12,973
1933	63,407	211,441	16,915
1934	△3,307	187,389	14,991
1935	98,267	262,941	21,035
1936	145,144	382,564	30,607
1937	△291,789	58,391	4,671
1938	25,678	81,632	6,531
1939	△601	74,884	5,991
1940	△13,503	54,826	4,386
1941	△10,592	36,334	3,242
1942	10,864	40,530	2,935
1943	18,644	54,205	4,336
1944	23,887	72,196	5,776
1945	70,339	133,795	10,704
1946	△39,389	70,858	5,669

時よりも高い。だが、それまで規則的に毎月引き出しを続けていた退職者は、その時点で残っている資産の量が少なすぎて、この時期の市場の急騰から恩恵を受けられない。このことは、新しい法律が立法者の意図とは関わりなく内包する欠陥の一つをはっきり示している。その欠陥とは、引退者が下向きの市場で損をする可能性には限りがない一方、規則的な引き出しのせいで、たとえ市場が上向きになってもそこから利益を得られる可能性は限られていることだ。プロの投資家にとってこのシナリオは、市場が下向きになった場合には危険が大きすぎ、上向きになった場合には制限がありすぎる。

市場は三つの異なる方向に動くのに、たいていのポートフォリオに入っているのは上向きの市場でしかうまくいかない投資ばかりだ。つまり、平均的な投資家のポートフォリオの大部分は、三つの市場の動きのうち一つでしかうまくいかない。金持ち父さんはかつて私にこう言った。「ロシアン・ルーレットの話はたいていの人が聞いたことがあるだろう。これは、回転式連発銃《リボルバー》の六つの弾倉の一つに弾を込めてシリンダーを回転させたあと、銃鉄が空の弾倉にあたることを願いながら、銃口を頭にあてて引き金を引くというものだ。つまり、勝率は五対一だ。たいていの年金プランは投資信託から成り立っているが、これは、三つしかない弾倉の二つに弾を込めてシリンダーを回転させ、ロシアン・ルーレットをやっているようなものだ。つまり、負ける確率は三分の二だ。危険極まりない」

実際のところ、分散投資は欠陥のあるシステム――下向き市場に対しては無制限のリスクを背負っていて、上向き市場から利益を得る可能性に制限のあるシステム――からあなたを守ってくれるとは限らない。つまり、あなたの年金プランは、計画通り、あるいは仮定通りにことが運んでくれなかった場合、生活に必要なお金をもたらしてくれないかもしれない。

一九二九年の大暴落のあと、最終的に市場が持ち直したのは事実だが、実際のところ市場は二十五年近く下がり続けた。株式市場の長い歴史からすればこれは短い期間のように思えるかもしれないが、市場が一九二九年から一九三二年のレベルに落ち込んだとき、国民の大部分がポートフォリオの八十パーセントを失ったことを忘れてはいけない。一生かけて貯めた全財産の八十パーセントを失った人にとって、この二年間はとても長い二年だったに違いない。たとえ平均すれば市場は上昇する傾向にあるとしても、数年でも市場が落ち込み、ポートフォリオがどんどん減少していくのを手をこまねいて見ていなければならないとしたら、いつか市場がまた上がるとわかっていても(これも仮定だが)、何日か眠れない夜を過ごすことになるかもしれない。

●まだある欠陥

これは重要なことなので、仮定についてのこの章を終える前に、「すでに存在するが疑問を持たれていない仮定」によって引き起こされた欠陥を、これまでに取り上げたものも、あるいはまだ取り上げていないものも含めてまとめておきたい。

1．新しい法律には引き出しを強制する仕組みが組み込まれている

この欠陥は二〇一六年前後に大きな問題を引き起こす。アメリカでは二〇一六年に七十歳を迎える人が二百二十八万二千八百八十七人いると見積もられている。二〇一七年にはこの数は二百九十二万八千八百十八人に増える。この急激な上昇は、ベビーブーマーの第一陣が七十歳になるからだ。これは、七十歳を迎える人が前年より七十万人近く多いことを意味し、その後もこの数字はどんどん増えていく(三十パーセント近い急上昇をすると見積もられている年もある)。この数字を見れば、ベビーブーマーの世代がDC年金プランと株式市場に与える影響の大きさが想像できる。前にも言った通り、人々が所有しているものを売るように法律によって要求されたとしたら、市場を上昇傾向に保つのはむずかしい。それはまるで、底に次々穴が開けられていく浴槽に水を貯めようとするようなものだ。人々はじきに浴槽に水を貯めようとしなくなる。

なぜ引き出しを強制する仕組みが組み込まれているのだろうか？　その答えは簡単だ。要するに税金だ。

つまり、この法律が議会で承認された時、内国歳入庁が自分たちはいつ払ってもらえるのか知りたがったということだ。確定拠出型のDC年金プランに含まれるお金は拠出の際も、運用されている間も課税されない。従って、政府がいつ取り分を取るのか、つまりそのお金にいつ税金がかけられるかが問題になる。受給者が七十歳と六カ月になった時――この問題に政府はそう答えを出した。

2．新しい法律は適切なファイナンシャル教育を提供することを教育システムに要求しなかった

真剣に投資を考える人にとって、高度なファイナンシャルIQは不可欠だ。エリサ法が議会を通過した時、だれも、ファイナンシャルIQの基礎となるファイナンシャル・リテラシーを教えるように学校に命じなかった。本当は必ずしも危険とは限らないが、たいていの人は投資は危険だと思っている。そう思う理由はただお金に関して基本的なことを教えてもらったことがないからだ。金持ち父さんが言っていたように、「だれもそのやり方を教えてくれなければ、どんなことにも、たとえ道路を渡ることにも危険が伴う」

3．仮定に疑問を投げかける人がいない

新しい法律が前提としている仮定は、事実ではなく「仮定に基づいた仮定」にすぎない。退職者が六十五歳になった時、ファイナンシャル・プランナーが四十年前に使っていた仮定が間違っていたことを発見したら、一体どうなるだろう？　この退職者にはほかに頼みとするものがあるだろうか？　アドバイザーたちはただお金に関するアドバイスを与えるだけで、人々は大して質問もせずに投資対象を買っている。エンロンのスキャンダルがあって、疑問を持たざるを得ない状況にはなって来たが……。

4．投資信託会社が多すぎる

現在、投資信託会社の数は株式を公開している会社の数より多い。そのせいで、ファンドの良し悪しを見

分けるのがむずかしくなっている。これはまた、平均的な投資家が悪いファンド、つまり金銭的に安定した引退生活を送るのに必要な利益をもたらしてくれないファンドを選んでしまう確率が高いことも意味している。

5．引退のためのコストがどんどん上がっている

ごく少数の優良企業が発行する優良株だけをねらう投資信託がどんどん増えているために、それらの企業の株価が高くなりすぎ、その結果引退のためのコストが上がり続けている。

6．DC年金プランは引退後のあなたを守ってくれない

株式市場はあなたが引退したあと暴落するかもしれない。そうなったら、せっかく貯めたお金や将来の金銭的安定がふっとんでしまう。仕事も残された時間もない状態で、投資した資金がなくなってしまったら、また新たに蓄えを作るのはなかなかむずかしいだろう。エンロンの従業員の多くに起こったのは、まさにこの状況だった。彼らは卵をすべてエンロンという一つのかごに貯めていた。ファイナンシャル教育を充分に受けていない人にとって、分散投資の戦略が大事なのはこのためだ。分散投資が問題なのは、そうしたとしても危険で大して見返りのない選択肢であることに変わりないことだ。

7．年金プランに参加していない従業員がたくさんいる

私がこれまでに見た統計によると、ベビーブーマー全体のうち引退に備えて充分なお金を蓄えているのは、最高の数字でも五十パーセント。低いものは二十パーセント。さらに低くて十パーセントあるいはそれ以下のものもある。このことは、ベビーブーマーに続く世代、特にみなさんの子供の世代に、経済的な負担がより多くかかることを意味している。

二〇〇二年五月のワシントン・ポスト紙上に「多くの人にとって401（k）の巻き返しは大仕事」と題された次のような記事が載った。

401（k）、IRA、IRA再投資など、労働者が引退に備えて貯めたお金の量についてのデータはあまりないが、手に入る情報を見る限り、多くの人が心配する理由を抱えていることがわかる。EBRI（給付金研究機関）のデータによると、二〇〇〇年の時点で、401（k）をやっている人で口座残高が一万ドル以下の人は全体の四十四パーセント、二番目に多いのは十四パーセントで、残高一万ドルから二万ドルの人たちだった。

この記事の先には次のように書かれている。

つまり、労働者が口座への拠出をしなかったり、投資がうまくいかなかった場合、引退してからお金がなくなる危険性があるということだ。

革新的な考え方で知られる経済政策研究所（Economic Policy Institute）が先週発表した別の調査によると、今述べたような状況はすでに起こりつつあるようだ。この調査はニューヨーク大学の経済学教授エドワード・N・ウォルフによって行われたもので、それによると、特に裕福な一部の人を除いて、引退時期が近づいているすべての労働者（世帯主が四十七歳から六十四歳の家庭）の「引退用資産」は、実際のところ一九八三年から一九九八年の間に減少している。

労働者たちがDC年金プランにお金を出さない理由としては、税金が高く、生活費もかさみ、子供たちの養育・教育費がどんどん上がっていることが挙げられる。また、この年金プランをうまく利用するのに時間、つまり長期に投資するための時間が必要であることに多くの労働者が気付いていないのも理由の一つだ。早い時期にお金を貯め始めないと、次に挙げる欠陥が表面化する。

8. DC年金プランは比較的年齢の高い労働者には効果がない

労働者が四十五歳を超えてから引退に備えてお金を貯め始めた場合、DC年金プランでは効果がない可能性がある。理由は単純で、プランが効果をあげるのに必要な時間がないからだ。つまり、四十五歳以上で引退資金を貯め始め、しかも投資のためのお金をわずかしか持っていなかった場合、あるいは、比較的高齢のエンロンの労働者たちが今そうすることを余儀なくされているように、早く始めていても、それまでやっていた年金プランがだめになってしまって、また最初からやり直さなければならないような場合、DC年金プランは効果がないかもしれないということだ。

先に挙げた五月五日の記事は、今言ったようなことにも触れていて、次のように書かれている。

だが、よく考えてみてほしい。六十万ドルの蓄えを持って引退した人が、毎月の生活費として三千ドル必要で、その購買力を維持したい、つまりインフレに比例して引き出す生活費の量を増したいと考えたとする。この人がもしその先二十年、八十五歳まで生きるとすると、T・ロウ・プライス考案の計算式によると、お金が足りなくなる可能性は約三十パーセントだ。

ベビーブーマーの多くは、今になってやっと、本来は二十五年前に気付いていなければいけなかったことに気付き始めている。そして、現実的に言って、多くの場合、彼らが引退するまでに貯められるお金は、この記事に例として取り上げられた六十万ドルにも程遠い。DC年金プランは手っ取り早く金持ちになるためのプランではないから、何百万というベビーブーマーたちに残された時間はどんどんなくなりつつあると言っていい。時間がなければ、どんなに分散しようとお金の問題は悪化するばかりだ。分散投資は防御のための戦略で、時間が残されていない場合、この戦略は必然の運命を食い止めることはできない。

9．自分は投資家ではないのに投資に関するアドバイスをする人が多すぎる

今、大衆を教育している投資アドバイザーの多くは本当の投資家ではなく、セールスマンだ。さらに悪いことに、こういったアドバイザーの多くは、自分たちの与えるアドバイスに従った人が、上がり下がりする金融市場の波を乗り切り、時間の試練に打ち勝つことができるかどうか、本当には知らないでいる。つまり、自分のアドバイスに従い、自分が勧める投資商品を買ったとしても、その人が生き延びることが出来るか本当にはわかっていない。たいていの投資アドバイザーは、自分が属する会社の投資商品を売ることだけを求められている。従って、彼らの客観性は制限されている。さらに悪いことに、たいていのアドバイザーは一種類の投資についてしか知らない。つまり、紙の資産《ペーパー・アセット》（株式・債券など）、不動産、ビジネスといったように、いわば専門分野が決まっている。全体にバランスのとれた教育を受けていて、投資対象となる異なる資産の相互作用について話をする資格のある人はごく少数だ。ウォーレン・バフェットが言うように、「散髪の必要があるかどうか、床屋には絶対聞くな」ということだ。

10．引退後、お金がなくて充分な医療を受けられないかもしれない

引退するベビーブーマーの数がどんどん増えてくると、DC年金プランが前提としている「仮定」の正しさが試される本当の試練の時期がやって来る。この法律が焦点を合わせているのは引退だが、私はDC年金プランが引退よりもっと重要なことの面倒を見られるのかどうか心配だ。もっと重要なことというのはへ

ルスケア（健康管理）だ。私が疑問に思うのは、「このプランに従って引退した人に、引退後死ぬまでヘルスケアを受けられるだけの経済的余裕があるだろうか？」ということだ。引退後、個人的生活の規模を縮小して生活コストを下げることはできるが、ヘルスケアにかかるコストは増える一方だ。二〇〇〇年、ヘルスケアと処方薬のコストは十七パーセントも上昇したと言われている。言い換えれば、経済のほかの部分はどこもデフレ傾向なのに、ヘルスケアのコストだけはインフレ傾向だということだ。私が心配なのは、近い将来、医療費を払えるかどうかによって人の生死が決まるような時代が来るかもしれないということだ。DC型の年金プランで貯めたお金では医療費がまかなえない人が何百万人と出てくるかもしれない……。

高齢者医療保険《メディケア》をはじめ、いろいろな互助的医療システムがあるじゃないか、と言う人もいるかもしれない。だが、もし統計が正しければ、今話したような状況が訪れた時には、すでにアメリカの互助的医療システムはパンクしている。それを国民全員が受けられるようにするには、政府は途方もない額の税金をとらなければならず、税金が上がればビジネスが国内から出ていってしまい、すでに多すぎる税金を払わされている国民の状況をさらに悪化させる。

もう一度繰り返すが、DC型の年金プランで引退をしようと思っている人は、早い時期に始め、たくさんのお金、引退後の生活費だけでなく、生き延びるための医療費を払うのに充分なお金をとっておくようにしなければいけない。近い将来、多くの引退者が、寿命を延ばすのに必要な医療費を払うためにポートフォリオを現金化しなければならなくなるかもしれない。私が疑問に思うのは、あのファイナンシャル・プランナーが七十歳の引退者に「これは『計画的引き出し法』と呼ばれていて、魔法のようによく効きます」と言った時、長期的に見たヘルスケアのコストを計算に入れていたかどうかだ。別の言葉で言うなら、あのファイナンシャル・アドバイザーの答えの基となっている仮定は何だったかということだ。その仮定にはヘルスケアが入っていただろうか？

これからわずか数年後には、市場は「計画的引き出し法」に従ってお金を引き出し始める何百万人ものべビーブーマーの攻撃ばかりでなく、医療費の支払いのためにお金を必要とするベビーブーマーたちの攻撃も受けることになる。未来を占う水晶玉があったとして、それを使って未来を見てみよう。DC年金プランをやってきて五十万ドル相当の資産をポートフォリオの中に持っている七十五歳の退職者が、充分な医療保険に入っていなくて、生死を賭けた癌の手術のために突然十五万ドル必要になったとする。この人はお金を節約するために手術をあきらめるだろうか？　それとも手術費用をまかなうために十五万ドル相当の投資信託を売るだろうか？　私が思うに、まもなく何百万人という退職者が、医療費をまかなうために、計画的引き出し法を無視してポートフォリオのかなりの部分を売るだろう。そうなったら株式市場はどうなるだろう？　それでも上がり続けるだろうか？

今、多くのファイナンシャル・アドバイザーが、まだだれもその効果を立証したことのないアドバイスを顧客に与えている。私たちは近い将来いつか、この年金制度の改革の根底にある仮定が正しかったかどうかを知ることになるだろう。また、ファイナンシャル・プランニング業界が使っている仮定——平均すれば市場はいつでも上昇するという考えに基づいた仮定——が、引退後私たちにふりかかる試練に耐え得るかどうかもわかるだろう。

●401（k）が高所得の納税者にとって税金面で有利ではない理由——公認会計士ダイアン・ケネディ

普通に考えれば、高所得の納税者は401（k）年金プランに最大限の拠出をすべきだということになる。確かに、そうすれば現在課税対象となる所得は減る（401（k）への拠出金は勤労所得から控除できる）。だが、これはあとになって、税金面で大きな頭痛の種になりかねない。

まず、将来あなたの収入が下がるだろうという仮定が問題だ。たいていのアドバイザーは、引退すればあなたの収入は必ず下がると言う。だが、中には今よりも収入の多い状態で引退しようと計画を立てている人もいる（私の顧客の多くはそうだ）。そういう人にとっては、税の支払いを先送りにする401（k）のやり方は有利ではない。彼らは収入が多くなる。つまり払う税金も多くなる！　わざわざ課税割合が高くなるまで待って税金を払おうという人がどこにいるだろうか？

４０１（ｋ）が高所得の納税者にとって税金面で有利でないもう一つの理由は、所得税の払い方と関係がある。所得には勤労所得（自分でお金のために働く）、不労所得（投資した対象があなたのために働いてくれる）、ポートフォリオ所得（お金があなたのために働いてくれる）の三つがある。ポートフォリオ所得は主にキャピタルゲイン（売却益）によるもので、投資からあなたが得る所得のタイプとして最も一般的だ。一年以上所有していた投資用資産に対するキャピタルゲイン税の率は二十パーセントだ。所有期間が五年以上のものの税率は十八パーセントに下がる。一方、勤労所得（一般所得）に対する税率は、二〇〇二年を例にとると、最高で三十八パーセント以上だ。

つまり、投資用資産を４０１（ｋ）の一部とせずに所有している場合、そのキャピタルゲインに対する税率は十八パーセントから二十パーセントだが、同じ資産を４０１（ｋ）に含めると、納税時期はそこから生じた収入を引き出すまで繰り延べることができるが、引き出したときの収入は一般所得として一番高い率で課税されるということだ。つまり、４０１（ｋ）のせいで、税率がキャピタルゲインの税率（十八～二十パーセント）から一般所得の税率（三十八パーセント）へと倍増されることになる。

さらに悪いことに、年金プランにお金がまだ残っている状態であなたが死ぬと、その残高には所得税と遺産税がかかる。平均的に言って、遺産に対する税の合計は七十五パーセントだ。十万ドルで年金プランを始めていて、それが四十万ドルにまで増えていたとすると、遺産相続人が受け取れるのは十万ドルだ。つまり、四倍の大きさになったこの４０１（ｋ）年金プランからの純益は事実上ゼロになる！

税金の支払いを先送りすることには有利な点もあるかもしれないが、あなたが使おうとしている解決方法が、未来のあなたの目標に合っているかどうかを確かめることは大事だ。月並みなことを言うアドバイザーからの月並みなアドバイスに飛びつくのはやめよう。

●仮定は正しいか？

エリサ法のことを改訂版ポンジー方式と呼んだ人がいる。ポンジーというのは、架空の投資対象をでっち上げ、高い利子の支払を約束して人々からお金を集めた詐欺師の名だ。最初に何人かにお金を出させたら、次に新しいグループを見つけて同じことを約束する。そして、二つめのグループから集めたお金を使って一つめのグループに支払をする。すると、一つめのグループがこのうまい話を友人たちに広める。その友人たちが核となり、また新しくできた三つめのグループから集めたお金で二つめのグループに対する高利子の支払をする。ポンジーが何をしているか気付く人がいなかったら、この方式は全体としてうまくいったかもしれない。だが実際はそうはならなかった。おかげでポンジーは英雄として名を残す代わりに、その名は今では詐欺師の代名詞になっている。だれかが「ポンジー方式にひっかかった」と言ったら、それはその人、あるいはその人たちが、本当にしてはうますぎるとわかっている話を信じてしまうほどお人よしで、結局はうますぎて本当にならなかった……ということを意味している。

たいていの人間には、本当にしてはうますぎる話を信じたいと思う気持ちがあるのではないかと私は思う。私たちは魔法やおとぎ話の妖精、復活祭に贈り物を持ってくるイースターバニー、自分たちを見守る守護霊といったものを信じるのが好きだ。あのファイナンシャル・アドバイザーが「これは『計画的引き出し法』と呼ばれていて、魔法のようによく効きます」という表現を使ったのもそれだからだ。みんなそれを信じたいと思うから、たとえ心の奥底ではもしかしたら本当ではないかもしれないと思いながらも、信じる。ポンジーは人間のこういった傾向をよく知っていた。だからこそ、ポンジーが死んで何年もたった今でも、新しいポンジー方式を考え出す人があとをたたないのだ。私はエリサ法がポンジー方式の一例だと言っているわけではない。ただ、人間は「魔法のようによく効く……」という話を信じるのが好きだと言いたいのだ。確かに、仮定がその通りになる限りは、物事は魔法のようにうまくいく。だが、仮定がその通りにならないと、

「assume」は「ass-u-me」と読み方を変える。

金持ち父さんは、理論的にはエリサ法はすばらしい理想と価値をもとに作られたと考えていた。問題は「理論的には」という点だ。みんなも知っている通り、理論と現実の間には大きなギャップがある場合が多い。

●悪い面だけでなくいい面もある

年金システムに関するこの新しい法律について調べるうち、金持ち父さんはその法律が目指す理想の一つが、労働者に分け前を与えるところにあると気が付いた。その時までは、確定給付型のDB年金プランをやっている労働者は、引退後の経済的な安全は保障されていたかもしれないが、子供に遺せる真の資産と呼ぶべきものは何も持っていなかった。もし労働者が六十五歳で引退し、七十五歳で死んだとすると、通常その時点で年金給付は停止され、残った投資資産は会社のものになった。確定拠出型のDC年金プランの場合は、七十五歳で労働者が死んだ時、ポートフォリオに何か残っていれば、それは遺族へ渡る。

私の実の父である貧乏父さんはDB年金プランをやっていた。だから、子供に遺せるものはほとんど持っていなかった。父の年金は教職員年金で、これは政府が母体となった小規模な年金システムだ。毎月、ある程度の経済的安定を保証するだけの給付金を与えてはくれたが、父が亡くなった時、子供には何も遺せなかった。もし父がDC年金プランをやっていて、死んだ時ポートフォリオにいくらかでも残っていれば、それは子供が相続することができただろう（もちろん遺産税はとられるが）。理論上はDC年金プランにはDB年金プランにはない大きな利点がある。

つまり、DC年金プランのとてもいい点は、アメリカを含む世界の巨大な富を労働者に分配するのを助ける試みだという点だ。世界には膨大な富があり、だれもが少しずつ分け前にありつけるはずだから、理論的にはこの年金プランはうまくいくはずだった。何と言っても、みんなに行き渡るだけの充分な富があるのだから……。

だが、もちろん、これはアイディアとしてはすばらしくても、理論の上でしかうまくいかない話だった。現実には富の九十パーセントが人口の十パーセントに握られている。そして、これにはしっかりした理由がある。その理由は年金改革に伴う最大の欠陥を取り上げた次の章で詳しく説明する。この最大の欠陥こそが、史上最大の株式市場の大暴落の引き金となり、また、世界の富の九十パーセントが人口のわずか十パーセントに常に握られている理由でもある。

最大の欠陥といっても悪い話ばかりではない。ありがたいことに、次の章で取り上げるこの欠陥を理解し、克服できれば、富の九十パーセントを牛耳る十パーセントの仲間入りをする可能性がぐっと増える。

第六章……

投資をしているだけでは投資家とは言えない

年金制度の改革に伴うさまざまな欠陥のうち、金持ち父さんが最大の欠陥と感じていたのは、投資家ではない人たちに投資を強制している点だった。金持ち父さんに言わせると、法律を変えれば一夜にして人々が投資家に変身するという仮定は、まったくの見当違いだった。「生まれた時からずっと、仕事を求める従業員になるように訓練されてきた人間を、突然、危険を冒す投資家に仕立て上げるなんてことは不可能だ。安全を求める人間と危険を冒す投資家とは同じ人間ではない」金持ち父さんは、これこそが最大の欠陥で、最終的に史上最大の株式市場暴落を引き起こす原因になるだろうと思っていた。

金持ち父さんシリーズの第二弾『金持ち父さんのキャッシュフロー・クワドラント』を読んだことのある人にはおなじみのクワドラントの図をもう一度ここで見てみよう。

②キャッシュフロー・クワドラントは四つの異なる考え方を表す

キャッシュフロー・クワドラントになじみのない人、『金持ち父さんのキャッシュフロー・クワドラント』をまだ読んでいない人のために簡単に説明すると、図中のEは従業員（employee）、Sは自営業、あるいはスモールビジネスのオーナー（self-employed, small business owner）、Bはビッグビジネスのオーナー（big buisiness owner）、Iは投資家（investor）を表している。

お金を稼ぐには四つの方法がある。あるいは、お金の世界には四つのタイプの人間がいると言ってもいい。四つのそれぞれのクワドラントは、お金と経済的安定に関する四つの異なる考え方を示している。

金持ち父さんはこう言った。「エリサ法の最大の欠陥は、クワドラントの左側の人間が簡単に右側の人間になれると仮定している点だ。四つのクワドラントにいる人はそれぞれ異なっている。とてもとても違っているんだ。ただ法律がその変化を強制したからといって、EクワドラントにいるI人がIクワドラントの投資家になれると仮定するのは、まったく馬鹿げている。法律はペンの一振りで書き変えられるかもしれないが、人間はそれほど簡単には変えられない」

簡単に言うと、エリサ法、およびその後の修正案は何百万という従業員にプロの投資家になれと要求した（図③）。しかも、これまで見てきたように、法律上は小さい変化かもしれないが、実際にはとてつもなく大きなこの変化をサポートするための教育システムを確立せずに、ただそれを要求した。

アメリカの公立学校は主にEあるいはSのクワドラントの人間になるための訓練をする。だからたいていの人がEかSになるのだ。教育システムのトップに立っていた私の実の父、貧乏父さんはいつもこう言っていた。「安全で安定した仕事に就けるように、学校へ行っていい成績をとるんだ」言い換えれば、貧乏父さんは私に、Eクワドラントの中で安全な避難所を見つけるように忠告していた。私が金持ちになりたいと思っていることを知っていた母は、よくこう言った。「あなたが金持ちになりたいと思っているのは知っているわ。それなら、医科大学へ行って医者になりなさい」つまり、母はSクワドラントで避難所を見つけるように忠告していた。そんな母に、私はこう返事をした。「母さん、それには一つだけ問題があるよ。医者になるには頭がよくなくちゃいけないけれど、ぼくの成績はママも知っての通りだから」ここで私が言いたいのは、SクワドラントのSは頭のいい（smart）人間を意味する場合もあるということだ。確かに、どんな職業の人も、どんな知的レベルの人も、四つのうちどのクワドラントにでも属することができるが、医者や弁護士、会計士、エンジニアといった職業の人の多くが属しているのはSクワドラントだ。Sはまた専門家（specialist）のSとも言える。つまり、何らかの特殊技術・技能を持った人たちを指す。また、世の中にたくさんいる、独立したスモールビジネスのオーナーたちもこのクワドラントに属する。

金持ち父さんは自分の息子と私に、BとIのクワドラントで活動する人間になるための訓練を与えた。私のこれまでの著作を読んだ人は、金持ち父さんが私たちに、自分がやっているビジネスの中で可能な限り、ほとんどすべての仕事をやらせ、一つのビジネスを存続させるためにどれほど多くの異なる種類の仕事が必要かを教えてくれたことを覚えているかもしれない。金持ち父さんはまた、何時間もかけて私たちと『モノポリー』をして遊び、投資家としての考え方を教えてくれた。私がわずか四年間しか普通の仕事に就かなかった大きな理由の一つはごく単純で、金持ち父さんが仕込んでくれたのがクワドラントの左側ではなく右側で活動する人間になることだったからだ。

③エリサ法は従業員にプロの投資家になれと要求した

私がまだ少年だった頃、金持ち父さんはこう言った。「人は一人一人異なるクワドラントに惹きつけられる。それは人が一人一人異なるからだ。Eクワドラントに属したいと思う人は安全を求める人だ。社長だろうが、ビルの管理人だろうが、Eクワドラントに属する人の大部分がよく同じようなことを言うのはそのためだ。つまり、『私は安全で安心できる仕事、安定した給料と充分な手当をくれる会社を探している』などと言う。Eクワドラントの人にとっては、安全と安心が最大の関心事なんだ。投資家のIクワドラントは、一般に、安全と安心が見つかる世界だとは見なされていない。安全で安心な世界にもなり得るが、そのためには適切な訓練が必要だ」

●自分の代わりに資産を働かせるのが本当の投資

前にも言ったように安全と自由という言葉の間には大きな違いがあるが、それに加えて、金持ち父さんは次のような違いを指摘した。つまり、EとSのクワドラントの人が安全――Eクワドラントの人は仕事から得られる安全、Sクワドラントの人は他人に頼らず自分だけでやっていることから得られる安全――を求める一方、BとIのクワドラントの人は自由を求めるから、自分たちの代わりに働いてくれる資産に焦点を合わせる。そんなことを言うと、概して自分の思った通りにすることを好むSクワドラントの人たちから反論の声があがるかもしれない。だが、異議を唱える前に考えてみて欲しい。Sクワドラントの人の大部分は、確かに自由に、自分の思い通りにやっているかもしれないが、それが好きかどうかに関わりなくやらなくてはいけないという点はEクワドラントの人と大差ない。BあるいはIのクワドラントに百パーセント属する人には、まったく何もやらないでいる自由があり、それでもお金は入ってくる。Sクワドラントの人の自由とはここが異なる。

（『金持ち父さんのキャッシュフロー・クワドラント』には、異なるクワドラントに属する人たちの間の根本的な違いについてもっと詳しく書かれているので、まだ読んでいない人はこれを機会に読むことをお勧めする。この本は、Ｅクワドラントの中で仕事を変えるだけの生活や、一生Ｓクワドラントでせっせと働き続ける生活ではなく、別の生き方をしたいと本気で考えている人にとても役に立つと思う。）

先日、投資家たちの集まりで、投資家を自称する若い男の人と話をした。何に投資をしているかたずねると、その人はこう答えた。「会社の４０１（ｋ）をやっています。これはうまくポートフォリオが分散されていて、大型株、小型株のほかに、二、三の業種別ファンド、それにもちろん、債券を集めた投資信託が一つ含まれています」

私は黙ってうなずきながら、こう思った。「ウォール街はこの顧客を一生つなぎとめておくのに、実にうまい教育をしたものだな……」満足しているこの青年の夢をこわすまでもないと思った私は次にこう聞いた。

「投資からの収入は毎月いくらありますか？」

「収入ですって？」青年はそう答えた。「そんなものありません。投資からの収入はゼロです。毎月ぼくは給料の一部を天引する形で投資信託会社に送っています」

「その投資からいつになったら収入が得られるようになるんですか？」私はそう聞いた。

「えっと……ぼくは今二十七歳ですが、できれば六十歳まで働いて、それまで自分のお金を無税で増やすつもりです。そのあと、自分で使い道を決められる口座にポートフォリオを移し、それで生活しようと思っています。つまり、長期の投資をしているんです」

「よかったですね」私は握手をしながらそう言った。「これからもがんばって投資を続けてください」

ここで私が言いたいのは、この若者は確かに投資しているかもしれないが、投資家とは呼べないということだ。少なくともキャッシュフロー・クワドラントの説明の中で金持ち父さんが使った定義に従った場合はそうだ。金持ち父さんの定義によると、投資家は定期的に投資からお金を受け取る。お金を受け取り始めるまでは、投資はしているかもしれないが投資家ではない。私は自分が投資家になったことを金持ち父さんに認めてもらうために、お金がポケットから出ていくのをやめて入ってくるようになったことを証明してみせなければならなかった。最近、DC年金プランを利用する大勢の「投資家」たちが、自分がこれまで投資してきたお金が、ポケットから流れ出たあと、年金プランからも流れ出していることに気付いた。今、これほど多くの投資家が動揺しているのはそのせいだ。彼らは投資はしていたかもしれないが、投資家にはなっていなかった。

投資をするとなると、お金を外に流れ出させるのが上手な人が多い。一方、お金を流れ込ませるのがうまい人はごくわずかだ。この流れ込んでくるお金があってはじめて、あなたは優秀な投資家と言える。たいていの人はお金を流れ出させるばかりで、流れ込んでくるお金はほとんどない。エリサ法が議会を通過したあと、何百万という人が投資を始めたが、彼らが投資家になるかどうかはまだわからない。退職の日が来た時、そのうち何人がEやS、BのクワドラントからIクワドラントへの乗り換えに成功するか、その答えを知っているのは時間だけだ。

映画『ザ・エージェント』の中に、「金《かね》を見せろ」という有名なせりふがある。筋金入りの投資家の友人たちは、このせりふを「恐ろしい」と思っている。その理由は、お金を投資しても、そこからお金が戻ってくるとは限らないことを知っているからだ。私の友人の間では、投資したお金が戻ってこないうちは、投資は本物ではない。そして、元金が戻ってきたあとも、さらに多くのお金をもたらしてくれてはじめて本当の投資と呼べるようになる。今、DC年金プランを採用している何百万という人たちの場合は、お金が流れ出ていくばかりで、その流れが逆になってお金が戻ってくるかどうか心配している状態だ。そのうち多くはすでにブローカーに電話をして、「金を見せろ」と要求している。

先日の夜、友人のパーティーに呼ばれた時、主催者の女性が妻のキムに、どんな仕事をしているのか聞いた。キムは「不動産に投資しています」とだけ答えた。すると、その女性は目を輝かせてこう言った。「私も同じことをしているのよ。主人と私はまず小さい家から始めて、家の値段が上がったところで売るというのを三回繰り返したわ。それで、たどりついたのがこの家よ。私たちは不動産に投資をし続け、このすばらしい家に住めるようになったの」

この友人が自分を本当の投資家だと思っているのはよくわかった。確かに技術的にはそうだ。でも、本当の投資家である別の友人たちの間では、この女性は投資家とは呼ばれないだろう。彼女は単に「自宅を持っている人」で、運がよかっただけのことだ。彼女はすばらしい家を持っている。だが、月に五千ドルの「費用がかかる」家を持っている不動産投資家と、純益で五千ドル「儲けている」不動産投資家との間には非常に大きな違いがある。私の友人の投資家たちの定義によれば、不動産投資家は個人の家や商店、倉庫、オフィスビルなどを貸して毎月定期的に収入を得ていなければいけない。つまり、実際に働いているかどうかに関わりなく、投資家は自分のところに流れ込んでくる「金を見せる」ことができる。

●最大の欠陥

では、なぜ金持ち父さんは、Eクワドラントにいる人たちをIクワドラントに無理やり押し込むことが最大の欠陥だと思ったのだろう？　この質問に対する答えも前と同じで、この二つのクワドラントに属する人たちがまったく種類の異なる人間だからだ。EあるいはSのクワドラントに属する人はお金のために働き、BあるいはIのクワドラントの人たちは資産を築くために、あるいは獲得するために働く。こんなふうに書いただけでは、違いはあまりないように思えるかもしれないが、引退したあとのことを考えると、この違いはとても大きい。何年もの訓練を受けたプロの投資家である私にとっても、投資から毎月稼ぎをあげて「金を見せる」ことはそう簡単ではない。エリサ法が人々にやれといっているのはまさにそれなのだ。DC年金プランに従ってきた人が引退すると、仕事という避難所から追い出される。そして、そのうちの多くは、生まれてはじめて、現実の世界に直接立ち向かわなければならなくなる。金持ち父さんがそうなったのは十三歳の時だった。私は三十二歳、私の父は五十三歳、USAトゥデイの一面を飾ったエンロンの従業員は五十八歳で現実に立ち向かうことになった。

●現実の世界に立ち向かう

古きよき時代には、従業員が引退すると引退パーティがあり、金時計が渡され、その後の人生はDB年金プランが面倒を見てくれた。言い換えると、従業員たちは郵便で送られてくる毎月の給付金をあてにして引退することができた。そのために彼らがしなければいけなかったのは年金を積立てることだけだった。

古きよき時代にはまた、もし勤めていた会社が気前のいい会社だったり、組合の力が強かった場合は、引退後、COLA（生活費調整分）をもらえることもあった。つまり、インフレの進行に合わせて、支払われる確定給付年金の額も上がった。そのほかに、生きている限り利用できる医療保険システムを採用している会社もあった。その場合、引退者が医者の所に行くと、会社が医者に「金を見せて」くれた。別の言い方をするなら、DB年金プランは、ヘルスケアが発達し引退者たちの寿命が延びるにつれて、かかるコストがどんどん大きくなったということだ。エリサ法が法律化された本当の理由の一部は、この負担の増加にある。国境を越えてどんどん競争が激化するビジネスの世界において、DB年金プランや終身医療保険プランを利用する従業員は、ともかく高くつきすぎた。

今日の世界でも、従業員が引退したら、引退パーティーがひらかれ、金時計がもらえることもあるかもしれない。だが、ほとんどの場合、その後の生活の面倒は自分で見なければならない。中には会社の年金プランにお金を残しておく人もいるし、個人年金の一種であるIRAに振り替える人もいる。あるいは、投資用資産をすべて現金化し、銀行に預ける人もいる。

●史上最大の暴落はなぜ起こるのか

次に、金持ち父さんが株式市場で史上最大の大暴落が起こると考えていた本当の理由を三つ挙げる。

ー・ベビーブーマーが現金化を始めると、大量売りによって市場が急落する

金持ち父さんはこう言っていた。「EとSはお金を生む資産のためではなく、お金のために一生せっせと働く。彼らの大部分は株式市場を信用していない。会社を引退すると、それまで常に感じていた恐怖、不安――そもそも、EやSとして一生せっせと働く道を彼らに選ばせる原因となった恐怖や不安――が大きくなる。会社を去ったあと、彼らは株式や投資信託ではなく、自分が知っていて、信用できると思っている唯一のもの、つまり現金にしがみつく」

ビジネス・ウィーク誌によると、一九九〇年、401(k)型の年金プランに入っていたのは七千百二十億ドルで、そのうち株式はわずか四十五パーセントだった。二〇〇〇年末までに、年金資金の合計額は二・五兆ドルに増え、そのうち株式およびそれに準ずるものは七十二パーセントを占めるようになった。つまり、この年金資金からのお金の流入に伴って市場に好景気が訪れたのだ。そして、市場が上がるにつれて、自称投資家たちはいっそう自信を持ち、現金で持っているより収益率が高いというただそれだけの理由で、現金を引き出して株式を買うようになった。さらに急騰が進むと、パーティーに遅れて参加してきた多くの自称投資家が、貯蓄用の口座から現金を引き出して市場に注ぎ込み始めた。彼らがお金を注ぎ込んだのは主に投資信託で、おかげでこの種の資産の規模は四兆ドルに膨れ上がった。これと同じ時期に、アメリカ国民の一世帯あたりの貯蓄率が一パーセント以下になったという報告がなされている。投資熱に火がつき、本来市場に参入すべきではなかった人たちまでが投資を始めた。

DC年金プランに投資をしていた多くの人たちは、自分たちのプランが価値を増していることに気付き、本物の投資家になったと思い込んだ。そして、貯金を引き出し、すべて市場に注ぎ込み始めた。彼らの大部分はEクワドラントとSクワドラントに属していた。つまり、本来は貯蓄を続けているべき人たちが、突然投資を始めたのだ。だが、彼らは本当は投資家ではなかった。

金持ち父さんは、何百万という人が、自分では理解も信頼もしていない金融資産を売り始めた時に、史上

最大の大暴落が引き起こされるだろうと考えていた。「Eクワドラントの人は安全が大好きだ。安全が脅かされていると感じたら、金融資産にしがみついてはいない。彼らが不安を感じたら、新しい年金制度が勧めるような計画的引き出し法など無視され、その代わり投売りのパニックが起こる。このパニックを引き起こすのは、できるだけ速く金融資産を現金に戻し、貯蓄口座に入れようとするベビーブーマーたちだ」

最初にこの話を聞いた時、私は金持ち父さんが何を言おうとしているのかよくわからなかった。でも年齢を重ねた今は、金持ち父さんの言っていたわずかな違いも前よりよくわかる。今の私は、だれかが「引退に備えてお金を貯めている」とか「子供の教育に備えてお金を貯めている」と言うのを耳にするたびに、その違いを強く感じる。一方、「引退に備えて投資している」とか「子供の教育に備えて投資している」という話はほとんど耳にしない。金持ち父さんが言っていたように「お金を貯める人と投資家は同じ人間じゃない。お金を貯める人はお金があると安心する。投資信託ではだめだ。後ろからぐっと押されれば、彼らは売る。そして、そういう人が何百万といて、一斉に売り始めたら……市場は暴落する。計画的引き出し法を守る人はいなくなるだろう」

日本はこの数年間、銀行および金融業界で今にも大惨事が起きそうな状態で揺れている。その一方で、日本の銀行はお金をたっぷり抱えている。それは、日本人の大部分が従業員で、お金を貯める人間だからだ。実際のところ、日本人の貯蓄率は世界一だ。銀行にお金があふれているため、貯蓄に対して支払われる利子はほとんどゼロに近い。銀行が顧客の貯蓄に対して何も払わなくても、お金は銀行に預けられたままだ。なぜだろう？　その理由は、従業員でお金を貯める人たちは、リスクをとるより、たとえ何も利益を生み出さなくてもお金の方を持っていたいからだ。これから数年のうちに、アメリカの銀行もお金をたっぷり抱えることになるだろう。そうなったら、銀行は預金者に十パーセントもの利子を払うのはむずかしくなる。私がこの原稿を書いている今現在、アメリカの銀行は貯蓄口座に対して二パーセントの利子を払っている。二パーセントは投資の収益率としてあまりいいとは言えない。

近いうちに暴落が起こる一番の理由は、今、大部分の人が投資信託や株式に対して本当の安心感を持っていないからだ。彼らが引退し始めると、何百万人ものベビーブーマーが投資信託や株式を現金に換え、一生せっせとそのために働いてきたもの、つまり現金をまた抱え込む。金持ち父さんが言ったように、「法律は変えることができるが、人を変えることはできない」。

2．生活費と医療費が上がる

前にも言ったように、DB年金プランの多くは生活費の上昇に伴う調整機能を持っていた。DC年金プランの場合は、引退後生活費や医療費が上がったら、引退者はそれを支払うために資産を売る。これも、例の「計画的引き出し法」の理論を机上の空論にする。DB年金プランとDC年金プランの間のこの小さな違いもまた、近いうちに暴落を引き起こす一因となるだろう。人々が生活するために必要なのは投資信託ではなく現金だ。だから、現金を得るために投資信託は売られる。

3．狂気に踊らされる人が増える

ウォーレン・バフェットはこう言っている。「人々が欲、恐怖、愚かな考えにとらわれるだろうということは予想がつく。ただし、その順序は予想がつかない」

たいていの人はどんな種類の市場も欲と恐怖によって動かされていることを知っている。一九九〇年代に株式市場が上がったのは、人々の欲のせいで、今後下がるのは恐怖のせいだ。近い将来、人々が引退に備えて買っていた投資を現金化するもう一つの理由は、愚かさだ。

投資の世界で愚かさがどのような作用をするか、その例を一つ挙げよう。一九九〇年代、私は「自分は投資家だから金持ちになった」と思っている多くの金持ち従業員に出会った。だが、実際のところ、彼らはただ運のいい従業員にすぎなかった。私が出会った人の一人はインテル社の従業員だった。一九九七年、市場が上昇を続けていた頃、この人は三千五百万ドル近くに相当するオプションを現金化した。彼はもちろん、自分は単なる運のいい従業員ではなく投資家だと思っていた。それからまもなく、SEC（証券取引委員会）が適格投資家と分類している投資家専用の投資に手を出し始めた。SECによる適格投資家の定義は、純資産を百万ドル以上持っているか、一定以上の高給をとっているかだ。これらの条件がどうして適格投資家の資格につながるのか私にはまったくわからないが、ともかくそういう決まりになっている。（適格投資家かどうかを証明するのにもっといい方法を私は知っているが、SECは私の意見を聞くために電話をかけてきたりはしなかった。）

定義の話はさておき、百万ドルを持ってインテルから退職したこの「投資家」は、大金を手にしてすっかりいい気になり、動くものなら何でも、片端から投資を始めた。私募債にも手を出したり、会社のパートナーシップを買ったり、会社を丸ごと買って息子や娘に経営させたりもした。また、自家用ジェット機やヨットなど、本当の金持ちだけが買うような「ガラクタ」も買い、大きな家も二軒買った。その上、自分の娘より若い女性とめぐり合い、離婚までした。もっとも、彼の妻はかなりの額のお金を手にしたが……。

金持ち父さんはよくこう言っていた。「愚か者がお金を手にするとろくなことにならない」この男の人はまさしくろくなことにならなかった。今、彼は破産状態だ。なぜそれを知っているかというと、この人が私のところへ仕事を探しに来たからだ。彼は二番目の妻とも離婚して、残っていたお金を全部もっていかれた。市場が活気づいていた一九九〇年代、私はこういう人に何人も出会っている。つまり、幸運に恵まれただけだったのに、自分は投資家だと思い込んでしまった従業員たちだ。彼らはあとになって、自分はいい気になってどんちゃん騒ぎをした愚か者にすぎなかったことを知った。パーティーを開いてどんちゃん騒ぎをするのはかまわない。ただ、次のパーティーを開く余裕があることを確かめてからそうすることだ。

投資に関する愚かさの例はほかにもある。スポーツの花形選手や、映画スター、ロック歌手、くじで大当たりした人、多額の遺産を相続した人などで、お金を投資することと投資家になることが同じだと間違って信じ込まされた人たちがそうだ。今から数年後、ベビーブーマーのうち運に恵まれた人たちが、ＤＣ年金プランに貯まった大量のお金を持って引退し始めると、お金をだまし取られる愚か者たちの記事が新聞を飾るだろう。彼らはお金を投資することと投資家になることの区別がわからなかったためにだまされる。

●投資をしているだけでは投資家とは言えない

金持ち父さんに言わせると、この年金改革の最大の欠陥は、投資したとしてもみんなが投資家になるわけではない点にあった。金持ち父さんはこう言った。「この、小さく、一見取るに足らないようなことが、株式市場を暴落させる可能性を持っている」つまり、金持ち父さんの「予言」はこうだ。近い将来、何百万人という人が目を覚まし、本当は欲しくもなかったもの（ＤＣ年金プラン）を法律によって無理やり買わされたこと、罰金として多額の税金を払わない限り、早期引き出しができないことに気付く。

問題はほかにもある。多くの人は今、自分では本当に価値があると思っていなくて、仕組みも理解できず、それに対して自分が払いすぎているような気がしている対象に投資することを奨励されている。金持ち父さんはこう言った。「その時になったら、貯蓄家たちは、それまでにやってきた投資を、自分たちが一生せっ

④１６３４年～３７年のチューリップ熱（歴史的見積もりに基づく）

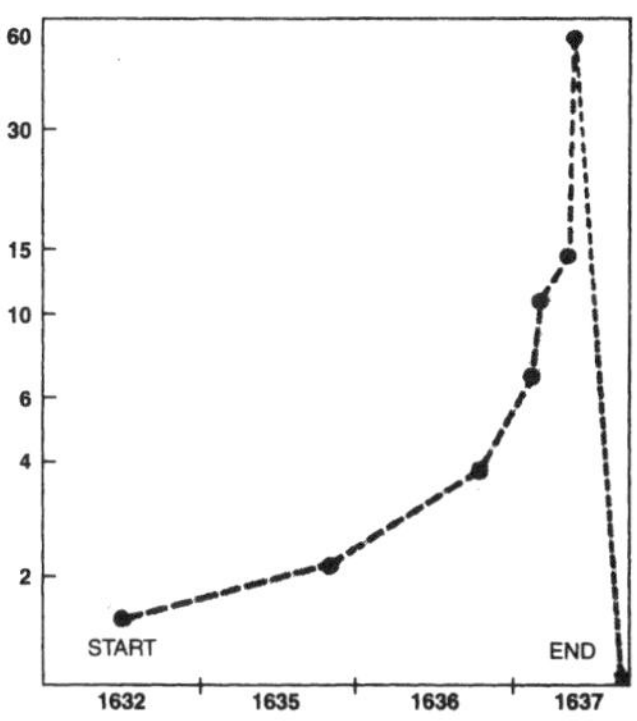

せとそのために働いてきたものに変える。彼らがそのために働いてきたものというのは、現金だ。株式や債券、投資信託ではない。株式市場の暴落は、人々が法律によって勧められるままに投資をする一方、投資家になるための勉強をしなかったことが原因で引き起こされる。このことはよく覚えておくんだ。投資家は資産を愛し、貯蓄家は現金を愛する。『銀行に預けたお金のように安全』という表現を使う人がこんなに多いのはそのためだ」

金持ち父さんは私に、金融熱《ファイナンシャル・マニア》の定義は、わけもわからず現金を株式や債券、不動産、投資信託といった金融資産に換えることだと説明してくれた。過去数百年の間、何度もこういった投機熱は訪れているが、有名、というか悪名高いものの一つは、一六三四年から一六三七年にかけてオランダで起こった、チューリップの球根を対象とした投機熱だ（図④）。これは、中国から輸入されたこの新しい花にオランダ人たちが熱を上げたことが発端となった。すぐに新種が開発され、まもなく投機熱に火がついた。中には、同じ重さの金《きん》の百倍もの値段のついた球根もあった。その後投機熱が突然冷め、みんなが一斉に球根を現金に戻そうとしてパニックが始まった。今から考えると、このチューリップ投機熱は、ほんの数年前に起こったドットコム投機熱と同じくらい馬鹿げたものに思える。

金持ち父さんによる金融パニックの定義は、わけもわからず金融資産を現金に戻そうとすることだった。つまり、人々が突然目を覚まし、自分たちが買ったものが支払った金額ほどの価値を持たないことに気付き、お金を取り戻そうとした時に起こる。このような人々の心の動きは「買ったあとの後悔」とよく呼ばれる。投資信託をはじめとする金融資産に投資した何百万という人たちがこの「買ったあとの後悔」の気持ちに襲われお金を戻してくれと要求すると、パニックが起こり、そのパニックが株式の暴落、世界史上最大の暴落を引き起こす。金持ち父さんが言っていたように「投資しているからといって、それだけでは投資家だとは言えない」。

第七章……だれもが投資家になる必要がある

「彼らは投資がどんなに大事かわかっていないんですか?」金持ち父さんが自分の会社の経営陣と従業員のトップ、およそ百二十五名を集めて会合を開いたホテルの大宴会場で、私はそう聞いた。

「その答えはいずれわかるさ」金持ち父さんはそう答えた。「私は彼らを納得させるためにできるだけのことはしてきたが、私にできるのはそこまでだ。私たちが採用し始めたこの401(k)プランは、一つの優遇策ではあるんだが、労働者の多くは参加していないし、参加していてもわずかしか拠出していない人もいる。経営陣の中にも拠出をやめた人がいるくらいだ。引退したあと、彼らが何を頼りに生活するつもりか、私にはわからない」

●株式市場が暴落すると多くの人が投資をやめる

このような話を金持ち父さんとしたのは一九八八年のことだった。極東に行く途中でハワイに立ち寄った私に、金持ち父さんが自分のところの会合に出てみないかと声をかけてくれたのだ。一九八七年の十月の株式市場の暴落は多くの従業員を震え上がらせ、DC年金プランに拠出するのをやめる人が出てきていた。「ファンド管理会社から人を呼んで、401(k)年金プランがどのようなしくみで働くか、もう一度従業員に説明してもらったんだ。でも、基金受託者賠償責任というのがあって、その投資アドバイザーは具体的なアドバイスをすることができなかった。つまり情報を提供するだけで、その人が何を買ったらいいといったアドバイスはできなかったんだ。だから、プランを説明するだけで、詳しいところには立ち入らなかった。

これでは、従業員たちは何に投資したらいいかまったくわからず、安心できない。プランを管理している人間が、もう少し具体的なアドバイスをすることをなぜ法律は禁じているのだろう？」

「そんなふうになっているとは知りませんでした。これまでずっと、アドバイザーはなぜプランを提示するだけで大したアドバイスをしてくれないのだろうと不思議に思っていました。それはその受託者責任のせいだったんですね。今日知りました」

「あのアドバイザーは、私が気前のよい雇用主であることだけは従業員に言ってくれたけれどね……私は従業員の拠出額と同額を会社から出すと言っているんだから。多くの雇用主はまったく援助しようとしないか、あるいは援助しても半額だけというところもある。でも、私が自分から進んで気前よくしているのにもかかわらず、年金プランに定期的に拠出している従業員はごくわずかだ」

「たとえ投資アドバイスをあまりしてもらえなくても、拠出することが非課税のお金を受け取るのと同じことだというのは従業員にもわかるんじゃありませんか？」私はそう聞いた。「そのために従業員がしなければならないのは、同じように非課税の拠出金を出すことだけ……」

「みんなそのことは聞いて知っているはずなんだ。私はもう何年も同じことを言い続けている。でも、何も変わる気配はない。このプランに拠出している人は、結果として、そうでない人よりも稼いでいることになるとまで言っているんだよ。それでも状況は変らない。で、株式市場が暴落すると、これまで拠出していた人の一部までもが拠出をやめた。ファンド管理会社から人を呼んで従業員に話してもらったのもそのためだ。少しでも役に立ってくれればと思ったんだ」

会合が行われたホテルと同じ通りの先にある金持ち父さんのオフィスに戻るまで、私たちはずっと話し続けた。「彼らは投資がどんなに大事か、気付いていないんですか？」オフィスに着いたところで私はまた同じ質問をした。

「気付いているとは思うよ」

「じゃ、なぜ投資しないんですか?」

●だれもが何らかの形で投資をしている

私のこの質問を聞くと、金持ち父さんは机に向かって座り、黄色のレポート用紙に次のように書いた。

金持ち	中流の人	貧乏な人

金持ち父さんは目を上げて私の方を見ると、こう言った。「私たちはみんな、何らかの形で投資をしている。ただ、その対象や方法が違うだけだ」それから、また紙に向かい、次のように書き足した。

金持ち	中流の人	貧乏な人
いいファイナンシャル教育	いい教育	大家族
ビジネスを築く	給料の高い仕事	政府によるサポート
大規模な不動産投資	職業	
所有権を伴った私的な投資	持ち家	
ヘッジファンド	貯蓄	
個人的な資金運用者	年金プラン	
私募	投資信託	
リミテッド・パートナーシップ	小規模な不動産投資	

「人間の種類によって、投資先がこんなふうに違うんだ」金持ち父さんが説明を始めた。「貧乏な家庭は子沢山の場合が多い。年を取ったら子供たちが面倒を見てくれると信じているんだ。また、社会保障や福祉、高齢者医療保険といった政府のサポートもあてにしている」

「貧乏な人は子供に投資しているって言うんですか?」私は不信げにそう聞いた。

金持ち父さんはうなずいた。「とても大ざっぱに一般化した場合だよ。でも、あたっているところはあると思う。口に出しては言わないけれど、貧乏な人たちは定年退職したら子供が助けてくれることを期待している」

「で、中流の人は給料の高い仕事に就けるように、いい教育に投資する」金持ち父さんの書いた表を見ながら、私はそう言った。「中流の人にとってはそれが投資なんですか?」

「その通りだよ』金持ち父さんはにこにこしながら言った。「きみのうちもそうじゃないかい? お父さんやお母さんは、きみが大学を卒業して、できれば医者や弁護士といった職業に就いたり、会社の副社長や総支配人《ジェネラル・マネジャー》といった地位に就くことが大事だと思っていないかい?」

私はその通りだとうなずいた。「うちでは教育がとても大事だと思われています。母は私に医者になって欲しいと本気で思っていましたし、父は私が法科大学に行くべきだといつも思っていました」

金持ち父さんはくすりと笑った。「で、ご両親はきみに、持ち家を買い、年金プランを持つように強く勧めていないかい? いや、実際、海兵隊は年金制度がしっかりしていていろいろな給付金がもらえるからという理由で、きみが海兵隊に残るようにお父さんが希望していると私に話してくれたことがなかったかな?」

私はまたうなずいた。「でも、貧乏な人も同じことを求めるんじゃないんですか? 少なくとも仕事に関しては?」

「給料の高い仕事に就けたら……と夢は見ているかもしれない。でも、夢と現実は違う。きみも気が付いているかもしれないが、私のもとで働いている従業員で仕事を転々と変わっているのは比較的給料の低い人たちだ。高い給料を望まなければ、仕事を変わるのは簡単だからね。そういう人たちは給料の高い仕事が見つかることを夢見てはいるかもしれないけれど、現実には、適切な学歴や何らかの専門技術がなければ、そんな仕事に就くのは不可能だ」

「だから、自分が稼いだお金のほとんどを、ただその日を生き延びるために、つまり子供に食べ物や衣服を与え、彼らを養うために使うんですね。それが貧乏な人たちの投資の対象なんだ」

金持ち父さんは貧乏な人の投資対象の書かれたところを鉛筆の先で叩きながらうなずいた。「うちで働いている人でも、大学教育を受けているマネジャーたちは違うよ」鉛筆の先を中流の人の投資対象のところへ動かしながら、金持ち父さんはそう言った。「従業員である点は同じだけれど、彼らの方が同じ会社に長く勤める傾向がある。それは、もし会社を変わったら、またゼロから始めなければならない、多くの場合、昇進の階段の一番下から始めなければならないことを知っているからだ。会社内での地位や、年功序列といったことを彼らが好むのも同じ理由からだ。それに、求める給料が高ければ、それだけ仕事を見つけるのに時間がかかる。だから、彼らはいい教育、高い給料、仕事によって保証された安全、昇進、会社内での地位などのためにより多くの時間を投資する。中流の人にとってはそういったものが大事なんだ。前にも言ったように、人はみんな投資をしているけれど、そのやり方が違う。みんな自分が大事だと思うことだけに時間やお金を投資する」

「だから、金持ちはビジネスを築いたり、大規模な不動産投資をしたりするんですね。あるいは、中流の人たちが投資信託を買うのに対して、私的な投資をしたりヘッジ・ファンドに投資したりする……」

金持ち父さんがあとを続けた。「あるいは、共同融資団《シンジケート》やパートナーシップに投資したり、個人的な資金運用者を雇って、自分の代わりに投資をさせる。そうやって、金持ちは金持ちのためだけに用意された投資に投資するんだ」

「でも、大学教育はだれにとっても大事じゃありませんか？」私はそう聞いた。

「そうだよ。実際のところ、この三つの種類の人間と、彼らが投資する対象を見てみると、どの投資対象もみんな大事だということがわかる。それは金持ちにとっても同じだ」

「金持ちも大家族を必要とするってことですか？」

「必ずしも大きい必要はないけれど、家族はだれにとっても大事だ。経済的状況がどうであれね。同じように、政府のサポートも金持ちにとって大きな意味を持っている。もし政府が福祉プログラムで貧乏な人のサポートをしなかったら、町には乞食があふれて、金持ちの家に入り込む泥棒も増えるだろうからね。だから、金持ちは税金や寄付といった形で、政府の生活支援政策に投資をしているんだ」

●金持ちにはどのレベルの投資も必要

金持ち父さんは次に、もし私が金持ちになりたいのなら、今挙げた三つすべてのレベルで投資をする必要があると説明した。つまり、金持ちになりたかったら、金持ち以外のグループに属する人たちよりずっと多くの投資をしなければいけないということだ。金持ち父さんはこう言った。「もしきみが金持ちになりたいなら、貧乏な人が投資するもの、中流の人が投資するもの、そして金持ちが投資するもの、そのすべてに投資するように私は強く勧める。絶対に――いいかい、絶対にだよ――最初の二つの投資を飛ばしてはいけない。金持ちになりたかったら、ほかの二つのグループの人より多く投資しなければいけない。少なくてはだめだ」

金持ち父さんはさらに、家族、持ち家、年金プランの重要性を指摘した。「多くの人は、支えとなるこれらの柱なしに金持ちになろうとしているが、それはとても危険だ。私には必要ないが、それでも４０１（ｋ）年金プランをやっているのはそのためだ。支えになるからね。それに、税金面で少し助かる」次に、「家族」と書かれたところを指差しながら、金持ち父さんはこう続けた。「家族は私にとってとても大事だ。

私が家族のために多くの時間とお金を投資しているのはそのためだよ。私には心の支えとして家族が必要だ。きみにキムが必要なのと同じにね。私は家族を大事にしない人たちもたくさん見てきている。彼らは仕事のために家族との時間を犠牲にしている。あるいは、もっとひどい場合は家族を裏切ったりしている。私もきみも、ちょっとした浮気ならいいだろうと思って妻や夫を裏切っている人に会ったことがあるよね。でも、それはいけないことだ。私にとっては強い絆で結ばれた家庭がとても大事だ。きみにとっても、きっとそうだと思う」

家族についての金持ち父さんの話はとても納得がいった。金持ち父さんが次の話題に移る前に、私はこう付け加えた。「あなたは金持ちだから、家族と過ごす時間がほかの人よりある。私の父はよく仕事のために家を空けていました。父は、家族を養い、より大きな家を買うために、昇進してもっとたくさんの給料が欲しいから、出張しなければいけないのだと言っていました」

「知っているよ。昇給や昇進のために家庭を犠牲にし、いいところを見せようと思って大きな家を買う人はたくさんいる。前にも言ったように、人は自分が大事だと思うものに投資する。でも、私に言わせればそれは投資じゃない。お金のことを考えても、家族のことを考えても、それは自分で自分の首を締めるようなものだ。今、子供と過ごす時間のない親たちがどんなに多いことか……。私があれだけ時間をかけて、きみたちにビジネスや投資について教えていなかったら、きみたちは今どうなっていただろう？　きみのお父さんには時間がなかった。大きな家の支払いのためにせっせと働いていて、忙しすぎたんだ」

話を聞いているうちに、なぜ金持ち父さんがいつもプランの大切さについて話してくれたか、その理由がわかってきた。これまでの著作の中でもお話ししたが、金持ち父さんは「安心していられること」「快適であること」「金持ちであること」の三つを目的としたプランがあると言っていた。そして、きちんとプランを立て、それを守ることがとても大事だと考えていた。金持ち父さんが金持ちになるためのプランを立てたのは、子供たちと過ごす自由な時間が欲しかったからだ。私が貧乏父さんと呼んでいる実の父のプランは、何度も学校に戻り、学び続け、昇進と昇給を獲得することだった。父は家で子供たちと時間を過ごそうとできるだけのことはしていたが、実際は家にいないことが多かった。一方、金持ち父さんは人を雇ってビジネスの運営や投資の管理をさせ、自分は家にいた。投資の対象を三つに分けたあの図を見せられた時、私は、そのどれもがどんなに大事か気付いた。そして、金持ちになりたいと思っているだけで、残りの二つのカテゴリーに属する投資をやっていない人が自分の友人の中にもたくさんいることに思い当たった。そこで、私はこう聞いた。「でも、金持ちの投資だけをしていて、ほかの二つの投資をしていない人たちについてはどうですか？　そういう人は一体どうなるんですか？」

「中には金持ちになる人もいるよ。でも、ごく少数だ。最初の二つのレベルの投資をしないで、金持ちの投資だけをしている人に私はいやというほど会っている。何十億ドルもの大金が稼げる……などというすごい話に乗せられて、投機的なビジネスに投資する人にもたくさん会うが、そういう人のほとんどは詐欺師やペテン師、ビジネス界の夢想家たちの犠牲者になって自分のお金を失う。しっかりした基礎がない状態で大きく勝とうとする人は、たいてい負ける」

私はうなずきながら、自分の愚かさに思わず苦笑した。「ぼくもこれまでにそういう人にたくさん出会っています。実際のところ、スタートを切ったばかりの頃のぼくは、そういう人間の一人でした」

金持ち父さんはにやりとしてこう言った。「知っているよ。確かにきみは、こうやって大儲けするんだ……といろいろすごい話をしていたよね。で、困ったことに、最初のビジネスで本当に大儲けしてしまった。問題は、幸運には恵まれたが、それを維持するだけの技術がなかったことだ。だからあの時、きみと、きみのパートナーの二人の道化師たちは破産に追い込まれた。きみたちはビジネスを持っていた。つまり金持ちレベルの投資を持っていたんだ。でも、最初の二つのレベル、中流の人と貧乏な人の投資の大切さを忘れていた。ビジネスが大成功した時、きみたちが金持ちにならずに道化師になってすべてを失ったのはそれだからだ」

「今ぼくはこの三つのレベルのどれも持っています。で、それらをうまく増やすための技術と成熟度を持っているといいと願っているんですが……」

「私もそう願っているよ」金持ち父さんは静かにそう言った。「でも、心配は無用だ。この三つのすべてのレベルで投資するのは、だれにとっても大仕事だ。きみもこれから先もいろいろな問題にぶつかるだろう。私のところの従業員も同じだ」

「つまり、今日の教えはこうですね。人間として、ぼくたちは自分が大事だと思うものだけに投資する傾向がある」私はさらに続けた。「あなたのところで働いている従業員の多くは、自分たちにとって投資が大事なことを知っている。でも、まだ充分にその重要性を認識していない。彼らはもっと大事だと自分が思っているものに投資している。つまり、お金を生む投資以外のものに時間とお金を投資しているんです」

「その通りだよ。きみのお父さんと私との違いを見てごらん。きみのお父さんは自分の家が最大の投資だと言う。お父さんにとっては、私が投資しているような株式ポートフォリオや工業用地・建物などより、自分の家の方がずっと大事なんだ。お父さんが、投資について学ぶために学校に行くよりも大学の卒業証書や仕事上の地位を大事だと思っているのも同じ理由からだ。私は自分が大事だと思うことに時間とお金を投資している。きみのお父さんも同じことをしているんだ。問題は、今、仕事と貯蓄の大部分を失ったお父さんが、自分がこれまで大事だと思っていたことが現実の世界でどんなに意味がないかわかってきたことだ。お父さんは自分の大きな家が本当には資産ではなかったことに気付き始めている。実際のビジネスの世界や投資市場で、大学の学位や仕事の経験が役に立たないことにも気付いている。現実の世界は教育の世界や政府とはとても違っている。お父さんがこれまで投資してきたものは、現実の世界では役に立たないんだ」

●お金を貯めるのに必要なのはわずかなファイナンシャル・インテリジェンス

私はこれまでの著作の中で、次の三種類の教育について話してきた。

1. 学問的教育
2. 職業的教育
3. ファイナンシャル教育

貧乏父さんは1と2の教育をしっかり受けていた。一方、金持ち父さんは三つめの教育をしっかり受けていた。エリサ法が議会を通過した時、金持ち父さんはすぐに、この法律がすべての人に必要なファイナンシャル教育を与えるものではないことに気が付いた。そして、一九八八年には、ファイナンシャル・アドバイザーの中に、顧客に与えることのできるアドバイスの種類が法律によって制限されている人たちがいることを知った。だから、たいていの人は、いつもやっているのと同じことをやり続ける。つまり、引退したあとも、EやSのクワドラントからIのクワドラントへ移行しようとしない。

金持ち父さんはまた黄色いレポート用紙を手元に引き寄せ、中流の人と金持ちが重要だと思っていることを比較し始めた。そして、中流の人のところに書かれた「貯蓄」という言葉を指してこう言った。「お金を貯めるのにどれぐらいのファイナンシャル・インテリジェンスが必要だろう?」

「わかりません。これまでそんなふうに考えたことがありませんから」

「じゃ、私の意見を言うけれど、お金を貯めるにはファイナンシャル・インテリジェンスはまったくいらない。やろうと思えば、サルを訓練してお金を貯めさせることだってできる」金持ち父さんはくすくすと笑った。「実際には、お金を貯めているから自分はすごく頭がいい思っている人がたくさんいるけれどね。お金を貯めたいと思ったら、ただ銀行の預金カウンターの前に歩いて行きさえすればいい。もしきみが本当に何もできなければ、預金係がきみの代わりに入金票に記入してくれる。むずかしいことは何もない。お金を貯めるのは賢い方法ではあるかもしれないが、ファイナンシャル・インテリジェンスは大して必要ない」

「サルを訓練してお金を貯めさせることができるっていうのは本当ですか?」

「ああ、やろうと思えば必ずできる」金持ち父さんはにこりとした。「いいかい、私がここで言いたいのは、たいていの人が持っているファイナンシャル・インテリジェンスの量がどんなに少ないかだよ。お金を貯めるのにこんなに苦労している人たちが、もっと洗練された投資をしたとして、成功する可能性はどれくらいあると思うかい? きみのお父さんのことを考えてみるといい。お父さんは高い教育を受けているけれど、複雑でも何でもない、小さなアイスクリームショップに利益を出させることもできなかった。お父さんは貯蓄家ではあったけれど、投資家ではなかったし、ビジネスマンとなると、なおさら畑違いだった。あの店に投資をした時のお父さんは何もわかっていなかったんだ」

「父はだまされたと感じています。でも、実際のところは、父が財務諸表も、フランチャイズに関する詳しい資料も読むこともできなかったのが原因だったんです。ぼくは父に、店の経営状態やいろいろな数字をあなたに見てもらうように言ったのですが、プライドの高い父にはそうすることができませんでした。父は、大学を出ていないあなたからアドバイスを求めるわけにはいかないと言っていました」

●金持ちの投資をするにはいいファイナンシャル教育が必要

金持ち父さんは頭を横に振った。そして、金持ちが投資する対象のところを示して、こう言った。「これらの投資をするにはファイナンシャル教育が必要だ。大学教育は受けていても、きみのお父さんが受けることのなかった教育がね」

金持ち

いいファイナンシャル教育

ビジネスを築く

大規模な不動産投資
所有権を伴った私的な投資
ヘッジファンド
個人的な資金運用者
私募
リミテッド・パートナーシップ

金持ち父さんは次に中流の人の投資対象を指差してこう言った。「どれでもここにある投資をするのに必要なファイナンシャル教育はごくわずかだ。さっきも言ったように、サルを訓練してお金を貯めさせることは可能だ。で、次は投資信託を買うように訓練する……実際、毎年、株式の銘柄が書いてある板に向かってサルにダーツを投げさせ、投資のプロが選んだ銘柄とどちらの成績がいいか比べるコンテストをやっている人がいるくらいだ。で、サルの方がよく勝つんだ」

中流の人
いい教育
給料の高い仕事
職業
持ち家
貯蓄
年金プラン
投資信託

「つまり、中流の人が金持ちにならないのは、ファイナンシャル教育が足りないからということですか?」私はそう聞いた。

「いや、中には金持ちになる人もいるよ。でも、しっかりしたファイナンシャル教育がないと、たくさんのお金を儲けるのにとても一生懸命働かなければならないし、また、金持ちのままでいるためにもたくさんのお金が必要だ。それに、ファイナンシャルIQが低ければ低いほど、お金を危険にさらす可能性が高くなる。金持ちがお金を投資することに焦点を合わせているのに対して、中流の人がお金を貯めることに焦点を合わせているのはそれだからだ。だから、中流の人はよく、投資用の不動産ではなくて自分が住む家に大金を注ぎ込んだりする。違いはファイナンシャル教育にある。もしもっといいファイナンシャル教育を受けていれば、彼らにもなぜ持ち家や貯金が実際には危険で、投資用不動産がより賢い選択か、その理由がわかるはずだ」

「つまり、ぼくがビジネスをもう一度作り直せば、金持ちの投資を始めることができるというわけですね」

私は金持ちの投資対象のリストの二行目を指差してそう言った。

「きみはやりたいと思ったことをしていいんだよ。今日、私がきみにわかって欲しいのは、人間は自分が大事だと思っているものだけに投資するということだ。私のところの従業員の多くは、年金プランが重要だとは思っていない。自分のお金を使ってやりたいこと、もっと重要だと思っていることがほかにあるんだ。きみが金持ちレベルの投資をしたいなら、ファイナンシャル教育に投資し続けることを勧めるよ。ファイナンシャルIQが高くなれば、たいていの人に危険に思えることがきみにとっては安全になる。で、貧乏な人や中流の人に安全に思えることが、きみには危険に思えるようになるんだ。それはすべて、きみが何を大事だと思うかにかかっている。自分が大事だと思っているもの、きみが最終的に投資するのはそれだ。それを何にするかはきみが決めるんだ」

株式市場の大暴落が恐怖をもたらすのは、ファイナンシャル教育が不足している人たちに対してだけだ。しっかりしたファイナンシャル教育を受けている人にとっては、金持ちになる絶好のチャンスになる。金持ち父さんがよく言っていたように、「しっかりしたファイナンシャル教育を受けていれば、市場が上がろうが下がろうが心配ない。上がろうが下がろうが、いずれにしてもきみは喜んでいられる」

第八章……

問題の原因

株式市場の暴落を引き起こす原因はエリサ法だけではない。本当のところ、エリサ法の抱える欠陥やエンロンのスキャンダル、これからやってくる株式市場の大暴落などは、もっと深いところに根を持つ問題が引き起こす症状にすぎない。この章では、その背後にあるさまざまな問題を取り上げ、それらを徹底的に解決するのにはどこから手をつけたらいいか考えていきたいと思う。この章を読めば、金持ち父さんがなぜあんな予言をしたか、その背後にある本当の理由がわかるだろう。

年金制度だけでなく、社会保障と高齢者医療保険も今、不安定になりつつある。クリントン政権の二〇〇〇年度予算報告書には次のように書かれている。「政府の信託資金は、将来の給付金の資金源として使えるような本当の経済的資産から成り立っていない」言い換えると、政府はここに至ってやっと、実際には社会保障のための信託資金がないことを認め始めたということだ。それがあるなどというのは私たちが勝手に思い込んでいる想像にすぎない。社会保障は単に改訂版ポンジー方式にすぎないのだろうか？

今日のアメリカでは、すべての従業員の給料から七・六五パーセント、会社からそれと同額、合計一五・三パーセントが社会保障と高齢者医療保険のために拠出されている。従業員はだれもが、引退したらそれを受け取る側になれることを願っているが、それは彼らが引退したあとも、入口の側で拠出を続けてくれる従業員の数が充分である場合にのみ可能なことだ。問題は、人間の寿命が延び、引退して出口で給付を待つ人の数がどんどん増えていくことだ。この仕組みは、出口にいる人より入口にいる人の数が多い間だけ機能するものではないだろうか？

過去数十年の間、連邦政府は社会保障の黒字――社会保障税からの収入と支出の差額――を借りて使い続けてきた。そして、それに対し、財務省長期証券という形の借用書を出してきた。最近、社会保障システムは、伏せた三つのおわんをすばやく動かして、どれにものが入っているかわからなくする手品のようなもので、財源となる信託資金など実際にはないと批判する専門家が増えてきた。それに対し、政府の官僚たちは、その批判は的外れだとして問題の存在を否定してきた。二〇〇〇年、クリントン政権が、本当には信託資金などないことを基本的に認める内容の報告書を公表した時、政府は問題の存在をはじめて認めた。これと同じような話をどこかで聞いたことはないだろうか？　エンロンのケースに似ていると言えないだろうか？

社会保障システムは、それが始まった一九三〇年代半ばにはうまく働いた。当時は給付金を受け取る人一人に対して、それを支える四十二人の労働者がいた。二〇〇〇年にはその割合は一対三・四だった。委員会の報告書によると、二〇一六年までに、社会保障システムは税金からの収入より多くの額を給付するようになる。つまり、出口にいる人たちが多くなりすぎる。

前にも書いたので覚えている人もいるかもしれないが、二〇一六年は、ベビーブーマー世代の第一波が七十歳になる、つまりその年だけで七十万人が七十歳になる年だ。七十万人というこの数字には、それまでに亡くなっていると思われる人の数は入っていないので、その全員が生きていて、生活を営むということだ。七十歳以上の人間の数はその後も増え続ける。すべての悪条件が重なって生まれる恐ろしい嵐「パーフェクト・ストーム」が起ころうとしていると私が言っているのはこのことだ。二〇〇二年の今、政治家たちは、若い労働者が自分のお金を個人的な貯蓄口座や株式市場に投資するのを許す法律を作ろうとしている。この法律が議会を通れば、引退者への給付に必要な、システムに入ってくるお金がさらに減る。そうなれば、二〇一六年よりずっと以前に、社会保障制度が機能するために必要な財源が減り始めるだろう。

一九七九年、金持ち父さんは未来についてとても心配していたが、当時の私にはその理由がはっきりわからず、こんなに金持ちなのになぜそんなにお先真っ暗な予言をするのだろうと不思議に思った。そもそも、金持ち父さんがそんなことを気にする理由がわからなかったのだ。だが、確かに金持ち父さんの理屈を完全に理解することはできなかったが、その言葉に間違いないことは信じていたので、私はともかく方舟を造り続けた。どんなに給料がよくて福利厚生がしっかりしていても、例のセールス・マネジャーの仕事だけでなく、どんな仕事にも就かなかったのはそのためだ。私は仕事に就く代わりに、年をとってからではなく、若いうちに自分の足で立ち、現実の世界に立ち向かうことに決めた。一九九四年までに、キムと私は経済的自由を手に入れた。私たちは自分たちを洪水から守ってくれる方舟を築き上げたのだ。一九九〇年末に株式市場が上がった時、この方舟はとてもうまく働いてくれた。それに、二〇〇〇年三月の暴落の時も私たちを守ってくれた。実際のところ、暴落の時に儲けたお金の方が多いくらいだ。方舟を造るために何が必要か、経験から知っている今の私には、あの時、金持ち父さんがなぜあんなに未来――彼の息子と私が見ることになる未来――について心配していたか、よくわかる。

●問題を先送りする

金持ち父さんは、自分の心配の本当の原因が、個人が引退後生きていくために必要なお金の問題が先送りされた点にあると思っていた。だから、「エリサ法は、私たちの世代がきみたちの世代に問題を先送りにしているのと同じことだ」と何度も言っていた。

金持ち父さんが私たちに教えてくれたことの中で一番重要と思われる教えの一つは、ビジネスマンと政府の官僚との違いだ。金持ち父さんはよくこう言っていた。「ビジネスマンはお金に関する問題を解決する人だ。問題を解決できなければビジネスから放り出される。政府の官僚は問題を解決できなくても先送りにできる」

金持ち父さんは政府に対して批判的だったわけではない。ただ、政府のやることをしっかり見守っていただけだ。「政府は社会のためにたくさんの問題を解決してくれる。税金を使って、国を守る軍隊や消防署を作ったり、警察を組織して市民を守ったり、道路を建設したり、学校を建てたり、困っている人に福祉の手を差し伸べたりしているのは政府だ。だが、政府では解決できない問題もあって、そういった問題は先送りされるとどんどん大きくなることが多い。人が引退したあと、経済的に生き残れるかどうかというこの問題は、どんどん大きくなりつつある問題の中でも一番大きい問題だ。それが常に大きくなっているのは、本当は個人的なお金の問題なのに、それを政府に解決してもらおうと思っている人が多すぎるからだ。

金持ち父さんは、方舟を造る方法を教えてもらったことのある人がほとんどいないことを心配していた。たいていの人は、会社と政府が方舟を提供してくれることをあてにするように教えられてきた。この問題がとても複雑になって解決できないようになったところで、政府は退職者の生活の面倒を見る費用を次の世代に先送りする法律を作った。言い換えれば、社会保障とエリサ法は一つの世代の面倒を見る費用を未来の世代に先送りするシステムだ。

その後、一九九六年になって、新しい確定拠出型の投資プランが市場に入ってきた。このプランは提唱者の上院議員の名前をとって、ロスIRAと呼ばれている。これは中流の人だけを対象としたDC年金プランで、金持ちはできないようになっている。

ロスIRAが実施された直後、公認会計士のダイアン・ケネディが私に電話をしてきた。この年金プランは、プランに組み入れる前に課税されている資金から、引退後に非課税で支払を受けることが可能だが、ダイアンはこの新しいDC年金プランについてとても心配していた。なぜなら、これもまた、問題を先送りするやり方だからだ。今回はベビーブーマーの世代からさらに未来の世代へと問題は先送りされていく……。

ダイアンによると、ロスIRAの一番の目的は、税金をより多く徴収することだった。彼女はこう言った。

「あなたも気が付いたかもしれないけれど、ロスIRAが議会を通過した直後は、予算は黒字だったのよ。クリントン政権がこの法律を法制化したのは、もっと税金が必要だったから、自分たちはいい仕事をしているという幻想を作り上げたかったからだと私は思っているの。問題は、将来ベビーブーマーたちが引退し始めた時、予算が足りなくなった分を埋め合わせるのに税金を払わなければならないのが、その子供たちだという点よ」つまり、この法律も問題を先送りにしただけだった。

法制化されるのとほとんど同時に、ロスＩＲＡは中流の人たちの「お気に入り」になった。税金は今払うが、将来、無税で利益を引き出せるというところがとても気に入ったのだ。一九九六年には市場が上向きだったから、多くの人が、このロスＩＲＡを天からの贈り物のように感じた。彼らに必要だったのは、お金、人間の欲、上向きの市場、そして新しい年金プランロスＩＲＡだけだった。ロスＩＲＡにどんどん注ぎ込まれるお金はすでに過熱気味の株式市場へ直接流れ込み、株価はロケットのように急上昇を遂げた。

ロスＩＲＡは、政府がもっとお金を稼ぐための一つの方法だった。多くの人が４０１（ｋ）ＤＣ型年金プランへの拠出をやめ、この新しい方式に資金を移動させた結果、政府はより多くのお金を手にした。これは、中流階級からより多くの税金が徴収されるようになったことを意味する。なぜなら、ロスＩＲＡに拠出できるのは税を支払ったあとのお金だけだったからだ。このあたりの違いがまだはっきりしない人のためにもう少し説明しよう。昔ながらの４０１（ｋ）ＤＣ年金プランの場合は、従業員と雇用者に、非課税扱いでお金の拠出を許している。つまり、政府はそのお金から税収入を得られない。従業員が引退して、税金を徴収できるようになるまで待たなければいけないのだ。だが、ロスＩＲＡができたことで、多くの人が４０１（ｋ）プランへの拠出をやめ、この新しいプランにお金を注ぎ込み始めた。そのおかげで、政府は「明日」ではなく「今日」支払を受けることができるようになった。問題は「明日」だ。このプランでは将来、政府が徴収できる税金が減る。これもまた、今後大きな問題となっていくだろう。

だが、ロスＩＲＡがもたらした結果はこれだけではなかった。このプランはそれまで引退プランを持っていなかった多くの人々に、新たにプランを持たせるきっかけとなった。そして、この新しいシステムを通して市場に参入する人が増えると同時に、貯蓄口座からお金が流れ出た。それだけでなく、借金をして投資をする人さえ出てきた。このようにして多量のお金が流れ込んできた市場は、上昇を続け、人々は「今回はこれまでとは違う。これは新しい経済《ニュー・エコノミー》だ」と言い始めた。一九九八年には、前の年に運がよくて、自分は投資家だと思い込んだ何百万という「非投資家」が、突然、狂ったように投資を始めた。その理由は簡単だ。恐怖と欲が重なり合ったからだ。

そういう人々の中には、投資アドバイザーになるために仕事をやめる人まで出てきた。引退したおばあちゃんたちが投資クラブを作ったり本を書いたりして、投資に関するアドバイスをし始めた。残念ながら、自分たちは投資をうまくやってきたと思い込んでいたこのおばあちゃんたちが、実は幸運に恵まれただけで大したことはしていなかったと知るのは、あとになってからだ。それはともかく、こういう人たちは、全国に投資クラブが作られるきっかけを作った。このこと自体はとてもいいことだと思う。投資エクスポがあちこちで開かれ、熱にうかされた人たちで会場はいっぱいになった。一九九九年までには、靴磨きの少年やタクシーの運転手までもが、株の耳寄り情報をばらまくようになり、株式市場は史上最高のレベルまで上がった。一九九六年と二〇〇〇年の間に、投資のことは何も知らないたくさんの人たちが、失ったら困るお金までも市場に注ぎ込み始めた。投機熱の到来だ。エリサ法が法制化されて恐怖と欲が一つになったのだ。キツネたちはテーブルから自分たちの勝ち分を少し——全部ではなくほんの少し——いただく時期であることを知っていた。彼らはもう一度そのチャンスが来ることを知っている。

二〇〇〇年の二月、パーティーは終わった。だが、当然ながら、多くの人たちはそのことを信じるのをいやがった。それでも、この世界の厳しい現実は、ゆっくりではあるが確実に人々の間に染み込んでいった。二〇〇二年二月二十五日付ビジネス・ウィーク誌のトップ記事は次のように始まっている。

今は午前二時。ジム・トゥシーは大きく目を見開いて天井を見つめている。今夜もまた寝つけない。羊を数える代わりに、株式市場で自分がいくら損したか、恐る恐る計算する。四十万ドルの元金のうち半分が、たった二年で煙と消えたことがわかる。引退後に備えてメキシコ湾岸に家を手に入れることなど、もう夢だ。長年楽しみにしていた妻とのイタリア旅行も、もう無理だ。ボストンにある音声録音会社のセールス・マネジャーをしている六十歳のトゥシーは、インターネットバブルの時期に、投機的なテクノロジー株に有り金を注ぎ込み損をしたことを認める。一年前、彼は安心だと思って、ＩＢＭ、メリルリンチ、ゼネラルモーターズ、デルタ航空といった優良株《ブルーチップストック》に飛びついた。今、その四十パーセントが消えてしまった。トゥシーはだまされたように感じている。「私は身動きがとれません。売ることもできません。なぜなら、そうしたら、こんなに大きな損を背負い込むことになるんですから。何か買うなんてとんでもありません。それに、たとえ買いたいと思ったとしても、一体だれのアドバイスに従ったらいいんでしょう？　こういったこととなると、ほんのわずかでも正直なことを言う人はいないように思えます。最近は、ただ必死で祈るだけです」

記事はさらに次のように続く。

一億人ほどの投資家——アメリカの成人人口のおよそ半分——がこれと似たような経験をしている。彼らは過去十年間に出現した新しい「投資階級」だ。そのほとんどは中流階級に属し、郊外に住むベビーブーマーで、株式で金持ちになれるという考えを信じ込まされてきた。一九九〇年代、強気相場《ブル・マーケット》が長く続いている間、彼らは大喜びしていた。だが、二〇〇〇年の春、ドットコム企業の崩壊によって、第二次世界大戦以降二番目に最悪の弱気相場《ベア・マーケット》が始まって以来、彼らは五兆ドル、つまり株で持っていた自分たちの財産の三十パーセントを失った。そのお金はモノポリーのおもちゃのお金ではない。引退後の生活費や子供の大学の授業費、将来の医療費として大切にとっておいたお金だった。

●問題は大きくなる

問題を解決するのではなく先送りすることが心配なのは、それでは問題が大きくなるばかりだからだ。エンロンのスキャンダルが公になった時、この問題がどれほど大きな問題になり得るか、自分たちにどんなに大きな被害を与え得るか、何百万もの人がその可能性をはじめて垣間見た。特に、年齢の高い労働者たち、持っている401（k）がただの紙切れと化した労働者たち、社会保障や高齢者医療保険が破産しつつあることや、自分たちの子供も自分たちより大して裕福ではないことを知っている人たちにとって、引退は「夢」ではなく「悪夢」になった。

金持ち父さんは私に、この問題がどのように進展してきたか説明してくれた。「一九〇〇年代、アメリカが世界の大国になった時、農業に従事していた何百万という人が、新しい工場で給料のいい仕事に就こうと、農地を離れ、町にやってきた。まもなく工場は急速に発展したが、新しい問題が起きた。それは、年齢の高い労働者たちをどうするかという問題だ」

「大恐慌の時に社会保障法が議会で可決されたのはそのためだったんですね」私は一九三〇年代に社会保障が始まったことを思い出して、そう言った。「この法律のおかげで、たくさんの年老いた労働者たちが喜んだでしょうね」

「ああ、そうだよ」金持ち父さんは相槌を打った。「それは今だって同じだよ。でも、第二次世界大戦が勃発すると、工場はフル回転し、アメリカの好景気は戦後まで続いた。その好景気のおかげで、多くの組合が、労働者は引退後年金を与えられるべきだと要求し始めた。そして、組合のリーダーたちを満足させておくために、企業の経営陣はその要求に応じ、DB年金プランがだんだん盛んになってきた」

「でも問題は依然として残っていた……」私はそう続けた。「働けなくなったあと、どうやって生き延びるかという問題がね」

「その通りだ。それが『問題の後ろにある問題』だ。そして、この問題を解決しようとして社会保障制度や

DB年金プラン、エリサ法などが生まれたんだ」

「解決すべき問題というのはこれですね」

金持ち父さんはただうなずいてこう言った。「第一次世界大戦の世代は、政府に法律を作らせ、費用の支払いを第二次世界大戦の世代に先送りすることでこの問題を解決した。第二次大戦の世代は年金システムの改革によって、費用の支払いをきみたちの世代に先送りしたんだ」

「つまり、政府は問題を解決せずに先送りしているんですね。そして、それがあなたの予言のもとになっている……」

金持ち父さんは何も言わず、真剣な表情で私の方を見た。なぜ問題が悪化していくか、その理由が私にわかりかけてきたのが金持ち父さんにもわかったのだ。

私はしばらく何も言わず、その考えが頭に染み込んでいくのを待った。黙って座っていると、希望を持たせるような約束をし、人々を喜ばせる話ばかりする有名な政治家たちのスピーチが頭に浮かんできた。それから、ふとわれに返った私はこう言った。「つまり、あなたが株式市場に大暴落があるだろうと言うのはそれだからなんですね。問題は株式市場じゃなくて、最初の問題が解決されずに先送りされ続けてきたことにあるんだ。いつか近い将来、その問題は手に負えないほど大きくなる。そして、すべてが、トランプの札で作ったお城のように一気に崩れ落ちる」

「その通りだよ。この世の中には、政府に自分の問題を解決してもらうことを期待するようになってしまった人が多すぎる。で、選挙で票を集めたいと思っている政治家たちは、それらの問題を解決すると約束する。だが、もちろん、政治家は人気集めのためには何でもするし、何とでも言うことは私たちだって知っている。彼らは、みんなに好かれ、再選されるためには何でもする。それを責めるつもりはない。もし政治家が人々に本当のことを言ったら、彼らはその地位から放り出されてしまうに違いない。だから、問題は大きくなり、政府も大きくなり、税金を上げなければならなくなる」

●ローマ帝国の興亡

私は金持ち父さんから教えを受けながら成長したが、金持ち父さんはその間ずっと、偉大なる帝国の興亡について学ぶことを私に勧め続けた。金持ち父さんが学ぶように言った帝国の一つはローマ帝国だ。ローマ帝国について学んでいたある時、金持ち父さんはこう言った。「ローマ帝国は、人々を征服し、税金を取り立て、巨大な帝国を作り上げるのに必要なすばらしいテクノロジーを持っていた。だが、征服された人々が自分たちの土地を離れ、ローマなどの都市に移ってくると同時に、問題が起こり始めた。ローマの人口がどんどん増えてくると、指導者たちは、仕事も家も食物もない都会の民衆たちが暴動を起こすのではないかと心配になってきた。そこで、人々に食物を与え、大衆を楽しませるためにコロセウムのような一大娯楽施設を建てた。まもなくローマはすばらしい都市に成長したが、そこにいたのは、他人に楽しませてもらい、食べさせてもらうことを期待する人間たちばかりだった」

「つまり、ローマは福祉国家になったというわけですか?」私はそう聞いた。

「福祉国家以上だよ。ローマは大きな政府官僚そのものになった。問題を解決するどころか、彼らは次々と問題を生み出したんだ。ローマ帝国はまた、とても訴訟好きの国だった。国民一人あたりの訴訟の数で言ったら、今のアメリカより多かったほどだ。その理由は、問題を解決するのではなく、他人のせいにして責任を取らせようとする人がどんどん増えていったからだ。そんなことをしても問題は大きくなるだけだったのにね。そして、彼らが問題を生み出せば生み出すほど官僚が必要になった。だから、問題が大きくなるにつれて政府も大きくなったんだ」

「その維持や管理に必要なお金は一体どうしたんですか?」

「一つには、彼らが強力な軍隊を持っていたことが挙げられる。前にも言ったように、彼らは征服する方法を知っていた。人々を征服するのはローマ人のお得意のテクノロジーだったんだ。民衆をコントロールするこの費用を払うために、ローマ人は全国の労働者の税金を上げた。まもなく、税金があまりに高くなったために、労働者たちはその土地で暮らすことを無意味に感じ、都市に移動し始めた。いくら働いても税金で取られてしまうわけだから、食べ物や娯楽が安く、時にはただで手に入る場所に移り住む方がいいに決まっている」

「で、問題は解決の方向に向かうどころか悪化したんですね」

「まあね。悪化した問題はほかにもたくさんあった。前にも言ったように、労働者たちは農地から離れていった。そうやって都市に移動する労働者が増えれば増えるほど、税収入だけでなく食物の生産量も減っていった」

「じゃあ、その問題はどうやって解決したんですか？」

「強力な軍隊によって征服を果たした国が問題解決に使う常套手段を使ったんだよ。ローマは労働者が農地から離れるのを禁じる法律を作った。別の言葉で言うなら、法律のおかげで労働者は土地に縛り付けられた。もし土地を離れれば、法律によって政府が一族郎党を罰せるようになっていた」

「それでも問題は解決しなかったんですか？」

「ああ。で、ローマ人たちが自分の問題を解決できなかったから、偉大なるローマ帝国の衰退が始まったんだ」金持ち父さんは最後にこう付け加えた。「私たちが自分の問題を解決しなければ、アメリカにもそれと同じことが起こる」

二〇〇一年、アメリカに新しい大統領が誕生した。政権が船出をする直前、株式市場が暴落し景気の後退が始まった。当時は予算に余裕があったから、問題の解決のためにブッシュ政権はすぐに税金を減らし、連邦準備制度理事会は何度も金利を引き下げ、経済を活気づかせようとした。

●アメリカは第二のアルゼンチンになるか？

アメリカ人の多くは自分の国が日本と比べられるのをひどくいやがる。アメリカの多くの経済学者は、いま日本で起こっていることはアメリカでは起こらないと言っている。私もその意見にはほぼ賛成だ。将来アメリカに何が起こるか、どこかと比べるとしたら、アルゼンチンの方が適切だろうと思う。アルゼンチンはほんの数年前までは豊かな工業国で、すばらしい生活水準を誇っていた。お金のたくさんある国で、ヨーロッパ人が好んで行く場所でもあり、多くの点で南アメリカというよりむしろヨーロッパ的なところがあった。ところが、その後ほんの数年の間に、とても豊かだったこの国は、貧しく、多額の借金と弱い通貨を抱えた破産国になってしまった。お金がこの国から出て行くと同時に、金持ちたちも出て行った。今のアルゼンチンは税金が高く、通貨は価値を失い、汚職がはびこっている。今、これらの問題が解決されなければ、本格的な無政府状態になってしまうかもしれない。

アルゼンチンと同じようなことが、今から二十年後、三十年後のアメリカに起こり得るだろうか？　たいていのアメリカ人はそんなことはないと思っている。嘆かわしいことに、自分の問題を政府が解決してくれることを期待するようになってしまったアメリカ人が多すぎる。比較的年齢の高いアメリカ人たちは、問題を解決する代わりに、もっと政府を大きくして税金を上げるような政治家を選ぶのではないだろうか？　私はそれが心配だ。これまでに議会を通過した法律の中で最も人々に歓迎された社会保障がまだ生きている現段階では、それに依存している人たち（近い将来、選挙民の大きな部分を占めるようになる人たち）は、若い労働者に自分たちの面倒を見てもらうシステムにまた投票をするのではないだろうか？　もしそうなれば、税金は急上昇する。ローマ帝国が経済的に崩壊するには何百年という年月がかかったが、今日のお金の移動速度を考えたら、偉大なるアメリカ帝国の崩壊はあっと言う間かもしれない。

金持ち父さんは、ローマ帝国の崩壊の原因の一つは、ローマ人たちが征服と課税という基本的なテクノロジーレベルから進化しなかった点にあると指摘した。彼らがもっと進化していれば、ローマ帝国は何世紀も存続したかもしれない。

残念なことに、偉大なる帝国というのは、自分たちに進化する必要があることを忘れる傾向にあるようだ。スペインも新しく何かを作り出すのではなく、ほかから取ってくることで成長した偉大な国の例だ。だから、この国も、強い力と大きな富を手に入れたあと、栄光の座から転げ落ちた。その理由は彼らが進化しなかったからだ。

●問題を自分で解決する

私が心から願っていることだが、自ら進んで誠実に問題に取り組み、国民とビジネス界に問題を根本から解決させる姿勢があれば、ローマ帝国に起きたようなことはアメリカには起きないだろう。前にも書いたように、二〇〇二年二月のスピーチで、連邦準備制度理事会のアラン・グリーンスパン議長はファイナンシャル・リテラシーの必要性を説いたが、彼は進化の必要性についても話をしている。私たちが文明国として進化し、世界の大国であり続けるためには、子供たちが学校でファイナンシャル・リテラシーを学ぶことが大事だというのが彼の主張だ。

アラン・グリーンスパンの言葉を聞いたら、金持ち父さんは心からそれに賛同しただろう。実際のところ、金持ち父さんとグリーンスパンの言っていることは似ている。金持ち父さんはよくこう言っていた。「政府はお金を与えることで貧乏な人たちの問題を解決しようとしている。貧乏な人にお金を与えるのは、貧乏な人を増やすだけだ」また、こんなふうにも言っていた。「子供たちに与えるファイナンシャル教育を改善しなければ、彼らは私たちが先送りしたお金の問題を解決することはできないだろう。問題を自分たちで解決できなければ、アメリカ帝国は崩壊する。そうなる前に問題を解決できるかどうかは、きみたちの世代にかかっている」

私たちには問題を解決するための時間がまだ数年残されている。だから、問題を先送りにするのではなく、解決に向けて歩き始めることを提案したい。問題はあまりに大きくなりすぎていて、これ以上先送りすることはできない。この本は、みなさんに行動を呼びかけることを目的としている。ベビーブーマーたちが誠実に、正直に問題に取り組むなら、まだ解決のための時間は残っている。

金持ち父さんはアメリカの将来についてとても楽観的だった。「アメリカは大きな軍事力を持つ国ではあるが、ほかから何かを取り上げるためにその軍事力を使ったりしない。アメリカは自国の交易路を守ったり、世界の秩序を維持するために軍事力を使う。アメリカはまた、大きなビジネス力を持つ国でもある。ビジネス力はほかから何かを取り上げるのではなく、自ら新しいものを作り出す力をもっている」金持ち父さんはこうも言った。「引退後、生き延びるためにどうしたらよいかという、このとても大きな問題に対する解決策を見つけるために、私たちのビジネス力を駆使する時が来ている。国全体としてこの問題を解決すれば、アメリカはさらに大きな世界の大国に成長することができるだろう」

もしこの問題を解決しなければ、私たちはお金の世界における「パーフェクト・ストーム」が近づくのに手を貸すことになるだろう。

第九章……

パーフェクト・ストーム

ジョージ・クルーニー主演の『パーフェクト・ストーム』はすばらしい映画だ。私も見たが、あの映画は実話に基づいていて、非常に厳しい気候条件が重なりあって一度にやってきた時の出来事を描いている。気候条件がすべて悪い方向に同時に進んだらどうなるかを描いた映画だと言ってもいい。こう考えると、二〇〇〇年は多くの点から見て、近づきつつある「パーフェクト・ファイナンシャル・ストーム」の始まりを告げる年だった。

二〇〇〇年はずっと前から、特別な年になると考えられてきた。四百年前、フランスの予言者ノストラダムスは、一九九八年に「反キリスト」が現れると予言した。オサマ・ビン・ラディンがその予言の詳細、時期と一致すると考える人も多い。また、コンピュータが世界の機能を止めるかもしれないと大いに心配させた「二〇〇〇年危機」を覚えている人もいるかもしれない。それに、二〇〇〇年が世界の終わりだと唱える説を耳にしたこともある。これはある意味で正しかった。少なくとも私たちがそれまで知っていた世界は終わったのだから……。

これまでに私はDB年金プランからDC年金プランへの変化の意味について書いてきた。DB年金プランは産業時代の年金プランで、DC年金プランは情報時代の年金プランだ。私たちの多くは、産業時代と情報時代ではルールが変化したことに気付いている。例えば、産業時代には仕事によって保障された安全と会社に対する忠誠心があった。情報時代にはそのどちらもどんどん少なくなっている。産業時代には、年をとればとるほど人間は価値を増した。情報時代にはその逆のことが多い。とくにテクノロジーの世界ではそうだ。

産業時代の終わりと情報時代のはじまりにおけるこれらの変化は、パーフェクト・ファイナンシャル・ストームの到来に拍車をかけている。

●多くの人には近づく変化が見えていない

「船乗りは夕焼けを見ると喜び、朝焼けを見ると警戒する」という意味のことわざは世界中にあり、船乗りたちはよくそれを口にする。ノアが方舟を造るための啓示を得たのと同じように、私が通っていた合衆国商船アカデミー——タンカー、輸送船、客船、タグボート、フェリー、はしけ《バージ》といった商業用船舶の高級船員を訓練するための学校——では、天候の変化、つまりまだ目には見えないが地平線のかなたで起こっている変化の訪れを知らせる兆候に常に注意するよう学生たちに教えてくれた。この訓練は、ビジネスの世界に船出した私に大いに役立った。

　私が心配なのは、多くの人が、産業時代と情報時代の違いがわからないという単純な理由から、変化が近づいてくるのが見えないということだ。たいていの人はDB年金プランとDC年金プランの違いを知らないだけでなく、まだ見えてはいないが近づきつつある変化に注意を払っていない。

　ハリケーンのような嵐が襲ってくる前には、たいてい常に、海岸にいる人たちにわかるような風や水、空気の変化がある。今はまさにその時期だ。大勢の人がこの変化に気付いてはいるが、ほとんどの人が、嵐の向かっている方向、強さ、どの海岸に上陸するかなど正確なところがわからないでいる。とは言っても、もし海岸に立って嵐の兆候を見つけたとしたら、何かいつもと違うことをする必要があるのはたいていの人が知っている。

　次に、私が心配や驚異、興奮といった複雑な気持ちで見守っている変化、パーフェクト・ストームに拍車をかけるであろう変化をいくつか挙げておく。

●変化その1　何百万という人が、年をとってから貧困状態のまま放置される

第二次世界大戦の世代には、安定した仕事、引退後の生活・医療の保障があったが、ベビーブームの到来によってすべてが変った。私たちは確かに今、風の変化を感じつつあり、エンロンのスキャンダルによって引き起こされた空気の変化も感じているが、この嵐が私たちを直撃するのは二〇二五年あたりだ。つまり、年金に関する新しい法律ができてから五十年ほどたってからだ。この年までに、お金も、残された時間もなく八十歳を迎え、人生で一番医療を必要とする時期にさしかかるベビーブーマーたちが何千何百万という数になる。社会保障や高齢者医療保険といった政府の支援事業は、それまでにはおそらく経済的に行き詰まり、破綻しているはずだから、年老いて充分なお金を持っていないこの人たちは、次に続く世代にとって大きな問題となるに違いない。

●変化その2　医療費がさらに上がる

二〇〇〇年、株式市場と投資信託の価格が暴落する一方で、医療費は十七パーセント上がった。このこと、医療を必要とするベビーブーマーがどんどん増えている一方、医療に携わる多くの人が医療業界から離れているという現実を考え合わせると、ここにも嵐の卵が育っていることがわかる。

●変化その3　テロリズムが広がる

二〇〇一年九月十一日、キムと私はローマのホテルに到着し、ちょうど部屋に案内されたところだった。荷物を床に置いた客室係がテレビのスイッチを入れると、突然、手にしていたリモコンを床に落とした。キムと私が振り返って見ると、その後私たちが繰り返し見ることになる例の映像、ワールド・トレード・センターに飛行機が突っ込むところが映っていた。音声はイタリア語だったので、テレビの解説者が何を言っているのか私たちにはわからなかったが、客室係にはわかった。彼は声を失い、ただそこに立っていた。しば

らくしてやっと英語のチャンネルに変えて、私たちは、何年も前から予想されていた出来事がまさに起こりつつあることを知った。

●情報時代になぜテロリズムが広がるのか

この出来事が予想されていたと私が言う理由は、J・D・デヴィッドソンとW・リース＝モッグが書いた『大いなる代償』（The Great Reckoning）という本にある。私がみんなに読むことを勧めているこの本は、アメリカに訪れる不景気について書かれている。初版の刊行は一九九一年で、ワールド・トレード・センター襲撃のはるか前だ。この本の中には多くの予測が登場するが、その多くが、時期は多少異なるとはいえ、実現している。この二人はこれ以前にも未来に関する本を何冊か書いていて、私も読んでいるが、それらに登場する予想も多くが現実のものとなっている。

『大いなる代償』の中で、デヴィッドソンとリース＝モッグの二人はテロリズムが広がることを予測している。その理由は、テロリズムが安あがりだからだ。テロリストになるのに、何十億ドルというお金をかけて軍隊を持つ必要はない。このことは、コロンバイン・ハイスクールの無差別銃乱射事件、郵便物による炭疽菌のばら撒き、都会にはびこる集団暴力、民族・部族間の争い、南アメリカの麻薬組織、そしてビン・ラディンによるワールド・トレード・センター襲撃……といったテロ行為によって証明されている。テロリズムは世界中で増える傾向にある。

テロに対する恐怖は、テロ行為そのものと同じ効果を持ち得る。政府のリーダーたちがテロの脅威が高まっていると国民に警告を発するたびに、テロリストたちは勝利を手にする。なぜなら、政治家が彼らに代わって恐怖をばらまいてくれているからだ。デヴィッドソンとリース＝モッグが言っているように、テロリズムは安くあがる。本当に安くできるから広がる一方で、たとえビン・ラディンとその一味を倒したとしても、テロリズムの背後にあるものを破壊できるわけではない。

九月十一日の事件から一カ月後、あるテレビ番組で、イスラエルから招いたテロリズムの専門家がインタビューを受けているのを見た。番組の司会者のアメリカ人が、アフガニスタンの爆撃が始まったのでアメリカはもう安全だと言うと、この専門家は「これはアメリカにとってはじまりにすぎない」と応じた。するとテレビの司会者はこう言った。「でも、あなたの国ではもう何年もハイジャックが起こっていないじゃないですか。私たちはハイジャックを止めるのに、あなた方のやり方をまねしているんですよ」

「ええ、私たちがハイジャックに歯止めをかけたのは事実です。でもテロリズムの息の根をとめたわけではありません。今、私たちの国では、ショッピングセンターやナイトクラブ、そのほか人の集まるところをねらって、テロリストたちが手当たり次第に爆破しています」この専門家はさらに続けて、テロリストたちの新しい戦法は、軍隊の制服と装備を盗み、買い物客を守る兵士のふりをして混み合ったショッピングセンターにもぐり込み、客を信用させておいてから襲撃するやり方だと説明し、次のように締めくくった。「この戦法は、兵士や警察官の制服を着た人間すべてがテロリストの可能性を持っているという不信感を国民に植え付けることに成功しました。今では、国民はだれも信用していません。どこにいても安心した気持ちにはなれないのです。アメリカでも同じことが起こるでしょう」飛行機に乗る機会の多い私は、よくわきに呼ばれて、荷物を調べられたり、ボディチェックを受けたりする。昔はそんな扱いを受けるのは悪者だけだった。今では、飛行機に乗る人はみんな、法律に従う善良な市民ではなく、テロリストの容疑者のように扱われる。言い換えれば、ここでもテロリストが勝利を収めている。なぜなら、私たちは全員、テロリストの扱いを受けるようになったのだから。

一九二〇年、爆発物を満載したトラックがニューヨーク証券市場とJ・P・モルガン銀行の前に止まった。トラックには爆薬が仕掛けられていて、その爆発によって多くの人が命を失ったり怪我をしたりした。ニューヨークを訪れた人は、今でも、建物についた傷跡を見ることができる。この襲撃の犯人は結局つかまらなかった。資本主義に対する攻撃はこれが最初ではなかったし、最後でもなかった。

テロリズムが広がれば、九月十一日の事件で航空関連ビジネス全体が大きな影響を受けたのと同じように、ショッピングセンター、レストラン、ハイスクールのスポーツ試合、教会、オフィスビルといった、人の集まる場所での商売や活動にマイナスの影響が出てくる。テロリズムは安くあがるから、頭のおかしい人間すべてに、有能なテロリストになれる可能性がある。テロリストになるには、外国からはるばるやってくる必要はない。テロリズムが恐ろしいのは、それが存在するという考えが広まるだけで最大の効果がもたらされる点だ。この情報時代にあっては、これまでのどんな時代よりも速く、遠くまで考えが伝わる。言い換えれば、テロリズムはこれまでもずっと存在したが、情報時代になると一層効果を増すということだ。

●変化その4　今、世界で二番目の経済大国である日本が金融崩壊と不況の入り口に立っている

多くの人が覚えていると思うが、ほんの数年前まで、日本の経済は世界の輝く星だった。そして、大勢のアメリカ人が日本流のビジネスのやり方を学び始めていた。ところが、一夜にしてと言っていいほど突然、すべてが変った。

アメリカにも同じことが起こり得るだろうか？　「そんなことはない」と言って怒り出すアメリカ人も多いが、あまり確信が持てない人もいる。どう考えるかはともかく、私たちはだれもが、世界の経済大国の座から突然に失墜した日本から学ぶことがある。そのいくつかを挙げてみよう。

1．退職年齢の低い日本では、ベビーブーマーが早めに引退時期を迎えた。アメリカのベビーブーマーは二〇一〇年頃その時期を迎える。この高齢者層はアメリカの経済にどんな影響を与えるだろうか？　日本に起こっているのと同じようなことが起こるのではないだろうか？

2．日本の高齢者層は国を動かす力を失わず、為政者のままでいる。アメリカが問うべき問題は、「二〇一

○年に国を動かしているのはだれか？」ということだ。その時もまだ、日本と同じように、高齢化したベビーブーマーが国を動かしているのだろうか？ もし引退後のベビーブーマーたちが国を牛耳っていたとしたら、自分たちの必要を満たすために税金を増やす法律が作られるに違いない。ベビーブーマーより下の世代の税金が引き上げられれば、アメリカの経済は加速度的に下降線をたどるだろう。なぜなら、ビジネスは、高齢者ではなく自分たちに有利な法律のある国に移動するだろうからだ。

3．日本は、変化に抵抗する古い経済の土壌を持つ国だ。土着民というのは、祖先が五百年以上前からそこに住んでいる人を指すと言われるが、日本が抱える問題の一つは、国民がこの島にずっと住んでいて、何千年もの間ほぼ孤立した状態を続けていたことだ。だから、文化的なルーツとして、変化に長い時間がかかる傾向を持っている。

アメリカではアメリカ先住民以外、ほとんどの人が「土着民」の条件を満たしていない。つまり、日本人のように、何千年もの歴史を持つ文化があって、それに対処しなければならないということはない。だが、私たちのほとんどが土着民と言えないのは事実としても、世界の変化に応じて変化したり適応していくのに時間がかかる人々から学ぶことはたくさんある。気が付いている人もいると思うが、お金の面で遅れをとるのは、昔ながらの考えや物事のやり方にとらわれている人である場合が多い。いいことも悪いことも含めて、土着民、つまり一つのところに長く住む人たちから私たちは多くを学ぶことができる。

4．日本人は教育程度が高く、勤勉で、整然と組織され、宗教心の篤い国民で、貯蓄率が非常に高い。どれもアメリカ人が手に入れたい、子供たちに教えたいと思っているすばらしい国民性だ。だが、こんなにすばらしい特性を持っているにもかかわらず、日本は不況に向かって突き進んでいる。なぜだろう？

日系四世でアメリカと日本の両方の文化の入り混じった家庭で育った者として、私が指摘できるのは次のような一つの相違だ。私たちはみんな、この相違から何かを学ぶことができるだろう。

日本の文化では、面目を保つことがとても重んじられている。面目を失うことは恥であり、それと失敗が結びつくと、腹切り、自殺の理由になる。つまり、日本の文化では、恥をかくより死んだ方がましだとされてきた。

アメリカはそれとは異なる。一九八六年に税制改革があった時、文字通り何兆ドルにも値する不動産が価値を失った。一九八六年の法律はルールを変え、それまで不動産の価値を異常に高くするのに一役買っていた、まやかしの税優遇措置の一部を無効にした。それに引き続き、株式市場と不動産市場が暴落し、貯蓄貸付銀行が破綻した。連邦政府は、過大評価されて過剰の借入金が投入された不動産にしがみついているのをやめて、破産産業（貯蓄貸付産業）に介入し、その産業自体を破産させた。

その後、ＲＴＣ（整理回収公社）という名の連邦政府の機関が組織され、ＲＴＣが何兆ドルにも値する不動産をまとめて安く売った。言い換えると、アメリカ政府は、いくつかの間違いのために国が窮地に陥ったことに気付き大急ぎで大掃除をした。日本政府はまだこの大掃除をしていない。やろうとはしているのだが、銀行が不動産にあまりに多くのお金を貸し付けていて、そこから離れることができないでいる。銀行は自分たちが間違いを犯したことを認めようとせず、面目を保ち続け、自分たちのポートフォリオの中にある不動産の値段が上がるようにと願っている。何年も何年も……。

つまり、日本政府は大掃除をする代わりに現状にしがみついている。面目を保とうと試みる日本の銀行、政治家、国民は、反対に世界中に恥をさらしている。面目を保つ必要性が日本の経済を破綻させた。つまり、世界中の人がそれを目指して努力すべき徳をすべて備えた国民、高い教育を持ち、勤勉で、貯蓄に励む国民が築き上げた経済は、面目を保つ必要性に押しつぶされて破綻した。この日本の例から何も学ばなければ、アメリカも同じ経過をたどるかもしれない。

●プロの投資家はすばやく損切りをする

これまでに私は、貯蓄家と投資家の違いのほかに、ＥクワドラントとＩクワドラントの違いについても書いてきた。ＥクワドラントとＩクワドラントの大きな違いの一つは、プロの投資家がすばやく損を切り捨てることを知っている点にある。プロの投資家は、間違いを犯したことをすぐに認めるのを恐れない。彼らにとっては面目を保つことよりお金を保つことの方が大事だ。悪い投資をしたとわかれば、彼らはそれを切り捨てて立ち去る。たとえいくらかお金を損したとしてもそうする。真の投資家でない人は、投資を買い、その価値がゼロになってしまうまで持ち続ける。私もそういう人をたくさん見てきている。エンロンの多くの従業員に起こったのも同じことだ。従業員としては歓迎すべき特質——忠誠心と粘り強さ——が、Ｉクワドラントでは欠点になる。真の投資家はどんな投資に対しても忠誠心はほとんど持っていない。投資がうまくいかなくなり、損をし始めたら、さっさと損を切り捨て、もっといい投資を探し始める。私はこれまでに、日本が今やり続けているのとまったく同じことをやっている一般投資家をたくさん見てきた。彼らは間違いを犯したことを認めようとせず、お金がすべてなくなるまで踏みとどまる。

また、私はこれまで何年にもわたり、損をする投資家、つまり間違いを犯したことを認めようとしない投資家たちが次のように言うのを耳にしてきた。実際のところ、私自身、同じような言葉を使ったことがある。株価が下がってくると彼らはこう言う。「これはちょっとした軌道修正にすぎない。また戻ってくるのはわかっている。何といったって、平均してみれば市場はいつだって右上がりなんだから」それから、自分が持っている株が底値まで下がると、「売らない限りは損をしない。株価が戻るまで待って、それから売ればいいんだ」などと言う。つまり「株が上がり始めたらすぐに売る。損をしている間は持ち続ける」というわけだ。そして、その株が動きを止め、何カ月も底値のままでいると、「私は長期に投資をしているんだ」などと言う。私は、どの国の人であれ、だれかがこういう言葉を口にするのを耳にすると、自分の祖先が受け継いできた日本の遺産、賢くあること、正しくあること、面目を保つことをとても大切にする伝統を思い出す。

おかしな話だが、この伝統はアメリカ人としての私が受け継いできた遺産と相通じるところがある。

プロの投資家になりたい人は、恥をかくより死んだ方がましだという日本的考え方に従うのではなく、すばやく損を切り捨てるアメリカ流のやり方から学ぶ必要がある。お金を損するのは不名誉なことではない。お金を損することが敗者を意味するのは、主に傲慢さと無知が原因だ。傲慢さと無知は手に入れようと思えばどこでもたっぷり手に入る。

勝者と敗者の違いについて金持ち父さんが私に教えてくれたことをいつも思い出そう。金持ち父さんはこう言った。「敗者は勝者を切り捨て、敗者にしがみつく。勝者は敗者を切り捨て、勝者にしがみつく」金持ち父さんにとって、これは人生の大原則の一つだった。これまで私は、特に、この教えがどんなに自分にとって大切な教えだったかよくわかる。年を重ねた今の私には、この教えを破った時にその大切さを痛感した。この原則に反して、うまくいっていない仕事、会社、結婚、友人、投資、考え方などに固執する人は多く、これまでに私もたくさんそういう人を見てきた。彼らは自分が正しくなかったかもしれない、あるいは間違いを犯したということを認めるのがいやで、それを避けるためだけにこの原則を破る。こういうのはアメリカでは普通、「面目を保つ」とは言わず、「格好ばかりつけて、どうにもならない」と言う。

●変化その5　中国が世界最大の経済大国になる

日本が世界第二の経済大国の座から転げ落ちそうになっている一方で、中国は世界第一の経済大国になろうとしている。アメリカも経済的に縮小傾向にあるが、その同じ時期に中国は好景気を続けている。統計に基づく予測によると、二〇二〇年頃には中国がアメリカを抜き、世界一の経済大国になる。二〇〇二年五月六日付のビジネス・ウィーク誌にあったように、中国の人口は世界人口の二十一パーセントを占める。つまり、ほとんど無尽蔵に人的資源を供給できるということだ。今、中国は世界貿易機構に参加し、国境を世界に向けて開いている。この国の経済的影響力は姿を現し始めたばかりだ。

これらすべての要因が、パーフェクト・ストームを生み出す方向に働いている。アメリカのベビーブーマーが引退の年齢を迎えるまさにその時、中国は完全に好景気の波に乗っている。インターネットの普及と、そこから生まれる新しいテクノロジーが中国の経済大国化と重なり合えば、未来が今とは異なるものになるのは確実だ。

未来に関して確かなことが一つある。それは、アメリカを含めて世界中で、持てる者と持たざる者との間のギャップが大きくなるということだ。世界的な変化とともに動くことのできる人は、未だかつてなかったほど金持ちになり、変化しない人は、お金や仕事の面で今よりさらに後ろに取り残されていくだろう。

一二七一年、マルコ・ポーロという名の若者が中国へ旅し、産業と貿易で栄える大きな国を見つけた。当時のヨーロッパはビジネスの世界に足を踏み入れようとしているところだった。マルコ・ポーロが中国から戻ると、ヨーロッパは中国を追い越し、世界の経済大国になった。一四九二年、クリストファー・コロンブスがアジアへの近道を探そうと西に向かって船出した。その結果、世界は一変した。その直後の一五〇〇年代、南アメリカから金《きん》を略奪して持ち帰ったスペインは金融大国となった。中国からヨーロッパに移った金融力は、その後フランスからオランダへ、そしてイギリスへと移動した。一六〇〇年代から一九〇〇年代にかけて、アメリカは第三世界の国、投資をするには危険すぎる国の一つと考えられていた。それは今の中国に対する見方とよく似ている。一九二〇年代、第二次世界大戦の直後、金融力がアメリカに移った。だが、今、長いブランクの後、中国の支配の時代が戻って来ようとしている。膨大な労働力、低賃金、高度なテクノロジーが手に入るとしたら、何が起ころうとおかしくない。

●一家の財産は三代でなくなる

二〇〇一年、アメリカがアフガニスタンに報復爆撃を始めた時、ブッシュ大統領はホワイトハウスどころかアメリカ国内にすらいなかった。これはなかなか興味深いことだと私は思った。大統領はどこにいたか？　アフガニスタンでアメリカ軍に声援を送っていたのだろうか？　答えはノーだ。大統領はマイクロソフト社のビル・ゲイツ、ヒューレット・パッカード社のカーリー・フィオリナといったビジネス界のリーダーたちとともに中国にいて、戦争ではなく貿易について話をしていた。もし今私が三十代で、会社の昇進の階段を上ることを考えていたとしたら、大いに心配になっていただろう。なぜなら、「今やアメリカで作れるものはなんでも中国で作られるようになる」とよく言われているからだ。つまり、中堅管理職だろうが流れ作業の組立工だろうが、仕事による安全などたかが知れているということだ。

今も私は中国へ旅行するたび、ロス・ペローの「国境の南から聞こえる何かを吸い込む大きな音は、仕事を吸い込む音だ」という言葉を思い出す。ペローは、NAFTA（北米自由貿易協定）締結後、国内の仕事がメキシコに流れ出したことについて言っていたのだ。これから数年のうちに、この音はもっと大きくなるだろう。だが、それはメキシコではなく、中国をはじめとするそのほかの国々から聞こえてくる。そうなるのは、労働力がより安く、優秀な頭脳を持つ若者がいて、私たちがすでに享受しているような「いい生活」ができる金持ちになりたいというハングリー精神を持つ国々にテクノロジーがどんどん広がっていくからだ。

一八〇五年、ウィリアム・プレイフェアはこう書いている。「一般的な結論を言えば、財力と権力はいかなる場所においても長く不変であったことがない……それらは、隊商のように地球上を旅して回る。彼らが到着した時には、すべてが新鮮で活き活きとしている。彼らがそこに留まっている間は何でも活気に満ち、豊富にある。そして、彼らが去ったあとは、すべてが踏みつぶされ、不毛の裸の土地しか残らない」

一家の財産は二代でなくなるという話は、みんな聞いたことがあると思う。その理由は、親や祖父母たちが財を成し、それを維持するために一生懸命がんばったことを、三代目はありがたいと思わず、再投資をして真の財産を新たに作ろうとしないからだ。甘やかされ、豊かで楽な生活が当然と思っている三代目は、なぜ自分が一生懸命学んだり仕事をしたりしなくてはいけないのかわからない。両親や祖父母が一生懸命働いて、今はお金があるんだからいいじゃないか……。彼らは子供が欲しがるものを何でも与える。子供たちは楽な生活が当然だと思う。学校へ行き、高い給料のもらえる仕事に就き、大きな家、高級車を手に入れ、株式市場に投資する。すると株式市場が上がり、金持ちになる……私たちも同じようなことを期待するようになってはいないだろうか？

世代の交代がちょうど二十五年毎にやってくるとしたら、アメリカは一九二〇年から数えてちょうど三代目から四代目に差し掛かるところだ。三代目にあたるベビーブーマーたちがこの国の富を浪費し尽くしてしまったのだろうか？　それとも、財力と権力が「そろそろ別のところへ移動する時期だ」と決めただけなのだろうか？

●変化その6　世界の人口が高齢化し続ける

何百万年も昔、彗星が地球に激突して恐竜たちを絶滅させたという説を耳にしたことのある人は多いだろう。もし経済改革がすぐに効果をもたらさなかったら、日本は彗星と化して世界経済に激突し、そこで繁栄する多くの恐竜を絶滅させるかもしれない。日本人の友人の中には経済の専門家たちもいるが、彼らは日本

⑤現在の日本、フランス、ドイツ、アメリカ

資産	負債
多くの労働者	退職者

⑥将来の日本、フランス、ドイツ、アメリカ

資産	負債
少数の労働者	多くの退職者

が遅くとも二〇〇六年までに破産する可能性は五分五分だと言っている。もしそうなれば、金融の世界は大変なことになる。

次に、これから先何が起こるか考えてみよう。前にも言ったように、日本人はもともと質素で、倹約家で、勤勉だ。経済が低迷すれば消費を減らし、さらに一生懸命働き、国としての経済的な苦境から抜け出すためにもっと輸出しようとするだろう。それは、自分たちが作るすべてのものの値段を大幅に下げることを意味する。そうなれば、ほかの国々も日本と競争するために値段を下げざるを得なくなる。そしてそれは、世界中の大部分の労働者たちの賃金が下がることを意味する。

たとえ破産しなかったとしても、日本の経済はアメリカやフランス、ドイツがいま直面している問題、つまり高齢者が増える一方、若い人たちの数が減るという問題に直面する。西欧の三つの大国がこの問題にどう対処するかもまた、世界経済の未来に大きな影響を与えるだろう。

まだ働いている労働者を資産、引退した人を負債と考えると、そのバランスは図⑤⑥のようになる。

産業時代には引退者よりも労働者の数の方が多かった。情報時代が始まると、引退者たちは前より長生きするようになり、国として高齢者の面倒をどうやって見るか、それに関するルールが必要になってくる。

同じ人口に関する問題でも、中国は別の問題を抱えている。中国が取り組まなければならない課題は、一家に一子という法律だ。近い将来それが必ず問題になってくる。

産児制限が行われる以前は、夫婦は年をとってから、たくさんの子供や孫からのサポートをあてにすることができた（図⑦）。

近い将来、図⑧のように、一人の孫が両親二人と祖父母四人の生活を支えなければならなくなる。政府が強制しているこの政策を、もう一世代先まであてはめてみると、一人のひ孫が二人の親、四人の祖父母、八人の曾祖父母の面倒を見なくてはいけなくなる。それがどんなに家計の重荷になるかはすぐ想像がつく。

シンガポールでも同じような問題が起きつつある。出生率が非常に低いシンガポールでは、政府が子供の多い夫婦に奨励金を出している。それに加えて、同政府は親を経済的に支援する責任を子供にとらせることを義務付けた法律を議会で承認した。つまり、親の面倒を見ない子供は刑務所に入れられる可能性があるということだ。

これらの例からわかるように、定年退職後、生活費と医療費をどのようにしてまかなうかが、世界中で大きな問題になっている。

●変化その7　ウォール街が時代遅れになる

ニューヨーク証券市場の立会場に代表される、物理的に存在する証券取引所が必要だという考えは、これまで世界の経済界で圧倒的優位に立っていたが、その考えはもう時代遅れだ。今では、サイバースペース上の株式市場がある。一般の人たちがコンピュータを持ち、オンラインで株式の売買をやるという考えに目覚めつつある今、携帯用コンピュータと、市場からリアルタイムで入る株価情報を手にした何百万というオンラインのトレーダーたちが、物理的な取引所に代わる未来の取引所、サイバースペース上の株式市場そのもの

⑦産児制限以前の中国

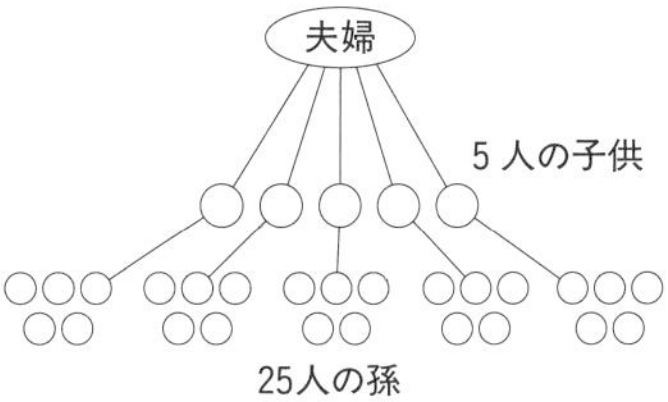

⑧産児制限が実行されている中国

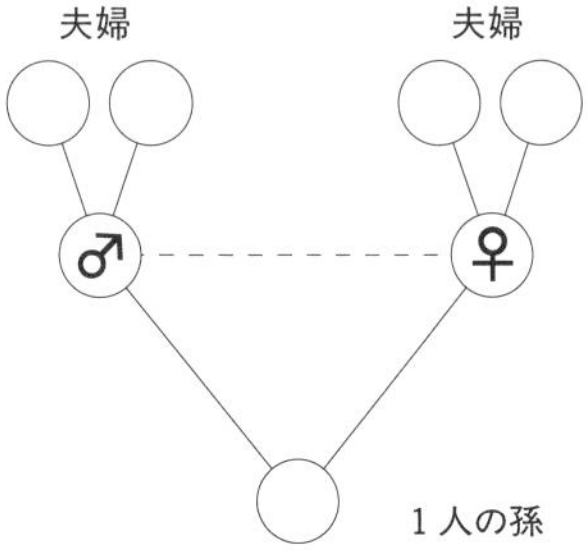

となっていくだろう。

そうなったら、事実上、株式ブローカーは産業時代の偶像と化し、投資信託はのろのろと進む大きな飛行船となるだろう。その飛行船の動きは、もっと動きがすばやい個人投資家たちにはよく見え、一部始終が予測できる。つまりこれは、今まで通りのやり方をする古いタイプのブローカーや、大きな投資信託会社を使って自分たちの代わりに投資をさせる投資家自身も、産業時代の恐竜になることを意味する。情報時代には、スピードがあって、動きがすばやく、よりよい訓練を受けていて、規制を受けることの少ない個人の投資家たちが、最もお金が儲かり、最もスピードがあって、週七日、二十四時間常に動いているこのゲームに世界中で勝利を収めるようになるだろう。実際のところ、彼らはすでに勝利を収めつつあると言ってもいい。

二〇〇二年二月二十五日付ビジネス・ウィーク誌の表紙には「裏切られた投資家」という見出しがあり、その下に「一九九〇年代、新しい種類の投資家たちが経済、政治の面で大きな力を持つようになった。今、多くの人が金融市場、企業、会計士、政府などによって間違った方向に誘導されたように感じている」と書かれている。そして、記事本文には、史上最高の三百四十一人の投資家たちが、株式ブローカーを相手に集団訴訟を起こしたと報じられている。この訴訟は「証券会社に対して合計百四十億ドルもの支払いを求めるものであり、誤解を招くような目論見書の発行から、IPOの割り当てに対するリベートの要求まで、ありとあらゆることに対してブローカーたちに責任があるとするものだ。また、間違ったアドバイスをされたと不満を訴える個人の数も爆発的に増えている」。この記事は「裏切られた投資家」という見出しだったが、もっと正確な見出しをつけるなら、「時代遅れの投資家」とすべきだろう。

株式をはじめとする有価証券を従来型のブローカー、証券会社を通して売買するシステム全体が、今では産業時代の遺物、絶滅した恐竜ティラノザウルスのようなものだ。インターネットにつながっているラップトップ型コンピュータを持っていれば、あなただって、ウォール街をはじめ世界中の証券取引所を通して取引する「のろい投資家」を出し抜くことができる。今日の株式市場はサイバースペースにあり、真の投資家もそこにいる。

●変化その8　大企業が人々の信頼を失い、衰えつつある

二〇〇二年五月六日付のビジネス・ウィーク誌のカバーストーリーは、「企業統治の危機：高すぎる給料、軟弱なリーダーシップ、腐敗した証券アナリスト、自己満足に陥った役員、疑問の多い会計――そのシステムをどう改善するか」という見出しで、記事本文には次のような意見が述べられている。

最近強まってきた懐疑的な見方は、確かにエンロン社の泥まみれの失脚に端を発しているかもしれない。だが、これまでも、企業のやりすぎや悪行が公になるたび、過去十年間の好景気の間にビジネス界が築き上げた信用が少しずつ削られ、疑いと不信が広がっていた。メディアは容赦ない見出しを次々と並べ、証券取引委員会の調査、告発、有罪の訴え、政府による和解、会計報告のやり直し、罰金の支払といった経過を報告してきたが、それはシステムが本質的に不公平にできているという考え方に信憑性をさらに与えるのに役立っただけだった……（中略）

多くの点から見て、エンロン自体、およびエンロンとアーサー・アンダーセンの間の取引は、異常な出来事、いわば「パーフェクト・ストーム」と言える。この嵐の中で、欲と手ぬるい管理と徹底した不正行為が組み合わされ、国内で最大級の二つの会社の実態があからさまになった。だが、ある程度の倫理規範の緩みが、優良企業中の優良企業さえも蝕んでいるのは事実だ……（中略）

今、資本主義の健全さそのものが危機にさらされている。

（ちなみに、この記事引用部分は本書の原稿に最後に付け加えられたもので、その時にはすでにこの章の「パーフェクト・ストーム」というタイトルは決まっていた。ビジネス・ウィーク誌の記者が同じ言葉を使

っているのは興味深いことだ。もしかすると、私たちは本当に大きな嵐に注意を払わなければいけない時期を迎えているのかもしれない……）

●鶏小屋の外の生活を選ぶ

一九七四年、私が貧乏父さんと金持ち父さんのどちらの生き方を見習うか決定を下さなければならなかった時、金持ち父さんは次のような忠告をしてくれた。「きみのお父さんが、もっといい、安定した仕事に就くために学校へ戻り修士号をとれときみにアドバイスするのは、鶏小屋の中での安全を守れと言っているのと同じことだ。たいていの人はお父さんのアドバイスがいいアドバイスだと思う。なぜなら、たいていの人は鶏小屋の中の安全を求めているからだ。彼らは安全を保障してくれる仕事、安定した給料、充実した福利厚生、安定を保障された引退生活……といったものを求めている。これは鶏小屋の中の生活だ。私のアドバイスは鶏小屋の外で生きるためのものだ。きみはこの二つのうちどちらかを選ばなければいけない。私は十三歳の時に鶏小屋の外の世界に立ち向かわなければならなくなった。そして、それ以来、ずっと外に留まった。きみが今、選択を迫られているのも同じことだ。鶏小屋の中の生活か外の生活かを選ばなければいけない。正直に言って、この二つはまったく違う」一九七四年、私は鶏小屋の外での生活のための準備をする道を選んだ。

一九七九年、私はまた選択を迫られた。ご存知のように、この時私には何もなかった。お金も仕事も、雨露をしのぐ家もなかった。前にもお話ししたように、高給の約束されたセールス・マネジャーの仕事に応募して面接を受けていた時、鶏小屋での生活の誘惑はかなり強かった。それに負けることなく、あの仕事を断る勇気を持てた理由の一つは、金持ち父さんがしてくれた鶏小屋の話だった。

鶏小屋の外で心地よく生きられるようになるまでには、その道を選んでから十五年かかったが、それだけの時間をかける価値はあったと思う。今、仕事、引退に備えた蓄え、持ち家、未来への希望……そういったものを失った人の話を聞くと、金持ち父さんがしてくれた、ごく単純なこの鶏小屋の話をいつも思い出す。多くの人にとって、鶏小屋の外の世界が恐ろしく見えるのは私も知っている。そこでは仕事やお金を手に入れるのがむずかしく、チャンスも少ないように見える。だが、請け負ってもいい。鶏小屋の外の世界は力に満ち溢れ、楽観的で活気があり、思いもよらなかったようなたくさんのチャンスに満ちている。

私の友人たちや私もみなさんと同じように、新聞を広げ、暗い見通しの書かれた記事を読む。だが、私たちが生きることを選んだ世界には、お金もチャンスも興奮も、未だかつてなかったほど溢れている。私が思うに、ここにあるのは、単に世界を鶏小屋の中から見るか外から見るかの違いだけだ。これはまた、だれの話に耳を傾けるかの違いでもある。つまり、自分と同じように鶏小屋の中にいる人からのアドバイスに耳を傾けるか、あるいは鶏小屋の外にいて、「ここはすばらしいよ」と言ってくれる人のアドバイスに耳を傾けるかの違いだ。

先ほど言ったように、一九七四年、私は鶏小屋の外での生き方について学ぶ道を選んだ。私のその決心を聞いた金持ち父さんは、「鶏小屋の外の世界には、嘘つきやペテン師、無節操な人、臆病者、こそ泥、愚か者、負け犬、詐欺師などがたくさんいる。そこにはまた、聖者、戦士、高潔な人、勝者、天才もたくさんいる」と言い、さらにこう続けた。「鶏小屋の外で生きる道を選んだら、そういう人間すべてとうまくビジネスをする方法を学ばなければいけない。その理由は簡単だ。相手とビジネスをしてみるまで、その人の正体はわからないからだ」つまり、私が鶏小屋の外で取引をする相手は、みんな聖者や戦士、高潔な人、勝者、天才の顔をして近づいてくるが、取引がうまくいくいかないにかかわらず、関係を続けているうちに、相手が本当に最初の見かけ通りの人間だったか、あるいは嘘つき、ペテン師、無節操な人、臆病者、こそ泥、愚か者、負け犬、詐欺師だったかがわかる。

金持ち父さんは、学校を出て、大企業や政府関係機関で安定した仕事を探そうとする人は、現実の世界から守られた安全な場所を探していると説明してくれた。そういう人が投資をする時は、やはり同じように現実の世界から守られた投資を探すことが多い。だから過去数年の間、投資手段として投資信託が人気を呼ぶようになったのだ。友人のロルフ・パータはMBAとCPAの資格を持ち、以前は銀行のプロダクト・マネジャーをやっていたが、彼は次のように言っている。「みんなが投資信託を好むのは、それが消毒殺菌されていると信じているからだ。新米の投資家たちの多くが投資信託は安全だと感じるのは、それを運営しているファンド・マネジャーに、現実の世界から入り込んでくるばい菌をふき取り、安全で安心のできる投資を顧客に届ける力があると思っているからだ」

●嵐を楽しむために準備をする

エンロンのスキャンダルをはじめ、優良企業の失墜を次々に目の当たりにした多くの投資家たちは、今、鶏小屋の中の生活が外の生活にとても似てきたことに気付き始めた。問題は、たいていの人に外の生活に対する準備ができていないことだ。そして、そのために私たちは株式市場の大暴落へ向かって突き進んでいる。「裏切られた投資家」と題されたビジネス・ウィーク誌の記事は、市場に留まり、政府が規制を強化して自分たちを守ってくれることを今も願っている投資家について書かれたものだ。私の予想では、裏切られはしたが頭のよいこの投資家たちの大部分は、プロの投資家になるために学ぶ代わりに、そのまま市場に留まり、引退の直前に投資信託を売り、自分たちが知っている唯一のもの、信じている唯一のもの、つまり現金にしがみつく。そうなった時に世界史上最大の株式市場暴落が始まり、鶏小屋の外側にいる人たちにとって、人生がこれまでになく興奮に満ちたものになる。一方、残念ながら、鶏小屋の中に留まっている人にとっては恐ろしいものになる。それも飛び切り恐ろしいものに……。

世界が産業時代から情報時代に移行した年を二〇〇〇年とする人は多い。市場だけでなく私たちの生活における変化の多くを引き起こす原因となっているのは産業時代から情報時代へのこの移行だ。パーフェクト・ストームの風が強まるにつれ、鶏小屋の中には、履歴書のほこりを払い、新しい「安全な」鶏小屋を探す人や、今の仕事にしがみつく人が出てくる。彼らは嵐が強くなっても、自分の引退用の口座がどうなっているか、知るのが怖くて報告書を開こうともしない。またそのほかに、レイオフ（一時解雇）や失業のために強制的に鶏小屋の外に放り出され、生き延びるためのファイナンシャル教育も持たずに、ただ恐怖に震える人も大勢出てくるだろう。だが、強まる風のうなり声が多くの人々を恐怖に陥れる一方で、鶏小屋の外にいて、嵐の最中のパーティを楽しむ人もいる。第二部では、鶏小屋のどちら側で生きるプランを持っていようと、来るべき将来に備えるにはどうしたらいいか、その方法についてお話ししたいと思う。

第二部……方舟を造る

金持ち父さんはこう言った。「だれでも、経済的に将来生き延び、繁栄するための方舟を造る能力を持っている。だが、基礎がしっかりした方舟を造るためには、ファイナンシャル教育に時間を投資しなければいけない」

第二部は、他人あるいは政府から方舟がもらえることを期待するのではなく、自分で自分の方舟を造りたいと思っている人たちのために書いた。

第十章……方舟をどうやって造るか？

自分自身のための方舟を造る必要があることをすでに知っている人はたくさんいる。そういう人たちにとっては、方舟を造る必要性、それを急いで造らなければいけないことは周知の事実だ。だが、そんな彼らにもまだ問題が残っている。それは「どうやって造るか」という問題だ。そして、その答えは――「質問する相手による」。例えば、聞いた相手によって、こんなふうに答えが違ってくる。

1．政治家

今日の政治家の多くは、社会保障制度を存続させる方法は、社会保障税の対象となる所得の二パーセントから四パーセントを個人的な投資口座に投資することを若い労働者に許し、次に、社会保障局が支払うことを約束している給付金の額を減らすことだと言っている。

この解決策についてあなたがどう思うか知らないが、私には、どうもどこかで聞いたことがあるような気がしてならない。DC年金プラン、つまり確定拠出年金プランと同じように聞こえてならないのだ。ここでもまた政府は、必要なファイナンシャル教育を用意して国民を助けるわけでもなく、ただ投資家になることを強制している。これはどこかで聞いたことがあるどころではない。そんなことを決めた法律が議会を通過すれば、社会保障は二〇一六年より早く赤字になる。なぜなら、引退した人に支払うお金より、入ってくるお金の方が少なくなるからだ。二〇〇二年の今、この案を提唱している政治家たちは、そういう事態になるずっと前に、自分たちが政治の世界から手を引いていることを知っている。そして問題はまた先送りされる。

2．組合の幹部

組合の幹部たちは、しっかりした組織を持ち力の強い組合のある会社、年金その他の給付金のための資金が充分にある会社で仕事を見つけるように勧めるだろう。

ハワイ州の教職員組合のリーダーだった私の実の父、貧乏父さんはこの考え方を強く支持していた。この考え方がいいと思う人は、政府関係機関で仕事を見つければいい。

3．学校の教師

学校の教師はおそらく、学校に留まり、修士や博士といった、できる限り高い高級学位――できたらそれも複数――をとることを勧めるだろう。そうしてから、福利厚生がしっかりしていて、安全が保証され、安心のできる仕事を探せというのが彼らの答えだ。

今アメリカでは、就職市場の状況が厳しいために学校に通う学生たちが、高級学位を与える教育機関にあふれている。ほんの数年前、ドットコム熱が真っ盛りの頃、学生たちは株式のオプションを社員に分けてくれる新設会社で仕事を見つけようと、早く学校を出たがった。今、その多くは学校に戻っているか仕事を探しているかのいずれかだ。

4．専門的な知識・技術の必要な職業に就いている人

学校に戻り、医者、弁護士、配管工、会計士、電気工事人、コックといった、専門的な知識や技術が必要な職業に就くための教育を受けろと勧める人はたくさんいる。そういう人は、よく「どんな時でもつぶしが効くような技術や職を身につけておけ」と言う。

言い換えると、仕事による安定が望めなくなった今の時代、自分一人の力で働けるようにしておけという

ことだ。このカテゴリーには、家族だけで経営する多くのスモールビジネスのオーナーも含まれる。

5．ファイナンシャル・プランナー

この人たちが何を言うか、私たちにはもうわかっている。彼らはいつも、「早い時期に始め、長期の投資をし、プランを変えず、ともかく分散しろ」と勧める。

確かに平均的な投資家にはこれはなかなかいいアドバイスだ。だが、私が心配なのは、平均的な投資家にファイナンシャル・プランナーが「言わないでいること」だ。それに、今四十五歳以上のベビーブーマーには、このアドバイスは効き目があるとは思えない。

6．宗教心の篤い人

彼らは定期的に教会へ行き、一日に二回祈ることを勧める。神様が自分たちを救ってくださり、必要なものを与えてくださると信じているからだ。

祈りの力にけちをつけるつもりはないが、私はこれは一種の「受給者意識」だと思う。神様は私たちが自分で人生の舵を握り、自分と家族を養うことを望んでいらっしゃると私は信じている。

7．株式ブローカー

多くの株式ブローカーは投資信託より個々の株式を買った方がいいと勧めるが、その一方で、喜んであなたに投資信託を売りつける。

8．不動産ブローカー

たいていの不動産ブローカーは、あなたにとって持ち家が最大の投資で、最も大事な資産だという考えを支持している。たいていの場合、持ち家は負債であるにもかかわらず……。

9．貧乏な人

このカテゴリーに属する人の多くは、金持ちや政府が恵まれない人たちに手を貸して面倒を見るべきだと信じている。

10．勤勉な人

彼らは働ける限り働くことが大事だと信じていて、「引退の計画など決して立てるな」と言う。

11．動物好きな人

このカテゴリーに属する人は動物好きなので、サルを飼うように勧める。そして、サルを訓練して、まず貯金させ、次に投資信託へ分散投資させ、その後、投資信託の銘柄を選ぶダーツの投げ方を教える。

12．ギャンブラー

「今日は運がよさそうだ」と感じるまで待って、ラスベガスへ繰り出そう。ただし、そう感じられなくても、会社からの帰り道、宝くじ売り場に寄って宝くじを買うのを忘れないように……。

13．玉の輿狙いの人

金持ちを見つけて、あらゆる手を使ってその人と結婚する。

14．楽観主義者

何だって？　私に心配なんてあるわけないじゃないか！　楽観主義者の頭の中では、株式市場は常に上がるものということになっている。

15・悲観主義者

核シェルターを造って、食料、水、金、銃、現金を備蓄しておけ。

16・夢想家

夢のようなことを考えてばかりいる人は、魔法や、心に強く願えば実現するといったことを信じるように言うだろう。彼らは未来を教えてくれる水晶玉やアロマセラピーのロウソク、風に鳴るウィンドチャイムなどを使って、悪霊を近づけないようにする。

17・銀行員

銀行員はいつも、ともかく貯金することを勧める。そして、顧客にある程度貯金ができると、投資信託や株式、保険、年金、そのほかのファイナンシャル・プランニングに関わる商品も扱っていることを伝える。

今では、公認会計士や税理士、弁護士なども同じようなことをするようになっていて、会計士などの多くが、あなたの税金の計算をする部屋のすぐ隣で、ファイナンシャル・プランニングのサービスを提供している。二つの仕事を分けているのは、かろうじて会社が別組織になっていることと、営業に必要な資格の違いだけだ。お金を扱う世界では、だれが何をやっているかをはっきり見極めるのはむずかしい。だれもが方舟はこうやって造ったらいいという、自分なりの意見を持っている。

18・金持ち父さん

自分自身の方舟をコントロールする力を手に入れ、キャッシュフローを生む資産を買ったり、作り出したりしろというのが金持ち父さんの答えだ。この資産には不動産、ビジネス、紙の資産の三つが含まれる。資産からの収入（お金があなたのために働いてくれた結果得られた収入）が支出を上回った時、あなたは経済的に自由になる。

●自分にとって一番効果のある方法を探そう

効果に差はあるものの、この十八の答えはどれも解決策の一つではある。ここで考えて欲しいのは、このうちのどれがあなたにとって一番よさそうに思えるかだ。大事なのは、十八の解決策のうちどれが一番効果があるかを知るよりも、むしろ、方舟を造るにはたくさんの方法があることを知ることだ。ウォーレン・バフェットもこう言っている。「ありがたいことに、お金の天国に到達する道は一つではない」

ここで私が言いたいのは、あなた自身にとって一番効果のある方法を探して欲しいということだ。私たちはみんな違っている。異なる長所、欠点を持っている。確かに私は、方舟を造るという仕事をやり遂げるために、金持ち父さんと同じような資産を使うことが多かったが、実際のやり方は、金持ち父さんの方法とは大きく異なっていた。つまり、金持ち父さんが使ったのはビジネスと不動産で、私もそれと同じものを使ったが、作り出したビジネスも、投資対象である不動産もまったく異なっていた。方舟を造る上で大事なのは、自分にとって一番効果のある方法を探すことだ。

何年も前、金持ち父さんは私にこう言った。「真の経済的安定を得たい、あるいは、それだけでなく金持ちになりたいと思うなら、自分自身のゲームをしなくちゃいけない。だれかほかの人のゲームをしていたのではだめだ」エリサ法が議会を通ったあと、金持ち父さんは、何百万という人々が無理矢理ウォール街でゲームをさせられるようになるだろうと感じていた。「ウォール街のゲームをするのが問題なのは、それをコントロールする力を持っているのがウォール街で、きみたちではないからだ。だから、きみは自分自身のゲームを見つけ、それをうまくプレーできるようになって、自分の人生をコントロールする力を自分で持つようにしなくちゃいけない」

●方舟を造り始める

まずみなさんにお勧めしたいのは、方舟の大きさを決めることだ。貧乏な人のための方舟は、小さくて、船底から水がしみ込んでくるようなボートだろうというのは容易に想像がつく。もしあなたがその程度の方舟でいいと思っているなら、大したことはしなくていい。社会保障システムは、今もアメリカ史上一番人気のある、政府による支援プログラムだ。個人的には、家族をあてにして面倒を見てもらいたいとは思わないし、政府や慈善団体に助けて欲しいとも思わないが、それも一つのやり方ではある。

中流の人のための方舟は、第二次世界大戦の世代にとってはいい方舟だった。一九五〇年以前、中流の人がしなければならなかったのは、学校へ行き、仕事に就き、せっせと働いて家を買い、お金を貯め、引退することだけだった。今も政府機関で仕事が見つかるか、組合の強い会社に就職できれば、このプランがまだ使えるかもしれない。だが、DB年金プランからDC年金プランに変わり、一新したこの中流の人用の方舟は、先に待ち構える荒波を乗り切るには強度が足りないかもしれない。もしあなたが、方舟に乗せるのは新しいDC年金プランだけでいいと思っているなら、昔ながらのファイナンシャル・プランニングに基づいたアドバイスを忠実に守ればいい。つまり、プランを立てて早い時期に始め、何年も働き続け、投資を分散させればいい。中流の人の方舟はうまくいく可能性もある。だが、この先二、三年はかなり厳しい状況で航海することになるかもしれない。

一方、金持ち用の方舟を持ちたい人は、当然ながら、これまでとはがらりと方針を変え、覚悟を決めてファイナンシャル教育の強化に取り組む必要がある。金銭的に裕福になりたいと思っている人が必ず理解しなければいけないことが一つあるが、それは、金持ち用の方舟を造る時には、昔ながらの中流の人間の考え方や価値観を大きく広げる必要があるということだ。例えば、中流に属する多くの人は、お金をせっせと貯め、DC年金プランを実行し続け、自分の住む家を所有するのが一番頭のいい選択だと思っている。今挙げたようなことは、その人の全体的な経済状況を良好に保つためには確かに大事だが、本当を言うと、貯蓄もDC年金プランも持ち家も、金持ち用の方舟を築くための基礎にはならない。金持ちは、不労所得を生む資産を買ったり作り出すことが、金持ち用の方舟を作るのに必要な本当の基礎であることを知っている。

●せっせとお金を貯めるのではなぜだめか？

ここで一つ注意して欲しいのは、「貯める」という言葉だ。お金を貯めることは、インフレの時代に生きた、第二次世界大戦の世代にはとても効果があった。さらにさかのぼって、一九〇〇年以前には、インフレの影響はごくわずかで、税もなかった。だから、第二次世界大戦の世代のそのまた親の世代には、お金を貯めることがより大きな効果を持っていた。だが、一九五〇年以降、貯蓄家は敗者になった。その理由は単純だ。貯蓄に対して高い利率で課税され、利子の大部分がインフレーションの影響で吹き飛んでしまうからだ。二〇〇二年はじめの貯蓄に対する利率は約二パーセントだった。このように利率が下がったことで、大勢の貯蓄家が大きな打撃を受けた。例えば、わずか数年前には、百万ドルの現金を銀行に預けていれば、五パーセントの利子がつき、税引前の利子として五万ドルが受け取れた。だが、利率が二パーセントに下がった今は、同じ百万ドルを預けていても税引前に受け取れる利子は二万ドルだ。つまり、ほんの数年の間に、貯蓄家が支払ってもらえるお金は半分以下に減った。しかもそれは税引前の話だ。ここで私が言いたいのは、人に貯金を勧めるのはかつてはいいアドバイスだったし、今でも中流以下の人にとってはいいアドバイスだが、金持ち用の方舟を造りたいと思っている人には、昔ながらの方法でお金を貯めるだけというのは悪いアドバイスだということだ。

●利率七・七五 vs 一・八五

確かに今の貯蓄に対する利率は約二パーセントで、さらに課税されるようになっているが、もっとよく探し、何を聞いたらいいか心得ていれば、高い利率、しかも多くの場合非課税の投資を見つけることが可能だ。例えば二〇〇二年の二月二十二日、株式ブローカーにいつも市場を見張らせていた私とキムは、政府債で七・七五パーセントの利率のものを見つけることができた。これは非課税なので、課税される場合で考えるとおよそ十二パーセントにあたる。一方、銀行に預けている人の利率は約二パーセント、税引き後で考えると一・八五パーセントだ。

当然ながら、非課税で七・七五パーセントの利率を得るには多少のリスクが伴う——だが、ほんの少しだ。前にも書いたが、しっかりしたファイナンシャル教育を受けた人は、より少ないリスクでより多くのお金を儲けることができる。これもその例だ。キムと私にとって、これはとてもリスクの低い投資だ。その理由は単純だ。私たちがその投資のことをよく理解していて、どんなリスクが伴うかも知っているからだ。それほど多くのファイナンシャル教育を受けていない人にとっては、昔ながらの銀行預金で一・八五パーセントの利率がつく方が理にかなって見えるだろう。ここで大事なのは、ファイナンシャル教育へ投資をすれば、より大きな割合で利益を得られる場合があるということだ。たとえそれが、貯蓄性の口座のような単純なものであっても同じだ。

自分はしっかりしたファイナンシャル教育を身につけていると感じていて、このような種類の投資に興味のある人は、いつも自分が使っている株式ブローカーに電話をして、次のような不動産開発会社について話を聞こう。それは、低所得者用の住宅を新たに建設する計画があって、それによって安全の保証された証券(投資口と呼ばれる)を売っていて、普通より高い利率で非課税の利子を支払うために、非課税の政府債を利用している会社だ。これをもっと簡単に言うと、地方自治体モーゲージREIT《リート》(不動産投資信託)とでもなる。これは基本的には不動産の投資信託で、利子と、発生する可能性のあるキャピタルゲイン(売却益）が非課税というものだ。だが、これには損が発生する可能性ももちろんある。

ここで、ぜひ声を大にして注意しておきたいことがある。それは、不動産があまり好きではなかったり、低所得者用の住宅についてよく知らなかったり、株式市場のしくみがわからなかったり、あるいは投資できるお金があまりなかったりする人は、このような投資はしない方がいいということだ。

キムと私がこのような投資をしているのは、これに関連するさまざまな投資のすべてについて、広範な知識と経験を持っているからだ。これは何もしなくても利子を払ってくれる貯蓄口座とは違う。ウォーレン・バフェットも言っているように「投資は理にかなったものでなければならない。理解できなければ投資するな」ということだ。

利率七・七五パーセントで非課税の利子と、一・八五パーセントで課税される銀行の利子とを比較してお話ししたのは、自画自賛するためでも、自慢するためでもない。ただ、大事なことをはっきりさせるのにいい例だと思ったからだ。

●投資を始める前にまず時間を投資しよう

ファイナンシャル教育を身につけていない人は、身につけている人と比べて、金持ちになるためにかかるお金も、金持ちのままでいるためにかかるお金もずっと多い。つまり、ファイナンシャルＩＱが高ければ高いほど、金持ちになるために必要なお金は減り、ファイナンシャルＩＱが低ければ低いほどそのために必要なお金が多くなる。

友人で不動産投資家でもあるドルフ・デ・ルースはこう言っている。「教育が高くつきすぎると思うなら、無知を試してみればいい」

別の言い方をするなら、たとえそれが利率七・七五パーセントで非課税の利子を生み、キャピタルゲインが得られる可能性があったとしても、自分に理解できないものには投資するなということだ。金持ち父さんはこう言っていた。「何かに投資する時は、まずそれを理解するために時間を投資しろ」キムは不動産市場で十五年近く投資をしてきているし、私はそれより数年長くビジネスに投資をしている。ファイナンシャル・インテリジェンスはここから、つまり現実の世界で時間を投資することから生まれる。投資信託を運用するファンドマネジャーにお金を託し、その人がうまくやってくれるように祈るだけではファイナンシャル・インテリジェンスは身につかない。そういうやり方で投資をしていたのでは、ファイナンシャル・インテリジェンスは伸びない。前にも言ったように、多くの人が「投資」はしていても、「投資家」になれないでいるのもそれだからだ。ファイナンシャル教育への投資は初期の段階では見返りがないかもしれないが、あとになって見返りがある。

ここでもう一度繰り返し強調しておくが、私はみなさんに、今すぐ株式ブローカーに電話して、地方自治体モーゲージリートに投資しろと勧めているわけではない。なぜなら、ほかの投資と同じように、リートにもいいリートと悪いリートがあるからだ。私がここで強く勧めているのは、ファイナンシャル教育に投資することだ。特に、金持ち用の方舟を造りたいと思っている人はぜひそうして欲しい。実際のところ、金持ち用の方舟を造り、完成したあとそれを沈没させずに浮かべておくためには、ファイナンシャル教育は必須と言っていい。

●中流の人は安全第一にしているのになぜ危険か？

金持ち父さんは私にこう言った。「中流の人はお金に関して危険なやり方をする……彼らが投資家としてあんなに危険なのはそのためだ」そして、さらにこう付け加えた。「中流の人にとって、DC年金プランが大きなリスクになる理由は、そこに大金を投資するにもかかわらず、投資について学ぶためにわずかの時間しか投資しないからだ。金持ちになりたかったら、たくさんのお金を投資し始める前に、たくさんの時間を投資することから始めなければいけない」だから、銀行の貯金をほかの投資に振り替える前に、投資について勉強するためにいくらか時間を投資しよう。

言うまでもなく、七・七五パーセントというのは決して高い利率ではない。だが、前にも言ったように、私がこの例を使ったのは、ファイナンシャル教育を身につけている投資家とそうでない中流の投資家との間の違いを説明するためにすぎない。ファイナンシャル教育の不足がどんな損を生むかを指摘したかったのだ。実際には、私はプロの投資家として、収入からローンの金利などの費用を差し引いた額を投資資金と比較するキャッシュオンキャッシュ方式で、最低四十パーセントの収益率を期待する。私が貯金のために時間をまったく投資しないのはそれだからだ。

キムと私がやっている投資の中には、無限大の収益をもたらしてくれるものも多い。つまり、まったくお金をかけずにたくさんのお金を儲けている。一番最近私たちが投資した賃貸不動産からの年間収益率は、キャッシュオンキャッシュ方式で計算して四十五パーセントで、しかもその大部分は非課税だ。この四十五パーセントは実は二つの部分から成り立っている。まず、四十五パーセントのうちの十五パーセントはキャッシュオンキャッシュの収益として受け取っている。つまり、費用を差し引いたあとの純益で、賃貸収入が年率にして投資資金の十五パーセントあるということだ。次に、減価償却を計算に入れると、節税効果によって、この不動産からさらに三十パーセントの収益（政府に払う代わりに自分でとっておけるお金）が追加で得られる。この四十五パーセントという数字は、私たちの投資収益率としてはごく普通だ。それでも、この話をすると、友人の中にも、私が大げさに言ったり、嘘をついていると思う人がいる。ここでも前と同じで、違いはファイナンシャル教育にある。

もうわかってもらえたと思うが、年利七・七五パーセントで非課税の収益は確かに興味はそそられるが、特に胸がわくわくする数字ではない。私たちがこのような収益率の投資を利用するのは、次の投資の準備ができるまで余分なお金を六カ月ほど一時的に寝かせておくためだけだ。準備ができてお金が必要になったら、すぐに現金化し——多くの場合キャピタルゲインがつく——、投資する。同じ目的では、変額年金の一種で

Cシェア・アニュイティと呼ばれる投資手段を使うこともある。今、銀行の貯蓄預金口座の利率が一・八五パーセントであるのに対して、この投資商品の利率は三・五パーセントだ。Cシェアの有利な点は、先ほど取り上げた地方自治体モーゲージリートと同程度の流動性があるのに、リスクはそれより低い点だ。つまり、リスクが低いから収益率も低い。私とキムは、そのお金が今すぐ必要なわけではなく、市場で株価やリートを使って遊ぶ時間的余裕がある場合は、収益率がより高いリートの方を好んで使う。これまでに私たちはリートの投資口を売ることで、非課税の配当とキャピタルゲインを得ている。前にも言ったように、ファイナンシャル教育はすぐには見返りがなくても、長期的に利益を与えてくれる。

多くの人にとっては、銀行に貯金するのが賢いやり方に聞こえるかもしれないが、私にとっては、それは時間とお金の無駄だ。ここでまず貯金の話から始めた理由は、貯金を賢いやり方だと思っている中流の人たちがあまりに多いからだ。だが、確かに彼らにとっては賢いやり方ではあるが、金持ちにとっては、貯金は足かせだ。なぜなら、従来のような形でお金を貯めるやり方は、金持ちにとっては理屈に合わないからだ。

次に、金持ちのための方舟の造り方について話す前に、重要な点をいくつか指摘しておきたいと思う。

重要ポイント①

金持ち用の方舟を造りたいと思っている人にとって、貯金は最終的には意味がない。その理由は、貯金の利子が普通の所得と同じ割合、つまり一番高い率で課税されるからだ。

例えば、百万ドルの貯金があり、年利で二パーセント、つまり二万ドルの利子がもらえて、それに対して課税されたとする。もしあなたが一人で年間六万五千ドル以上、あるいは夫婦で合計十一万ドル以上稼いでいると、この二万ドルに対する税率はだいたい三十パーセントで、実質利子は一万四千ドルになる。つまりインフレの影響を計算に入れる前の実質収益率は一・四パーセントということだ。もし、稼ぎがもっとよくて、所得税率が四十パーセントに上がれば、二パーセントの利率は実質的には一・二パーセントになる。インフレは確実に一・二パーセント以上の割合で進んでいるから、貯金をたくさんしている金持ちは損をする。反対に貧乏で、適用される所得税率が低ければ、貯金の利子に対する税率はもっと低くなる。つまり、金持ちで所得税率が高いと、貯金の利率は同じでもそれにかかる税率が上がるから、金持ちはお金を貯めれば貯めるほど損をするということだ。

重要ポイント②

金持ち用の方舟を作る計画を立てていて、401（k）などの確定拠出型のDC年金プランをやっている人は注意しよう。DC年金プランからお金を引き出し始めると、その収入に対して最大の税率で課税される。先ほどと同じように、今、年収六万五千ドル以上の人は三十パーセントの率で課税されるので、引退後、401（k）から千ドルの収入を得たとすると、税引き後受け取れるのは七百ドルになる。だから、豊かに引退したいと計画している人にとって、401（k）をはじめとする従来型の年金プランは、税金面から見て理屈に合わない。

キムと私が不動産を投資手段として使う理由の一つは、適切にプランを立てれば、不動産収入にかかる税率をゼロに引き下げられるからだ。不動産投資家のドルフ・デ・ルースが、「金持ちは不動産でお金を稼いだか、あるいは不動産でお金を維持しているかのどちらかだ」と言うのはそのためだ。つまり、金持ち用の方舟を造るには、不動産投資からの収入の方がDC年金プランからの収入よりはるかに道理にかなっている。

重要ポイント③

所得が高くなればいいとだけ思っている人の大部分は、所得が高くなるにつれて控除の恩恵を失うことに気付いていない。その控除には家のローンの利子も含まれる。中流の人の夢である大きな家は、金持ちにとっては所得減らしの手段にならない。二〇〇二年現在のアメリカでは、年収がおよそ十三万七千三百ドル以下の人は家のローンの利子の一部を控除することが税法によって認められている。だが、それ以上を稼ぐようになると、その恩恵は受けられなくなる。実際のところ、所得が高くなればなるほど控除できる項目が減り、最終的には何も控除できなくなる。

●給料が上がると控除がなくなる――公認会計士ダイアン・ケネディ

二〇〇二年現在、年収が十三万七千三百ドル以上の人は、所得申告書を見て、「控除ができなくなった！」とびっくりするかもしれない。そして当然ながら、控除が減ったということはより多くの税金を払うことを意味する。

ローンの利子、州税、地方税、財産税、慈善目的の寄付など、基礎控除以外の控除項目は収入がある限度を超えるとなくなる。二〇〇二年現在、夫婦で合算して申告した場合、この収入の限度額は十三万七千三百ドルだ。この限度を超えると、あなたはほとんどの控除項目に関し、控除の三パーセントを段階的に失う（医療費や投資利子、あるいは災害、盗難、賭けによる損失はこの制限を受けない）。

給料が上がり、銀行員や会計士からの一般的なアドバイスに従って大きな家に買い替え、控除を増やそうと考えている納税者はたくさんいるが、その多くにとって、このことは大きな驚き、それもうれしくない驚きだ。そういう人は実際、いつかは家のローンの利子控除の一部を失うことになる。

さらに、もっと悲しいことに、限度を超える所得がある人で、慈善的な寄付に意義があると信じている人は、そういった寄付に関わる控除も大幅に制限されることに気付かされる。今、政府は社会福祉プログラムに対する予算を削除している。だから、慈善事業は個人からの寄付に頼らざるを得なくなっているが、所得の多い高額納税者が控除による恩恵が受けられなくなっているので、その寄付が減りつつある。寄付金控除も徐々になくなっていくのだ！

今挙げたような控除の段階的消滅は、税システムの中に組み込まれた雑損控除や医療費控除がなくなることに加えて起こる。雑損控除と医療費控除は、収入の何パーセントという基準に基づいた制限を受ける。例えば医療費の場合ならば、その合計が調整後の総収入の七・五パーセントを越える場合にのみ控除可能だ。収入が増えれば当然その七・五パーセントにあたる額も増えるから、医療費控除の一部を失うことになる。

これで終わりだと思ったら大間違い！　収入が増えると基礎控除の一部も失う。二〇〇二年現在で言うと、所得が二十万六千ドル以上の人は、納税者本人、配偶者、扶養家族などに対する控除が段階的に少なくなる。

金持ちはまた、不動産による損失をほかの収入から差し引く、不労損失相殺の恩恵も受けられなくなる（年間総収入が十五万ドル以上の場合）し、ロスＩＲＡのような、非課税でお金を増やす仕組みを利用することもできない。

つまり、時には金持ちであることの方が中流以下のままでいるよりお金がかかる。

●一番大事なこと

一番大事なのは、引退に備えて金持ち用の大きな方舟を造ろうと計画している人は、昔ながらの中流階級の価値観の多くを捨てる必要があるかもしれないということだ。その価値観の中には、中流の人が大事だと考える投資も含まれる。つまり、投資戦略の中には、中流の人に合ったやり方、例えば貯金やＤＣ年金プラン、あるいは持ち家のローンの利子の控除といったものがあるが、金持ちになりたかったら、また、金持ちのための方舟を造りたいと思っていたら、そういった中流階級の金銭的価値観は捨てなければいけない。

第一段階は、自分の造りたい方舟の大きさを決めることだ。貧乏な人や中流の人のための方舟を造りたいのなら、これ以上この本は読まなくていい。これから先は、そういう人の役には立たない。中流以下のサイズの方舟を造る方法について詳しく説明している本はほかにいくらでもある。

この章は、方舟の造り方についての十八の異なる意見についての話から始まった。今の時代、ありとあらゆる人が、方舟の造り方についてアドバイスをしている。つまり、パーフェクト・ストームが近づいていることを知っているのは、あなたや私だけではない。だから、方舟を造ろうと決心したら、次に、どの方舟に乗って嵐の海に船出したいか――貧乏な人の方舟か、中流の人の方舟か、金持ちの方舟か――を決めよう。何年も前のことだが、金持ち父さんは私にこう言った。「嵐が来ることを知っていれば、方舟の大きさは本当に大した問題ではない。最初の第一歩は、ただ方舟を造ろうと決心するだけでいい。決心したら、次にどんな種類の方舟を造りたいか決める。それからそれを造り始めるんだ。できるだけ急いでね。そして、完成するまでやめてはいけない」

●方舟を造ろう

1. あなたは自分と家族のために方舟を造る必要があるか？
はい　　いいえ

2. 方舟を造るために何年かけられるか？（年数が少ない方を記入）
六十五歳になるまであと　　年
二〇一六年まであと　　年

3. 方舟を造るために、自分がこれまでやってきた投資方法を変える必要があるか？
はい　　いいえ

4. キャッシュフロー・クワドラントのどのクワドラントから収入を得たいと思っているか？

5. 第七章（一三九ページ）にある貧乏な人、中流の人、金持ちの投資手段のうち、どの投資から始めたい

か？（複数選択可）

6．金持ちになるためにたくさんのお金を投資する前に、まず時間を投資する気があるか？

第十一章……

方舟を自分でコントロールする

金持ち父さんはこう言った。「金持ち用の方舟を造るつもりなら、建造の過程も、積荷の種類も、操縦する人間も自分でコントロールできるようにしなければいけない」二〇〇〇年三月の株式市場の暴落のあと、何百万という人が自分の将来の経済状態について前より不安を感じるようになった。なぜか? それは、彼らが自分の方舟をコントロールする力、その積荷をコントロールする力を持たず、船長がだれかもわかっていなかったからだ。

金持ち父さんは「安全」と「自由」は同じ言葉ではなく、実際のところほとんど正反対だと言っていた。そして、「安全を手に入れれば入れるほど、きみは自由を失う」と言ったり、「安全を求める人は、多くの場合、人生の一部を自分でコントロールする力を手放す。そして、コントロールする力を手放せば、それだけ自由も減る」と言っていた。将来の自分の経済状態をコントロールする力の大部分を手放してしまったために引退後の生活に不安を感じている人は多い。

私は『金持ち父さん　貧乏父さん』の中で、金持ち父さんがビジネスで一番大事な言葉はキャッシュフローだと言っていたことを紹介した。そして、シリーズ五作目の『金持ち父さんの若くして豊かに引退する方法』では、金持ち父さんにとって二番目に大事な言葉はレバレッジ、より少ないものでより多くを成し遂げる能力だったと書いた。金持ち父さんは三番目に大事な言葉が何かはっきりとは言わなかったが、私はそれは「コントロール」という言葉ではないかと思う。キャッシュフローとの関連で見た場合、コントロールがどのような意味を持つか、私の考えを次にいくつか挙げておく。

1．人が発達させるべき人生の技術《ライフ・スキル》のうち最も重要なものの一つは、キャッシュフローをコントロールする力を手に入れる方法を学ぶことだ。

2．USAトゥデイ紙のマネー欄の第一面で写真つきで紹介された五十八歳のエンロンの従業員は、エンロンの失墜のせいで、引退に備えて貯めていた資金のほとんどを失った。あの人は、年をとってから、自分のお金が流れる方向をコントロールする力が自分にほとんどなかったことに気が付いたのだ。

3．たいていのお金の問題は、キャッシュフローに関するコントロール能力が欠けていることが原因で引き起こされる。

4．キムと私が早い時期に引退できたのは、自分たちのお金が流れる方向をコントロールする力を握っていたからだ。

今これほどたくさんの人が将来の自分の経済状態について不安を感じている理由の一部は、彼らが人生の多くの側面でコントロール能力を持っていない点にある。確定拠出型のDC年金プランの一つである401（k）は中流のアメリカ人がよく選ぶ方舟だが、これについて考えてみるとそれはすぐわかる。たいていの人は401（k）をコントロールする力をほとんど持っていない。一方、金持ち父さんは自分の方舟を自分でコントロールしていた。その設計も、積荷の選択も自分でやり、船長たちのこともよく知っていた。金持ち父さんが船長を何人も抱えていたのは、いくつも方舟を持っていたからだ。金持ち用の方舟を造ろうと決めたら、次に考えるべきことで一番大切なことの一つは、一艘の方舟全体、あるいは複数の方舟からなる艦隊全体をコントロールする力を、自ら進んで取り戻す気があるかどうかということだ。もしそうでなければ、確定拠出型プランを続け、長期に投資し、分散し、一生懸命お祈りして、船長が有能であることを願っていればいい。

●バフェット流の方舟操縦法

方舟全体をコントロールする力を取り戻し始めると、人生自体をコントロールする力、さらには自由もだんだんと戻ってくるかもしれない。ウォーレン・バフェットはこう言っている。「生計を立てるために私がやっていることに関して言えば、私は世界で最も幸運な男だ。だれも、私が大事だと思わないこと、あるいは私には愚かに思えることを私にやれと言うことはできない」つまり、バフェットは自分の方舟をコントロールしている。それも大艦隊を……。

自分の方舟をコントロールする力を手に入れるために必要なことについて考える前に知っておくといいと思うので、ここでもう少し、バフェット流の方舟操縦法について彼の言葉に耳を傾けよう。バフェットはコントロールはするが、決して過剰にコントロールはしない。彼は優秀な経営陣を抱えた会社を買収し、彼らをそのビジネスのオーナーのように扱う（実際、バフェットは多くの経営者に会社の所有権の一部を与えている）。この点について彼は次のように言っている。

「われわれは、一つの組織を任された経営幹部が、単に他人のオーナーシップにただ乗りするのではなく、自分自身のオーナーシップを通して経済的に豊かになることを望んでいる。実際のところ、オーナーシップはいずれ、優秀な経営者たちにかなりの富、おそらくは今彼らが可能だと思っている額をはるかに超えた富をもたらし得ると私は思っている」

「単に他人のオーナーシップにただ乗りするのではなく」というバフェットの言葉は、名前は伏せるが、ある有名な投資会社について言っている。バフェットは、この大きな投資会社が、株主のことも、彼らの投資のこともまったく考えていないと感じていたのだ。また、後半のバフェットの言葉は、彼が自分のもとで働く経営者たちをどう扱っているかを表している。彼は自分の方舟から生まれる利益を彼らと分かち合う。

バフェットはまた、自分が探せる範囲で最高の人間を方舟の船長として雇う。その理由は、彼らに自分に代わって方舟を動かしてもらいたいと思っているからだ。バフェットはこう言っている。「その事業を運営するのに彼らが私の助けを必要とするとしたら、たぶん私も彼らも非常にまずい状態にある」

金持ち父さんも、オーナーシップと経営に対し、バフェットと同じような姿勢をとっていた。この二人が複数の方舟をうまくあやつることができたのはそのためだ。これはBとIのクワドラントから生まれる経営スタイルで、EやSのクワドラントの多くの人たちが頭に描く、経営のすべてに直接関与するハンズオン方式とは異なる。私が今学んでいるのもこのスタイルだ。

こんな話をするのは、「自分で投資をする時間はない。ともかく忙しすぎるんだ」と言う人がたくさんいるからだ。EやSのクワドラントに属する多くの人は、方舟を造り、積荷を載せ、航海するために、自分より頭のいい人たちを探してやってもらうのではなく、すべて自分でやらなければいけないと思っている。「コントロール」という言葉は、必ずしも自分ですべてやることを意味しない。属するクワドラントが違うと、方舟のコントロールの方法も違う。BやIのスタイルでコントロールする場合は、たくさんの方舟がコントロールできる。EやSのスタイルの場合は、一つしかコントロールできないかもしれない。そして、あなた自身がその方舟の設計士、造船技師、積荷の積み込み人、船員、船長のすべてを兼任することになる。ほかの本やテープの中でも何度かお話ししているが、EとSのクワドラントに属する人の頭には、二つのテーマソングが流れている。一つは『Nobody Does It Better』（だれも私よりうまくできない）、もう一つは『I Did It My Way』（私は私のやり方でやった）だ。私が思うに、これらの歌はコントロールしすぎる傾向のある人たちのテーマソングだ。

●方舟をコントロールする力を手に入れる

先ほど、方舟をコントロールする力を自ら進んで取り戻す気があるかどうかが重要だと書いたが、ここでもう一度、方舟を自分でコントロールする気があるかどうか、自分に聞いてみて欲しい。この質問に対する答えが「ノー」の人には、これから先の話はもしかすると面倒すぎる、つまりそのために必要な時間、労力、学習、お金が多すぎるように感じられるかもしれない。多くの人にとっては、せっせと仕事をして、稼いだお金を「自分より方舟の操縦がうまいだろう」と希望的に信じるだれかに託す方が、自分で操縦するよりずっと楽だ。

この質問に対する答えが「イエス」の人は、この先をしっかり読んで欲しい。方舟をコントロールする力を持つといっても、自分でたくさんのことをやらなければならないわけではない。そのことはよく覚えておいて欲しい。あなたがしなくてはいけないのは、自分から進んでコントロールしようという気持ちを持つことだけだ。ウォーレン・バフェットは自分でコントロールしつつ、外から雇った船長に船を操縦させている。あなたもそうしたいと思いさえすれば、同じことができる。

●方舟について学ぶ

私は一九六五年から一九六九年まで、ニューヨークの合衆国商船アカデミーに通った。この学校は四年で、若い男たち（今は女性も）を船の高級船員に仕立てる。私たちの訓練は、四週間にわたるかなりハードな肉体的軍事教練から始まった。軍隊式の訓練を重んじる学校はどこもこの種の訓練をやる。私たちは朝早く起き、夜遅くまで走らされた。頭を坊主刈りにされ、軍隊の規律から、制服の着方、銃の正しい撃ち方、エクササイズ、さらにはテーブル・マナーまで、あらゆることを学んだ。

この教練が一カ月続いたあと、本格的に授業が始まった。私たちは普通の大学で必修とされる教科もすべてとらなければならなかった。つまり、英語、微積分、三角法、熱力学、物理学、文学、電子工学、歴史・哲学といった教科を学んだ。そしてそれ以外に、海での生活について学ぶ教科があった。モールス信号、綱の結び方、ワイヤーロープのつなぎ方、手旗信号、帆走法、手漕ぎボートの漕ぎ方、海難救助、天文学、天測航法、気象学、小型ボートの扱い方、大きな船の操縦の仕方、機関室での作業の仕方、ドック入れ・ドック出しの方法、タグボートの操縦の仕方、会社法、海事法、積荷の扱い方、造船術、海洋学、そのほか航海に関するさまざまな学問だ。

教室でのこのような学習に加え、私たちは一年を海上で過ごした。つまり、実際に商船に乗り組み、世界の貨物航路を旅しながら、通信教育によって教科の学習を続けた。私はクラスの仲間と一緒に、世界中の主な港を全部回った。学校のカリキュラムの中で、私にとって一番よかったのはこの航海だった。一年を海上で過ごすため、私たちは本来四年でやる通常の大学教育を三年で終わらせなければならなかったが、これは全体的によくバランスのとれたすばらしい教育だった。一九六九年に卒業するまでに、クラスメートの半数が脱落していたが、残った学生たちは下級船員として船に乗り込み、船長をはじめとする高級船員の下で修行をする準備ができていた。卒業の日、指導教官の一人が私たちにこう言った。「われわれの訓練プログラムはハードだ。それは、きみたちを船の船長以上の人間にする訓練をしているからだ。われわれはきみたちをこの業界自体の船長にするための訓練をしている」私のクラスメートの多くは、この言葉通り船舶業界のリーダーになった。

●実社会で学ぶことが大切

金持ち父さんはマイクと私が九歳の時から、これと同じような訓練プログラムを使って私たちを教育した。自分がやっているビジネスのあらゆる部署で私たちを働かせたのはそのためだ。私たちは部屋の掃除もやったし、レストランでウェイターもやった。敷地内の掃除をしたり、ゴミを拾ったり、壁紙を張ったり、建築現場で働いたり、未収金や未払金の部門で働いたり、会計の仕事をしたり、営業をしたり、経営に関わったり、銀行業務や人事、投資などもやった。

最近私が出会う若者の中には、すばらしい学校教育を受け、MBAコースを終えてはいるが、現実の世界での実際的な教育をほとんど受けていない若者が大勢いる。そういう若者の多くがそれまでにやったことのある仕事と言えば、ファーストフードの店でハンバーグをひっくり返したり、ウェイターや店員としてどこかの店で働いたことがあるといった程度のことだ。現実の世界で本物の人間を相手にする技術をまったく持たないそういう若者たちが、学校を卒業するとすぐに、いきなり経営する立場に就かされる。

彼らは頭がいいから、そのうち何人かは、現実の世界で通用する本物の技術を手に入れる前にさっさと昇進する。彼らは会社の守衛や事務員、倉庫の主任、受付係として働くことがどんなものか身をもって知ることはない。彼らが知っているのは、自分たちと同じように企業の昇進の階段を上っていくクラスメートたちだけだ。このような飛び切り頭のいい学生で、船長にはなったが、自分のもとで働く人たち、つまりビジネスの本当のエンジン部分との接触を失っている人たちが今どんなに多いことか……。上に立つ人が下で働く労働者たちとの接触を失った時、エンロンのような悲劇が起こる。エンロンの「高学歴」の経営幹部たちは、従業員に自社株を買うように勧める一方で、自分たちは売り抜けようとした。これは技術的には法律違反とは言えないかもしれないが、私から見ると、確実に倫理にもとる。困ったことに、自分が売る一方で人に買うように勧めるというこのやり方は、エンロンだけでなく、いろいろな業界、特に株式市場でよくやられている。

私の二人の父が同じように私に要求したのは、社会のあらゆるレベルの人との接触を失わないようにすることだった。金持ち父さんはこう言った。「人間性を決して失うな。いつも思い出すんだ。きみの会社に勤める人はだれもが家庭のある人間で、会社のリーダーとしてのきみの仕事は、彼らの幸福と繁栄を守るために最善を尽くすことだ」金持ち父さんは、息子のマイクと私によくそのことを思い出させた。ビジネスのあらゆる場で実際に私たちを働かせたのはそのためだ。金持ち父さんはビジネスのその部分を私たちに学ばせるだけでなく、そこで責任のある仕事をしている大勢の人たちと知り合いになるようにさせたのだ。

亡くなる数年前、貧乏父さんは私にこう言った。「おまえはきっといつか金持ちになるだろう。自分が生まれ育った家のこと、そこで培った価値観を決して忘れるんじゃないよ。生きていく中で、おまえの人生に関わりを持った人たちのことをいつも忘れないようにするんだ。二度と会わない人もいるかもしれないが、いつも彼らのことを思い出し、彼らがおまえにくれたすばらしいプレゼントに感謝するんだ。そして、おまえが目指す目的地にたどり着いたあとも、人間性を保ち、金持ちだろうが貧乏人だろうが、また友人だろうが敵だろうが、私たちはみんな人間なんだということを忘れないようにするんだ。お金があるからといって人より偉いわけじゃない。自分もまた人間なんだということを覚えておくんだ」まだまだ未熟な私の意見を言わせてもらえるなら、今、船と船の積荷だけでなく、そこに乗っている人間に対しても責任があることを忘れてしまった船長が多すぎる気がする。

●金持ち父さんの教え

この本のはじめで、金持ち父さんが私と会う時、いつもまず財務諸表を見せるように言ったという話をした。私と金持ち父さんの会合はたいていそうやって始まった。私が子供の頃は、金持ち父さんが私に作らせた財務諸表はごく簡単なものだった。大人になると、私の財務諸表もだいぶ大人らしくなった。その後、金持ちになってくると、もっと複雑になってきた。経済的自由を手に入れたあとは、さらに洗練されたものになっている。さらに年齢を重ねるにつれて——そして、願わくばもっと金持ちになるにつれて——、私の財務諸表はもっと洗練度を増していくだろうし、実際、そうでなければいけない。常に最新の財務諸表を用意しておく習慣、金持ち父さんがそうするように強く勧め、私に植え付けてくれた習慣を身につけるのは、一つの学習のプロセスだ。

もうおわかりと思うが、私の貧乏父さんはそういう習慣を身につけていなかった。最新どころか一度だってそんなものは作ったことがなかった。父は家や車を買う時のローン申込書に記入する方法は知っていたが、簿記係を雇って個人の毎月の財務諸表を作らせることを習慣にしていなかった。

私はこの本のあちこちで、アメリカで一番金持ちの投資家ウォーレン・バフェットや、金融界で大きな力を持つ連邦準備制度理事会の議長アラン・グリーンスパン、財務省長官ポール・オニールなど、経済界の大物たちの話を取り上げているが、彼らが基本的に言っていることは、金持ち父さんが昔私に言ったことと同じだ。お金のことにかけて飛び切り頭のいいこれらの人々はみんな、ファイナンシャル・リテラシーの重要性と、そのスタート地点が財務諸表であることを強調している。方舟を造る時にたいていの人がスタート地点にしようとする、不動産や貯金、ビジネス、タックス・リーエン投資商品、株式、デイ・トレード、オプション、投資信託などから始めるように勧めている人は一人もいない。たいていの人はそこから始めようとするから、荒海に耐えられない方舟がこんなにもたくさんあるのだ。

もう一度自分に聞いて欲しい。「あなたは方舟を自ら進んで自分でコントロールする気があるか?」この質問に対する答えがまだ「イエス」の人に、次に聞きたい質問はこうだ。「あなたは自分の経済状態について常に最新の財務諸表を作り、専門家に検討してもらう気があるか?」この質問に対する答えが「ノー」の人にとっては、DC型の年金プラン、個人的な貯蓄、政府による年金プラン、401(k)、持ち家などがとても大事だ。

自分の方舟を自分でコントロールしたい、そして、できれば金持ち用の方舟を造りたいと思っている人は、少なくとも、基本的な財務諸表である損益計算書と貸借対照表を毎月作成することを習慣にしなければいけない。先に待っている嵐にも負けず、どんどん金持ちになりたいと思うなら、ファイナンシャル・リテラシーを高めるために常に努力する必要がある。そのための実地に基づいた教育を始めるのに最適なのが、現状を反映した最新の財務諸表だ。表の中の項目がほとんどなくてもかまわない。自分自身の財務諸表を作ることを私が強調する理由は、他人の会社の財務諸表や年間報告書は読むのに、自分の財務諸表は持っていない人によく会うからだ。自分の方舟をコントロールする力を握りたいと思っている人にとって、あらゆる財務諸表の中で一番大事なのは、「自分自身の」個人の財務諸表だ。

たいていの場合、私と会うと、金持ち父さんはまず個人の財務諸表と会社の財務諸表を見せるように言った。それがなかったら、さすがの金持ち父さんも私を助けることはできなかっただろう。なぜなら、もしそうだったら、私がどんな問題を抱えているか、その問題がどこにあるか、推測するしかなかったのだから。

一九七七年の私の財務諸表はなかなかいい感じだった。ビジネスを始めたばかりで、金庫には投資家から集めた資金が入っていた。金持ち父さんは会社の財務諸表だけでなく、個人的な財務諸表についても、どうしたらいいか考えてくれた。そして、いくつか具体的な提案をして私を助けてくれた。ところが、一九七八年になると、会社の財務諸表があいまいになってきた。雲行きがあやしくなってきたのだ。そして、一九七九年には、金持ち父さんが「きみの会社は財政的な癌にかかっている」と言うまでになった。金持ち父さんはまた、この癌は命取りになるかもしれないとも思っていた。そして、その通りになり、会社はそれからまもなく消えてなくなった。だが、金持ち父さんが助けてくれたおかげで、また、私が金持ち父さんに常に報告をするようにしていたおかげで、その後、私の金銭的な傷は癒え、財産はまた増え始めた。そしてまた、もう一度全部を失う目に遭ったが、この時も、財務諸表を常に金持ち父さんに見せチェックしてもらっていたおかげで、金持ち父さんの助けを得ることができ、私はまた傷を癒し成長することができた。振り返ってみると、間違いを犯し、学び、修正し、財務諸表を持って金持ち父さんに報告に行く……というプロセスは、私がよりよい船員に成長するのを助けるプロセスだった。今、私は、航路の先で吹き荒れる嵐の心配はしていない。それどころか、楽しみにしている。それは、確かに私もほかの人たちと同じように時として恐怖を感じるが、人生のチャレンジに立ち向かうことで人間が強くなるのを知っているからだ。

●財務諸表は経済状態を教える健康診断書

この章を終える前に、もう一つ言っておきたいのは、健康と富はとてもよく似ているということだ。患者が来ると、医者はまず血液検査やレントゲン検査をする。それによって、患者のどこが悪いのか、どこを治さなければいけないかを正確に知ることができる。私は先日、かかりつけの医者から、血液検査の結果に少し問題があると言われた。ちょっと気がかりなそのニュースを聞かされて、私は決してうれしくはなかったが、早めにそのことがわかったのはうれしかった。なぜなら早めにわかれば、問題がもっと大きくなる前に手を打つ時間が与えられているからだ。

事実に基づき、はっきりした数字を使って作られた財務諸表も、血液検査やレントゲン検査と同じような役目を果たす。常に更新された最新の財務諸表は、悪いニュースにあなたが早く気付き、早めにそれを修正するチャンスを与えてくれる。残念ながら、アメリカの教育システムは人々にファイナンシャル教育を与えてこなかった。そのため、これから先、手遅れになってから財政的な癌にかかっていることに気付く人が大勢出てくるだろう。USAトゥデイ紙に取り上げられた、あの五十八歳のエンロンの従業員に起こったのはまさにそれだった。あの人は、自分の船も、そこに積まれている積荷も腐っていて、船長は船員たちに何も言わずにすでに船を見捨てて逃げ出していることに気が付いた。問題は、それに気付いたのが少し遅かったことだ――だが、決して「遅すぎる」ということはない。自分の方舟をコントロールするつもりがあるなら、五十八歳のこの従業員にも、金銭的に豊かで幸せな生活が待つ、まったく新しい世界に船出することができる。そのためにしなければいけないのはただ、職業別電話帳を開き、帳簿をつけてくれる人を探し、何人もの候補者を面接し、一人選んで雇い、少なくとも月に一回、きちんとした財務諸表を作らせ、それを銀行員や会計士といったお金のプロと一緒に見直し、悪いところを直していくようにするだけだ。現実の世界の財務諸表を使い、現実の世界での自分の経済状態に正面から立ち向かうことで、多くの可能性に満ちた、まったく新しい現実の世界に足を踏み入れることができる。

この先の章では、自分の将来の経済状態を左右する方舟をコントロールする力をより多く手にするために必要な、さまざまなコントロールの力を一つずつ取り上げ、詳しくお話しする。これらのコントロール能力は、あなたが自分の方舟のよりよい船長になるための基礎と言っていい。

●方舟を造ろう

1．あなたは方舟を自分でコントロールする気があるか？

2．自分の財務諸表を作ろう。『キャッシュフロー101』についてくるゲームシートを目安に使うといい（このシートは次の章で紹介する）。

3．簿記係か会計士を見つけよう。知人で経済的に成功している人に紹介してもらうのもいいし、職業別電話帳で探してもいい。何人もの人と面接して一人選ぼう。

4．選んだ簿記係、あるいは会計士と会って、一緒に財務諸表を検討し、それが正しく記入されているか確かめてもらおう。

5．これで、今あなたがどこにいるか、投資のやり方でどこをどう変える必要があるかを分析するための準備ができたことになる。

第十二章……
コントロールその1　自分自身をコントロールする

コントロールの中で最も重要なのは、自分自身と自分のお金の管理・運用をコントロールすることだ。それができれば、金持ちのための方舟を造り、それを賢く指揮することができる。

一九九六年、私は買収のための金鉱を探しにペルーに出かけた。当時ペルーでは、経済的混乱とテロリストの攻撃のせいで、多くの金鉱が見捨てられて廃鉱になったり、経営がおざなりにされていた。海抜一万五千フィートのアンデス山中へ私を連れて行った銀行の人は、そこで私に買えそうな金鉱を一つ見せてくれた。あまりに標高が高かったため、私は三歩歩いては立ち止まり、めまいと荒い息が収まるのを待つのがやっとだった。

抵当権を行使し、その鉱山を所有していた銀行の人は、狭く暗い坑道をしばらく下ってからやっと、岩壁に走る石英の鉱脈を指差した。「ほら、見てください。すばらしい鉱脈でしょう？」

私はその人が立っている場所までよろめきながら歩み寄り、懐中電灯で照らされたその場所をじっと見た。「わあ、金だらけだ」私は思わず感嘆の声を上げた。光に照らされた金の美しさは目を疑うほどだった。「シー、セニョール」銀行の人はスペイン語でそう言ってから「いい鉱山だと言ったでしょう？」と、微笑みながら付け加えた。

私は岩壁ににじり寄り、乳白色に緑の混じった水晶の鉱脈に手を伸ばした。そして、きらきら輝く金に触れながら、「信じられないくらいきれいですね」と言った。

「セニョール。あなたが見ているのは金ではありません。黄鉄鉱です。金と見間違えられるので『愚か者の金』とも呼ばれています。私が言っているのはその下の石英の中にある金です。本当の金は石英の鉱脈の色の濃い部分に含まれているんです。金は鉱脈の光っていない部分にあるんですよ」

●現代の錬金術師

私が子供だった頃、金持ち父さんはよく錬金術の話をしてくれた。錬金術が何か知らなかった私は、説明してくれるように頼んだ。すると金持ち父さんはこう言った。「大昔、たくさんの人が鉄や石炭などさまざまな物質を金に変えようと試みたんだ」

「成功した人はいるんですか?」私はそう聞いた。

「いいや。これまでに金以外の物質を金に変えた人は一人もいない。金は金以外の何物でもないんだ。でも、その試みの中で、人々は金よりももっといいものを作り出す方法を学んだ」

「金よりいいものって何ですか?」

「資産だよ。現代の錬金術師たちはお金や資源、アイディアを資産に変え、富を生み出す」

「資産っていうのは、人が買ったり作り出したりする資産のことですか?」

「そうだよ。現代の錬金術師たちは何もないところから資産を作り出すことができる。彼らはアイディアを資産に変え、その資産が彼らを金持ちにする。特許や商標はアイディアをこのような資産に変えた例だ。あるいは、ゴミを資産に変える、不動産を資産に変える。それが現在の錬金術だ」

この銀行の人には、私が投資家として錬金術師ではなく愚か者だということがわかってしまっただろうな……。一九九六年、アンデス山脈の高地のすばらしい景色をあとにして、銀行の人と一緒に、曲がりくねったでこぼこ道を車で下る間、私はそう思った。黄鉄鉱の鉱脈と本物の金の鉱脈の区別ができないのでは、あの見捨てられた鉱山をしっかりした資産に変えることなどできるはずがない。それに、当然ながら、私はペルーでの仕事のやり方も知らなかった。今、私は、金を掘る以外に錬金術師になる道がたくさんあったことにただ感謝するのみだ。

●銀行の人は愚か者と錬金術師をどうやって見分けるか?

この本は、一九七九年、私の個人的な財務諸表を金持ち父さんに見てもらった時の話から始まった。あの時、金持ち父さんが言ったことで、今でもぴったりあてはまることが一つある。私の財務諸表を見ながら金持ち父さんはこう言った。「世界には愚か者と錬金術師がうようよしている。愚か者はお金《キャッシュ》をゴミ《トラッシュ》に変え、錬金術師はゴミをお金に変える。きみときみのパートナーは錬金術師ではなくて愚か者だ。きみたちはビジネスをやり、お金をゴミに変えた」

「でも、取引先の銀行はもっとお金を貸してくれると言ったんですよ。私たちのやり方がそんなに悪いはずはありません」

金持ち父さんはにやりとしてこう言った。「まず第一に、銀行は愚か者にも錬金術師にもお金を貸す。借金を返すお金を持っていさえすれば、相手がだれだろうとかまわないんだ。次に注意しなきゃいけないのは、愚か者が借金すると利率が高いってことだ。愚かであればあるほど、利率が高くなる。だから、きみたちの取引先の銀行はきみたちが大好きなんだよ。きみたちのビジネスはたくさんのお金を稼ぎ出し、きみたちはそのお金をゴミに変えている。この財務諸表を見れば、きみたちがビジネスの一方の側では錬金術師でも、もう一方の側では愚か者だってことがよくわかる。銀行がお金を貸したがるのは当然だよ」

「問題は、きみたちがまさに破産寸前だということだ。この財務諸表の負債の欄を見ればわかるが、きみたちはビジネスから儲かったお金をビジネスに再投資する代わりに、ポルシェ一台、メルセデス二台、それにジャガー一台に投資している。この四台の車に対して、きみたちが払っている利子の年利を見てごらん。銀行がきみたちのことが大好きなのも当然だし、きみたちが破産に向かっているのも当然だ。きみたちは派手な車を乗り回し、ちょっと見には格好よく見えるかもしれない。女の子たちも寄ってくるだろう。でも、財務諸表を見ると、きみたちが財政的な癌にかかっているのがよくわかる。これらの数字はきみたちが錬金術師ではなく愚か者だということを私に教えてくれる。きみはどうやら、私が教えたことをみんな忘れてしまったようだね」

その後何年もたった一九九六年、アンデス山頂の鉱山から下る車の中で、私は金持ち父さんが愚か者と錬金術師の話に続けて言った言葉を思い出した。でこぼこ道を走る四輪駆動の車に揺られる私の耳に、金持ち父さんの声が聞こえた。「光っているものがすべて金とは限らない。愚か者は光っているものにだまされる。黄鉄鉱が『愚か者の金』と呼ばれるのはそのためだ。錬金術師たちは暗闇にある金を見つけることができる」

●光り輝く引退プラン

私の日課の一つは、朝起きるとすぐにテレビをつけ、二つの金融情報チャンネルのニュースを見ることだ。そして、夕方も同じチャンネルを見て、朝晩の市場の動きをチェックする。実は、このニュース番組に関して、内容とは別におもしろいと思っていることがある。それは、投資信託や株式の広告、あるいは株式を公開しようとしている会社やファイナンシャル・アドバイスを提供する会社の広告で、どれが一番多いか注目して見ていると実に面白い。つまり、どこがピカピカ光っているかを見るのだ。

世の中には、光っているものを買うためにお金を使いすぎてお金に困っている人がたくさんいる。これは給料の額には関係がない。大してお金を持っていない子供たちが、スニーカーの有名ブランドの新製品のために一五〇ドルも注ぎ込む……こんな話はだれでも耳にしたことがあるだろう。私は購入対象として候補にあがったアパートの部屋を見て回ることがあるが、そこでよく有名ブランドの大型テレビやビデオゲーム機を目にする。また、友人の中には、高級住宅地として名の通った郊外の住宅地に住み、ヨーロッパ製の車に乗り、子供たちを私立学校に通わせている人がいる。言い換えると、そういう人の財務諸表の支出欄と負債欄には「光り物」、つまりピカピカ光るものばかりが並んでいるということだ（図⑨）。

有名ブランドの光り物自体が悪いわけではない。私だってポルシェ、フェラーリ、アルマーニ、ロレックスといった有名ブランドは大好きだ。ちょっとした贅沢がなかったら、人生は味気がない。

問題は、光り物にめったやたらに投資して、資産の欄にそれを並べている人があまりに多いことだ（図⑩）。

「優良銘柄《ブルーチップ・ストック》しか買わない」という言葉を聞くと、その人がピカピカ光っている企業の株を選んで買っていることがわかる。また、「ABC証券会社を使っている」などと言う人は、有名会社を使っているのをそれとなく自慢したくてそんなことを言っているのだ。そういう人は、光り物を買っている。この頃私は、やたらと宣伝している投資信託会社や証券会社に少し疑問を持つようになっている。あのような宣伝はとても高くつく。何百万ドルとかかるその費用はだれかが払わなければならない。そのだれかは明らかに、顧客である投資家だ。

前にも言ったように、ウォーレン・バフェットの投資信託バークシャー・ハサウェイは投資家向けに宣伝

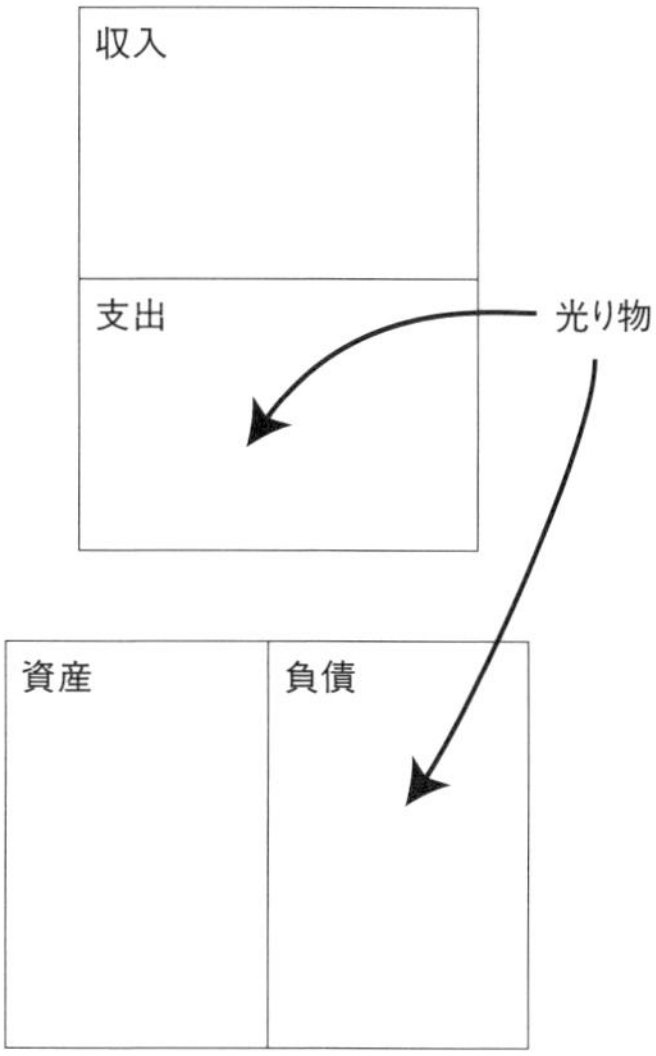

⑨光っているものを買うためにお金を使う人

⑩光っているものばかりに投資する人

をせず、ファンドへの投資を勧めない。ここで注意してもらいたいのは、バークシャー・ハサウェイの宣伝を私たちは「目にする」ことはないが、それについて一般の人が話しているのはよく「耳にする」ということだ。もしかすると、私がこの投資信託のことをよく耳にするのは、これが大企業ではなく個人の投資家によって運用されているからかもしれない。

プロの投資家たちの多くは、光っていないところにしか注目しない。マイクロソフトの株を追いかけたりせず、「次の」マイクロソフトを探す。つまり、小さな新設会社で国際的な大企業に成長しそうな会社を探す。彼らは有名大学を卒業し、映画スターのような笑みを浮かべ、手入れの行き届いた銀髪を輝かせた有名企業のCEOを探したりしない。彼らが探すのは、自宅の地下室やガレージでせっせと働いている起業家、人類がこれから直面する大きな問題を解決する「次の」製品を生み出そうと努力している人たちだ。

モノポリーのゲームをやっている時、金持ち父さんはよく次のようなことを私に思い出させた。それは、不動産でも多くの人が光り物を探していて、モノポリーで言えばボードウォークやパークプレイスといった場所を手に入れたがるが、本当の財産を築こうと思ったら、そのほかの安い土地を手に入れ、家やホテルを建てる方がいいということだ。大事なのはそれが光っているかどうかではなく、キャッシュフローだ。事実、最近のハーバード・ビジネス・レビュー誌にも、フィル・オーベンズの書いた、『ビジネスについて私が知っていることはすべてモノポリーから学んだ』という記事が載っている。この記事の中でオーベンズは『The Monopoly Companion: The Player's Guide』(モノポリーの友:プレーヤーのための手引き)を参考にして、次のような引用をしている。「何も考えずに気軽な気持ちでこのゲームをやっている人は知らずにいるが、モノポリーのゲーム盤にぐるりと並べられた二十八の地所は、ROI(投資収益率)の面から見て、どれもが同じ価値を持っているわけではない。ボードウォークとパークプレイスが最も価値があると思っている人は多いが、実際はそうではない。よく見てみると、ROIが最も高く、投資用に所有するのに一番いいのはオレンジ色と赤で色分けされた場所であることがわかる」

私が投資用の不動産を探す時は、売り出しの旗や風船が飾られ、人目を引く大きな看板、豪華なモデルハウス、お手軽なローンプランを用意して待ち構える営業用トレーラーが現場に止まっているような、新築の分譲住宅にはたいてい足を向けない。今言ったようなセールスの手法は、感情的な満足を得たいと思って家を買う客を惹きつけるためのものであることがわかっているからだ。不動産を探す時、私がよく見に行くのは、見てくれのあまりよくないビルで、その多くは大きな問題をいくつも抱えていたりする。そしてたいていは比較的古い地域にあるものを探す。そういう地域は、高収益が望める投資物件がよくあるからだ。ただし、いつもそうとは限らない。私も人気の新興開発地で新築の物件を買い、それが結局は大当たりだったという経験がある。光っているものが実際に金だったということもたまにはあるのだ。ここでもピカピカ光る黄鉄鉱を本当の金に変えるために必要なのはファイナンシャル教育、つまり財務諸表や取引の内容、トレンド、買手と売手が必要としているものを読む能力だ。これこそが「ファイナンシャル錬金術」だ。

ここで注目して欲しいのは、金持ち、貧乏人を問わず何百万という人が、光っているものに目がくらむ愚か者だという理由で経済的な問題を抱えていることだ。あとほんの数年後には、世界中で何千何百万という人が年をとり、DC年金プランにつぎ込んだお金が金ではなく光り物に投資されていたことに気付くだろう。

●財務諸表で「積荷」の状態をチェックする

次の図⑪は私たちが開発したゲーム『キャッシュフロー101』（特許・商標登録済）で使う損益計算書と貸借対照表だ。

方舟の船長や銀行の人は、図⑪の損益計算書の収入欄で矢印が示す項目を見て、そこに収入があれば、この方舟が積荷として資産を持っていると判断する。

一方、損益計算書の収入欄に給料以外何もない場合は、銀行の人、あるいは方舟の船長は、この方舟が積荷を積まず空のまま航海している、あるいは積荷があったとしてもそれが黄鉄鉱ばかりであることを知る。

銀行の人、あるいは船長は、図⑫のような貸借対照表を見ただけで、その船が何も積んでいないか、あるいは黄鉄鉱ばかりを積んでいることがわかる。船の貨物室を表す貸借対照表の資産の欄が空っぽなら、この方舟に積荷はない。そういう貸借対照表を持っているのは、貧乏な人か、働き始めたばかりの若者だ。貸借対照表を見て、その積荷目録に年金プラン、株式、債券、投資信託、不動産などが入っているのに、キャッシュフローがなく損益計算書の収入欄に何ももたらしていない場合、船長は「これはあやしい」と思う。つまり、貨物室が黄鉄鉱でいっぱいになっているのではないかと疑う。そして、もし資産欄に並んでいるのが有名ブランドの資産ばかりだったら、この船に積まれているのがただピカピカ光るだけの黄鉄鉱だということがはっきりする。

私は合衆国商船アカデミーで、貨物室をしっかりとチェックすることを学んだ。私たち学生は、積み込もうとしている積荷の種類、積み込み方、貯蔵場所、貯蔵方法の安全性、荷揚げ場所……といったことに注意するように教えられた。積荷とその管理に関する授業はアカデミーでとても大きな比重を占めていて、私たちは四年間かけてじっくりそれを学んだ。

積荷の管理を私たちに教えてくれた教官の一人は、長年船長として働いたあと引退した人だった。この人のクラスはとてもおもしろかった。と言うのも、これはどちらかというと退屈なテーマだが、元船長は技術的な面を説明する時、いろいろ興味深い話をしてくれたからだ。そういった話の一つに、第二貨物室（船首から数えて二番目に位置する大きな貨物室）の左舷側の積荷が嵐の最中に荷崩れした時の話がある。元船長はこう言った。「突然、バリバリッと大きな音がして、船が右舷に傾いた。その直後、船は航路をはずれ始め、操舵手は船を左舷側に戻すために大急ぎで舵輪を回さなければならなかった。その直後、大きな波が船首ではなく左舷めがけて押し寄せてきた。操舵手が船首を波の方向へ戻そうと必死になっている間に、またバリバリッと大きな音がした。第四貨物室（船のブリッジのすぐ前にある一番大きな貨物室）の積荷が荷崩れしたのだ。積荷が右舷側に移動したために、船は針路を左に戻すどころかさらに右に旋回し、巨大な波を

職　業

プレーヤー

⑪資産からの収入があれば方舟には積荷がある

目標：総支出を上回る不労所得を得て、ラットレースを抜けてファーストトラックへ移ること。

損益計算書

収　入

項　目	キャッシュフロー
給料：	
利息：	
配当：	
不動産：	
ビジネス：	

監査役

（あなたの右隣の人）

不労所得＝

（利息＋配当＋不動産＋ビジネスからのキャッシュフロー）

総収入：

支　出

税金：

住宅ローン：

教育ローンの支払：

自動車ローンの支払：

クレジットカードの支払：

小売店への支払：

その他の支出：

育児費：

銀行ローンの支払：

子どもの数：

（0からスタート）

子ども一人あたりの育児費：

総支出：

毎月のキャッシュフロー：

（ペイチェック）

貸借対照表

資　産

貯蓄：

株／投資信託／譲渡性預金：	株数	一株あたりの価格

不動産：	頭金	価格

ビジネス：	頭金	価格

負　債

住宅ローン：

教育ローン：

自動車ローン：

クレジットカード：

小売店のつけ：

不動産ローン：

負債（ビジネス）：

銀行ローン：

舷側にまともに受ける形になった」

この年老いた船長の話を聞いていた私たちは、彼と一緒にその船に乗り込んでいるような気持ちになった。当時私たちは最上級生で、一年間の航海もすませていた。だから、積荷を積んだ大きな船に乗って外洋を航行するのがどんなことか、よくわかっていた。私も含めて多くの学生が、ハリケーンや海難事故、船員の死亡など、この業界につきもののさまざまな困難や災難をすでに経験していた。老船長の話を聞きながら、私は、積荷や船、天候、海の悪条件の中、船をコントロールする力を取り戻そうとする操舵手の必死の努力も空しく、船が右舷側に向かっていくのを感じていた。私たち学生はみんな、外洋で嵐に遭遇している最中の荷崩れが、どれほど切り抜けることがむずかしい悪夢かよく知っていた。

元船長は、結局操舵手は船をコントロールする力を失ったと話してくれた。船の積荷は次々と荷崩れし、船は右に急旋回した。そして、大きな波が舷側にぶち当たると船は転覆した。幸いにも、船員たちは二日後、そこを通りかかった貨物船に救助された。この教官は最後にこう言った。「港を出る前に必ず、積荷がしっかり固定されているか確かめるんだ。一つでもきちんと固定されていなかったら、きみたちを金持ちにしてくれるはずの積荷に命を奪われるかもしれない」積荷がしっかり固定されていることを確認するために固定状況をチェックする方法を学ぶなどというのは、普通ならば退屈な授業だったが、学生たちは、この時ばかりは最大の注意を払って耳を傾けた。

次に株式市場の大暴落が訪れた時、自分の方舟の貨物室の積荷がしっかり固定されていなかったことに気付く人がたくさん出てくるだろう。二〇〇〇年三月と同様に、彼らの資産の多くが突然負債に変わる。彼らのうち多くは、この金融の嵐に対処できない。それは、彼らは投資はしていても投資家ではないからだ。大暴落が訪れた時、真の投資家たちは舵の前に立ち、資産の欄から収入の欄へのキャッシュフローを保つためにせっせと働いているだろう。一方、投資はしていても投資家になれなかった多くの人たちは、気が付いたら自分たちの小さな方舟は転覆し、海に投げ出されて、政府や慈善団体の救助の手を待ちわびていることに

⑫資産からの収入がなければ何か問題が起こるかもしれない

職　業

プレーヤー

目標：総支出を上回る不労所得を得て、ラットレースを抜けてファーストトラックへ移ること。

損益計算書

収　入

項　目	キャッシュフロー
給料：	
利息：	
配当：	
資産からの収入	$0
不動産：	
ビジネス：	

監査役

（あなたの右隣の人）

不労所得＝

（利息＋配当＋不動産＋ビジネスからのキャッシュフロー）

総収入：

支　出

税金：

住宅ローン：

教育ローンの支払：

自動車ローンの支払：

クレジットカードの支払：

小売店への支払：

その他の支出：

育児費：

銀行ローンの支払：

子どもの数：

（0からスタート）

子ども一人あたりの育児費：

総支出：

毎月のキャッシュフロー：

（ペイチェック）

貸借対照表

資　産

貯蓄：

株／投資信託／譲渡性預金：　株数　一株あたりの価格

不動産：　頭金　価格

愚か者の金

引退プラン

株式

債券

光り物

ビジネス：　頭金　価格

負　債

住宅ローン：

教育ローン：

自動車ローン：

クレジットカード：

小売店のつけ：

不動産ローン：

負債（ビジネス）：

銀行ローン：

なる。

●あなたの引退プランに入っているのは資産か負債か?

財務諸表がお金に関する道具としてこれほど大事な理由は、銀行の人や船の船長が、あなたの方舟に乗っている積荷が本物の金か黄鉄鉱かをすばやく見分けるための手段となるからだ。金持ち父さんシリーズの第四弾『金持ち父さんの子供はみんな天才』の「はじめに」は、「銀行があなたに『成績表を見せろ』と言わない理由」という見出しがついている。銀行が成績表を見せろと言ったり、全科目の成績の平均がどれくらいか聞いたり、卒業した大学の名前を聞いたりしない理由は、学業における成功や職業上の成功が、お金の面での成功にほとんど関係ないからだ。

これは、よい船だと評判の高かった「エンロン号」の乗組員たちの例を見ればよくわかる。あのスキャンダルのあと、MBA(経営管理学修士号)やCPA(公認会計士)、JD(法学部博士号)といった博士号を持った従業員が、ハイスクールも出ていない従業員と一緒に海に投げ出され、必死で泳ぐことになった。残念なことに、これからほんの数年後には、高い教育を受けた何百万という人が、エンロンの従業員と一緒に救いの手を待ちながら命がけで泳ぎ回っていることだろう。

自分自身の方舟の船長になりたいと思っている人にとって一番大事なコントロールの力は、自分自身、自分の財務諸表、自分の船の積荷——それをどう積み込むか、だれに安全確認をさせるか——をコントロールする力だ。財務諸表はあなたの方舟の貨物室だと言っていい。お金の世界では大きな嵐が定期的にやって来るが、それが訪れた時、人々は自分の持っているポルシェ、フェラーリ、ロレックスの時計、家、投資信託、株式、不動産などの価値が突然に変わったことを知る。つまり積荷が左舷の側(資産)から右舷の側(負債)へと一瞬にして移動する。この嵐はいつか必ずやってくるが、そうなった時、人々は自分が「純資産」と思っていたものが実際にはどれほど資産価値がなかったか、思い知らされるだろう。だから、ここでぜひ言っておきたい。光り物が好きな人は船の船長になるべきではない。船長になるためには、本当の金よりも光り物に魅力を感じがちな、自分の中にいる愚か者をコントロールしなければならない。自分の船の船長になるためには、自分自身をコントロールすることが必要だ。それは、損益計算書と貸借対照表をコントロールすることを意味する。積荷のあるなしにかかわらず、財務諸表が自分の方舟の貨物室だということをいつも忘れないようにしよう。

「金持ちになりたかったら、資産と負債の違いを知らなくてはいけない」金持ち父さんはマイクと私に繰り返しそう言った。私たち二人にファイナンシャル教育を施すために金持ち父さんがあれほど長い時間を費やしたのは、しっかりしたファイナンシャル教育がないと資産と負債の違いを見分けることができないからだ。方舟を造る際、大切な基本の一つは、資産と負債の違いを知ることだ。

●会計についての本

二〇〇二年一月、私はアリゾナ州フェニックスで、ビジネス界の名士の少人数の集まりで話をするように頼まれた。私の話が終わると、大きな地方銀行の上席副社長が近づいてきてこう聞いた。「あなたが書いた『金持ち父さん　貧乏父さん』は三十五の言語に訳され、これまでに全世界で千百万部売れていると聞きましたが、それは本当ですか?」

私はうなずきながら答えた。「ええ。売上部数はまだ伸び続けていて、何年にもわたってニューヨーク・タイムズ、ウォールストリート・ジャーナルなどのベストセラーリストに入っています。読まれましたか?」

「いいえ」その男の人は愛想よくそう答えた。「どんな本か教えてもらえますか?」

「会計についての本です」私はにこりとして答えた。

「な、何ですって?」その銀行家はびっくりして口ごもった。「会計についての本が世界的ベストセラーになるなんて、ありえません。そんなのおかしいですよ。私は会計学の学位を持っていますが、会計はベストセラーのテーマには決してなりません」

私はそれからしばらく、貧乏父さんと金持ち父さんについてその人に話して聞かせた。そして、貧乏父さんが言葉のリテラシー（言葉を読み書きする能力）を、金持ち父さんがファイナンシャル・リテラシー（お金に関する読み書き能力）を大事に思っていたことなどを説明した。本の背景の説明のあと、私はこう聞いた。「あなたの銀行の顧客のうちファイナンシャル・リテラシーを身につけている人は何人いますか?」

銀行家は頭を横に振り、にこりとして言った。「顧客のうち何人かはとても高いファイナンシャル・リテラシーを持っていますよ。顧客の中でも特にお金のある人たちの多くは、お金に関してよく知っています。でも、大部分の顧客は財務諸表が何かも知りませんし、会計についてなどそれ以上に知りません。そういう人たちの多くは、たくさんのお金を儲けてはいますが、そのお金で何をどうしたらいいかわかっていません。だからお金を貯金しているわけですから、私にとっては好都合ですけれどね。ですから、あなたのおっしゃる通りです。私が仕事で出会う人の大部分はファイナンシャル・リテラシーを持っていません」

『金持ち父さん　貧乏父さん』を読んだことのある人は、会計の基礎、つまり損益計算書と貸借対照表がどんなに金持ち父さんにとって大事な意味を持っていたか、もう知っていると思う。金持ち父さんはよくこう言った。「損益計算書と貸借対照表がなかったら、資産と負債の違いを本当に知ることはできない」あの本で大きな反論を受けたのは、持ち家が資産ではないという考え方だった。たいていの場合、持ち家は負債だ。そう書かれた箇所を読んだところであの本を閉じ、その先を読まなかった人もいた。金持ち父さんは自分が住む家を買うなとは言わなかった。それどころか、自分の家を持つことを奨励していたくらいだ。金持ち父さんが一番言いたかったのは、資産と負債の違いを知ることだ。つまり、資産と思って負債を買ったという、ただそれだけの理由で経済的に苦しんでいる人がたくさんいると言いたかったのだ。

「で、一体なぜ会計についての本がこれほどたくさんの人に読まれているんですか?」銀行家がそう聞いた。

私はにこにこしながら言った。「そうですね……あれはただの会計についての本ではありません。個人的な説明責任《アカウンタビリティー》についての本でもあるんです」

「個人的な説明責任？」銀行家はそう聞き返した。「なぜ個人的な説明責任なんですか？」

「まず第一に、会計を理解することによって、自分の経済状態と将来をコントロールする力を持つことができます。自分でビジネスをやることができ、人に頼んで投資をしてもらう必要もなくなります。第二に、個人的な説明責任は、私に対して他人が嘘をつくのを許さないことを意味します」

「あなたに対して嘘をつく？　その嘘というのはどういう意味ですか？」

「エンロンのケースを思い出してください」

「ああ、なるほど。わかりました」銀行家はにやりとした。

●本当の金と愚か者の金の見分け方

アメリカで一番金持ちの投資家ウォーレン・バフェットは、会計を理解することは一種の自己防衛手段だと信じている。そして、次のように言っている。

「経営者たちが会社の実情をあなた方に知らせたいと思ったら、それは会計の規則の範囲内でできる。だが、残念なことに、彼らが適当にごまかしたいと思った時も、少なくともいくつかの業種においては、それも会計の規則の範囲内でできる。その違いを見抜くことができないなら、株式選びに首を突っ込むべきではない」

エンロンのスキャンダルが公になった時いろいろな疑問が起こったが、そのうちの一つは、仮会計とは何かということだった。これは大騒ぎが起きた時にエンロンが使っていた会計処理の方法の一つだ。金持ち父さんに説明させたら、きっとこう言っただろう。「仮会計とは『昔々あるところに……』、あるいは『すべてが完璧な世界においては……』、『すべてがプラン通りに進めば……』といった言葉で始めるべき会計報告だ」

一九九九年、株式市場がピークに差し掛かっていた頃、私はある学校に招かれ、ファイナンシャル・リテラシーを若者に教える重要性について話をした。私の話を聞いて一人の教師が手を挙げ、自慢げにこう言った。「本校ではファイナンシャル・リテラシーを教えています。子供たちに株式の選び方を教えているんです」

「まず年次報告書や財務諸表の読み方を教えていますか?」私はそう聞いた。

「いいえ。市場を分析するアナリストが出した報告書を読ませているだけです。アナリストが『売れ』と勧めていたら私たちはその株を売り、『買え』と勧めていたら買います」

私は相手の気分を悪くするようなことは言いたくなかったので、ただ微笑み、うなずきながら「結果はどうですか?」と聞いた。

教師は誇らしげに顔を輝かせて答えた。「平均するとポートフォリオは二十パーセント以上増えています」

私はにこりとして、子供たちに教えてくれていることに対し感謝の言葉を述べた。でも、「何を」教えてくれたことに対してかはあえて言わなかった。この教師の教育が子供たちをどんな人間にするか、私には心配だったが、それを指摘したくはなかった。

エンロンのスキャンダルが公になる直前、十七人の市場アナリストのうち十六人までがエンロンの株を買うように勧めていた。

ウォーレン・バフェットの「もしその違いを見抜くことができなければ、株式選びに首を突っ込むべきではない」という言葉は、ファイナンシャル・リテラシーを身につけていなければ、株式を選んだりしてはいけないということを意味している。金持ち父さんはよくこう言っていた。「会社の財務諸表の読み方も知らずに株式を選ぶのはギャンブルで、株式選びではない」金持ち父さんにとってエリサ法は、何百万という人に、投資家ではなくギャンブラーになることを強制する法律だった——将来の経済的安定を賭けるギャンブラーだ。引退後の生活を支える方舟に金を積み込む代わりに、人々は一生だまされ続け、黄鉄鉱を積み込む。ファイナンシャル・リテラシーが世界中で不足していることが、エンロンやアーサー・アンダーセンのスキャンダルなどをはるかに超えた大きな問題だという理由はここにある。

●説明責任の大切さ

『金持ち父さん　貧乏父さん』は確かに会計についての本だが、それと同時に、説明責任についての本でもある。エンロン、ワールドコム、ゼロックスといった会社の会計に関わる問題が次々に表面化している今、会計の基礎だけでなく、説明責任の基礎もおざなりにされていることがよくわかる。

エンロンは負債のオフバランス化という会計処理をしていた。つまり、貸借対照表にすべての負債を正しく計上しなかった。これはクレジットカードの未払い金を全額貸借対照表の負債の欄に含めるのをいやがる個人と同じようなものだ。会計的に正しくないばかりか、説明責任もきちんと果たしていない。

ワールドコムの破綻に関しては、金持ち父さんの資産の定義と昔ながらの銀行の定義とを比較して考える必要がある。金持ち父さんは、ポケットにお金を入れてくれるのが資産だと言っていた。支出が資産勘定に計上され（資産の欄に移され）、減価償却として何回かに分けて償却された（少しずつ経費として落とされた）場合、それは確かに資産を増やし、支出を減らす。ここで、金持ち父さんが資産はポケットにお金を入れてくれるものでなければならないと言っていたことを思い出そう。支出を資産に変えても、ポケットにはお金は入ってこない。

熟練したアナリストなら、ワールドコムの会計上の欠陥に気付いて当然だった。ワールドコムのスキャンダルは史上最高の四百億ドルにのぼる会計詐欺になりそうだし、今も不正行為の訴えがあとを絶たない。キャッシュフロー計算書を詳しく調べていれば、支出を資産に振替えるというこのきわどい操作は、もっと早く明らかになっていただろう。この操作の最終的な目的は、支出を減らすことによって利益を増やし、資産も——実際には会社からお金が出ていたにもかかわらず！——増やすことにあった（図⑬）。

多くのアナリストや会計士が、発生主義の会計処理を信用しすぎている。これは損益計算書と貸借対照表に反映されるが、ワールドコムはそれを利用し、利益と資産を実際以上に膨らませていた。ウォーレン・バフェットは、二〇〇一年のバークシャー・ハサウェイの年次報告書の中でこう言っている。「会社、あるいは投資の専門家たちが『ＥＢＩＴＤＡ（利払い前・税引き前・減価償却前利益）』とか『仮の』といった言葉を使う時、彼らはあなたに、危険なまでに欠陥のある概念を何も考えずに受け入れさせたいと思っている。（『仮に』というのが通用するなら、私のゴルフのスコアはたいていアンダーパーだ。私はパットのやり方を変えるしっかりした『構造改革計画』を持っているから、グリーンに達するまでの打数だけを数えればいいのだから……。）」同じ報告書でバフェットは次のように続けている。「ＥＢＩＴＤＡが本当の収益と等しいと頭から信じている人たちは、勝手にそのつけを払えばいい」

実際、キャッシュフロー計算書は財務報告書作成の際、最後の段階で作られるのが普通だ。どうやら会計士たちにとっては、すでにわかっている二つの数字、つまり期首残高と期末残高から手をつけ、それ以外の部分は、この二つの数字の違いを説明するために、ああでもないこうでもないと組み合わせるジグソーパズルのようなものらしい。キャッシュフロー計算書をもっと時間をかけて分析していれば、今「アメリカ株式会社」で問題になっている会計上の不正行為の多くは未然に防げたのではないだろうか？

「この会社はいい投資対象だろうか？」その答えはすべての財務諸表——貸借対照表、損益計算書、そして、特にキャッシュフロー計算書——を隅から隅まで検討することによって得られる。投資をする際には、キャッシュフローがどちらの方向に流れているか、つまり流れ込んでいるか、流れ出ているかを確かめよう。役員たちが説明責任をきちんと果たしている証拠になる手がかりを探すことだ。キャッシュフローはそのためのいい出発点だ。だが、財務諸表のどんな数字も、それ一つだけでは決してその会社が生き残れるかどうかを教えてはくれない。

アラン・グリーンスパンの次のような言葉を心に留めておこう。

「多くの調査・研究が、ファイナンシャル・リテラシーの絶対的必要性を指摘している。ファイナンシャル・リテラシーの不足は何百万というアメリカ人を悪徳取引の危険にさらす」

「情報を持った上で借金をする人は、単純に言って、詐欺にあったりつけいられたりする可能性が少ない」

「学校は初等および中等教育課程でお金に関する基本的概念を教えるべきだ」

「ファイナンシャル・リテラシーを向上させれば、克服するのに何年もかかるような、お粗末な金銭的決定を若い人たちが下すのを防ぐのに役立つだろう」

グリーンスパンのスピーチをテレビで見ていて私が最も感銘を受けたのは、彼がアメリカ国民に「進化の必要がある」と強調したことだった。今日すべての人が直面している複雑な金銭的状況を考えると、彼の言

⑬支出を資産に振り替える

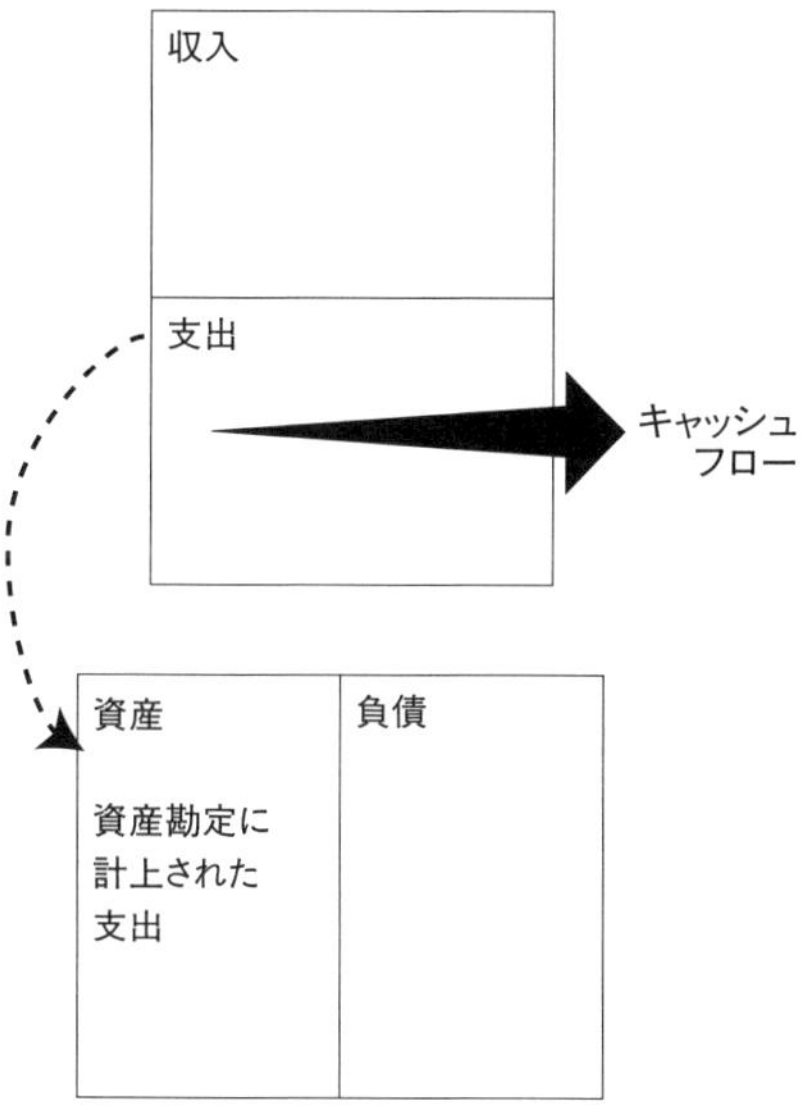

う進化にはファイナンシャル・リテラシーが不可欠だ。

グリーンスパンがスピーチをした上院銀行委員会の席上で、財務省長官ポール・オニールはこう言っている。「充分な知識を持った上で投資に関する決定をするためには、基本的な概念について読んだり、書いたり、話したりできる必要がある」彼はそれに続けて、「確定給付型の年金プランを提供する会社の数が減少し、労働者が自分で投資に関する決定を下さなければならないプランが増えてきている今、ファイナンシャル・リテラシーはこれまで以上に重要になっている」と言っている。これらのスピーチは二〇〇二年のものだが、この二人の卓越した人物の言っていることは、二十年前に金持ち父さんが言っていたことと、とてもよく似ている。少なくとも彼らの持っている懸念は同じだ。

●資産と負債の違いを理解する

『金持ち父さん　貧乏父さん』の中で、私が九歳の時、金持ち父さんからファイナンシャル・リテラシー教育を受け始めた話をした。実際のところ、あの本がよく売れた理由の一つは、最初から最後まで、九歳の子供でもわかる範囲を超えていないからだと思う。

まだあの本を読んでいない人のために、これから要点の一部をざっと紹介するが、これまでに取り上げなかったいくつかの大切な情報も付け加えるつもりなので、読んだことのある人も目を通して欲しい。


何年も前、金持ち父さんは図⑭のような簡単な図を描いて私に見せ、このような収支報告書は損益計算書とも呼ばれると教えてくれた。

それから金持ち父さんは図⑮のような図を描き、こういう形の会計報告書は貸借対照表《バランスシート》と呼ばれると教えてくれた。そう呼ばれる理由は、左右のバランスがとれている、つまり帳尻が合っていることが前提となっているからだ。別の言葉で言うなら、資産と負債が一致していなければならないということだ。そう説明したあと金持ち父さんはこう言った。「会計に関してたいていの人が混乱し始めるのは、ここなんだ」

貧乏父さんは持ち家は資産だと心から信じていた。一方、金持ち父さんはよくこう言っていた。「もしきみのお父さんにファイナンシャル・リテラシーがあったら、持ち家が資産ではなく負債だとわかるんだがね」

金持ち父さんの説明によると、持ち家を資産と呼ぶ人がこれほどたくさんいるのは、それが資産の欄に入れられているという単純な理由からだ。つまり、会計士や銀行員までもが、資産の欄にあるからというだけの理由であなたの持ち家を資産と呼ぶ。

例えば、持ち家を十万ドルで買ったとしよう。頭金として二万ドル払い、八万ドルのローンを借りたとすると、貸借対照表は図⑯のようになる。

資産と負債の差が純資産で、この場合は頭金の二万ドルがそれにあたる。これで貸借対照表の帳尻は合い、会計士も、持ち家を手に入れた人も大喜びというわけだ。

会計処理上たいていの人が知りたいと思っているのはこれだけだ。ほとんどの人が、自分が知る必要があるのもこれですべてだと信じている。多くの人は持ち家を買うと感情的に大きな満足を得たり、誇らしさを

⑭損益計算書は収支を報告するもの

⑮貸借対照表は左右のバランスがとれている

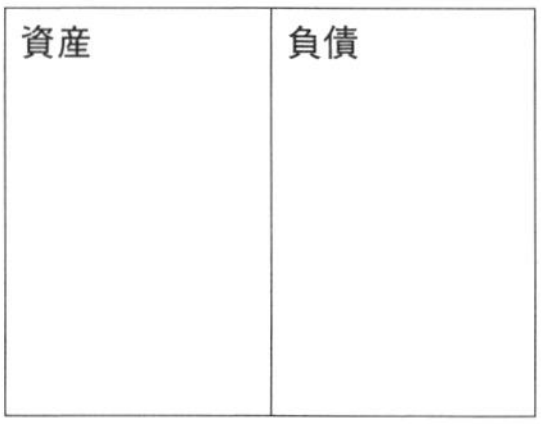

感じたり、正しいことをしている気分になったりする。その理由は、わが家と呼べる家を買ったから、そして、それを資産だと信じているからだ。資産という言葉は負債という言葉より聞こえがいい。

息子のマイクと私に、ビジネスオーナーと投資家になるための教育を施す中で、金持ち父さんはよくこう言った。「金持ちになりたかったら、会計について、普通の人が知っている以上のことを知る必要がある」金持ち父さんは私たちが九歳の時にファイナンシャル教育を開始し、その後、たいていの大人が持っているファイナンシャル教育をはるかに超えるところまでそのレベルを上げてくれたが、そのために金持ち父さんが使ったのはとても簡単な言葉だった。

金持ち父さんはこう言った。「貸借対照表を見ただけでは資産と負債の違いを見分けるのは不可能だ。その違いを知るには、損益計算書も持っていなければいけない。損益計算書と貸借対照表の両方がなければ、資産と負債の違いを見分けるのは不可能だ」

自分の言いたいことをはっきりさせるために、金持ち父さんは図⑰を描いてマイクと私に見せた。『金持ち父さん　貧乏父さん』は二人の父親と二人の息子をめぐる話であると同時に、実は損益計算書と貸借対照表の関係についての本でもある。この関係を理解していないと、だまされるのは簡単だ。

●一番大切な教え

「ビジネスで一番大事な言葉はキャッシュフローだ」金持ち父さんは、金持ちが金持ちなのはキャッシュフローをコントロールすることができるからで、貧乏な人が貧乏なのはそれができないからだと説明した。「人が発達させるべき人生の技術《ライフ・スキル》のうち最も重要なものの一つは、キャッシュフローをコントロールする力を手に入れる方法を学ぶことだ。たいていのお金の問題は、キャッシュフローをコントロールする力がその人にないことから生じる」これは、九歳の少年だった私が学んだ教えの中で、最も大切な教えの一つだった。

アラン・グリーンスパンの言葉をもう一度思い出そう。「ファイナンシャル・リテラシーを向上させれば、克服するのに何年もかかるような、お粗末な金銭的決定を若い人たちが下すのを防ぐのに役立つだろう」「人が発達させるべき人生の技術《ライフ・スキル》のうち最も大事なものの一つは、キャッシュフローをコントロールする力を手に入れる方法を学ぶことだ」という金持ち父さんの教えは、アラン・グリーンスパンの言葉と重なる。USAトゥデイ紙のマネー欄に掲載された、五十八歳のエンロンの従業員の写真は、自分のキャッシュフローの流れをコントロールする力が自分にほとんどないことに年をとってから気が付いた人間の姿だった。そう考えると、アラン・グリーンスパンの「克服するのに何年もかかるようなお粗末な金銭的決定」という言葉が特に予言的に思える。

二〇〇〇年三月、アメリカで働く何百万という従業員が、自分の年金プランから出ていくキャッシュフローを自分ではまったくコントロールできないことに気が付いた。つまり、資産だと信じ込まされてきた年金資金から出て行くキャッシュフローをコントロールできない。金持ち父さんや私に言わせれば、これこそが新しいDC年金プランの最大の欠陥だ。労働者は「増えるように……」と願いつつお金をそこに注ぎ込む。だが、実際は話がちょっと違う。今、労働者たちは、そのお金が株式や債券、投資信託に換えられてしまう

⑯貸借対照表だけでは負債か資産かわからない

資産 100,000ドル
負債 80,000ドル 純資産 20,000ドル

⑰資産と負債を見分けるには損益計算書と貸借対照表が必要

収入
支出

資産	負債

と、そのあとは自分でキャッシュフローをほとんどコントロールできないことに気付き始めている。私が九歳の時に学んだ金持ち父さんの大切な教えをもう一度思い出して欲しい。「人が発達させるべき人生の技術《ライフ・スキル》のうち最も大事なものの一つは、キャッシュフローをコントロールする力を手に入れる方法を学ぶことだ。たいていのお金の問題は、キャッシュフローをコントロールする力がその人にないことから生じる」私が成長するにつれ、キャッシュフローをコントロールする力の必要性は少なくなるどころか、どんどん大きくなった。

キムと私が早い時期に引退できたのは、自分たちのキャッシュフローの方向をコントロールする力を持っていたからだ。株式市場が上がった時に儲けたのも、市場が暴落した時にそれ以上儲けたのも、そのおかげだ。二〇〇〇年三月の暴落のあと、たいていの人は何もせず、自分のお金がどぶに流れ込んでいくのをただ黙って見ていたが、私たちはそんなふうにはしない。

私はあの銀行家に『金持ち父さん　貧乏父さん』は会計と説明責任についての本だと言ったが、二つの言葉のうち、より大切なのは説明責任の方だと思っている。エンロンのスキャンダルから生まれた疑問はこうだ——自分のお金について詳細を報告する説明責任をとる方法を学んだことがなく、引退後に備えて貯めたお金の流れの方向をコントロールする力も持っていないとしたら、労働者たちは一体どうやって自分で責任を持って人生を生きることができるのだろうか？　今、世界中で何百万（大げさではなく、文字通り何百万、何千万）という人が、会計や説明責任について学んだことがなく、引退に備えて貯めたお金のキャッシュフローの流れを自分ではほとんどコントロールできないこと、つまり年をとってからの自分の人生をコントロールできないことを知らずにいるというただそれだけの理由で、金銭的に非常に危険な状態にある。

●資産か負債かはキャッシュフローによって決まる

簡単だが大切な金持ち父さんの教えはこう続く。「あるものが資産か負債かを決めるのは、お金の流れの方向だ」

金持ち父さんは図を使って話を続けた。「資産は収入の欄にお金を流し込む（図⑱）。一方、負債からのお金はまず支出の欄に流れ込み、次にそこから出て行く（図⑲）」

ここでも前と同じように、大事なのは損益計算書と貸借対照表の関係だ。この二つの間のキャッシュフローが、あるものが資産か負債かを教えてくれる。金持ち父さんはこれを説明するのにもっと簡単な言葉を使い、「もしきみが働くのをやめたら、資産はきみのポケットにお金を入れてくれるが、負債はきみのポケットからお金を取っていく」とよく言っていた。また、もっとわかりやすいたとえを使って、「働くのをやめたら、資産はきみを食べさせてくれるが、負債はきみを食いつぶす」とも言っていた。二〇〇〇年三月の暴落のあと、エンロンの従業員だけでなく、大勢のアメリカ人が方舟、つまり年金プランが自分を食いつぶしていることに気が付いた。それも、ただキャッシュフローの方向を自分でコントロールできないというだけの理由で……。

負債はあなたのポケットからお金を取る。つまり、中産階級の夢の「持ち家」は、多くの場合資産ではなく負債だということだ。同じ住宅でもそれを他人に貸し、費用の合計より多い家賃が入ってくれば、その家

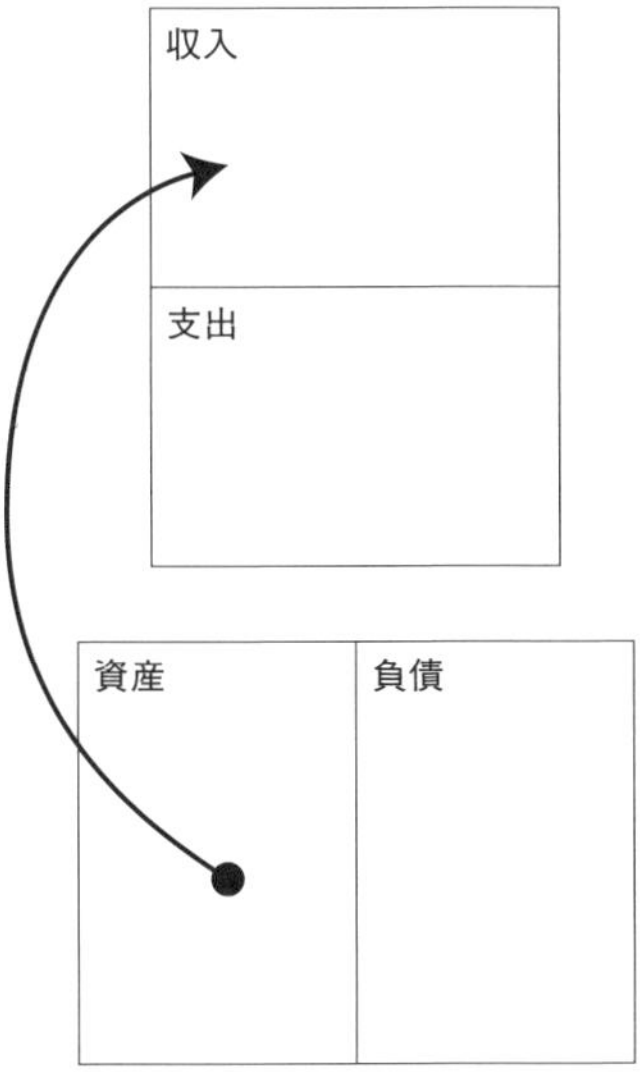

⑱資産から収入の欄にお金が流れ込む

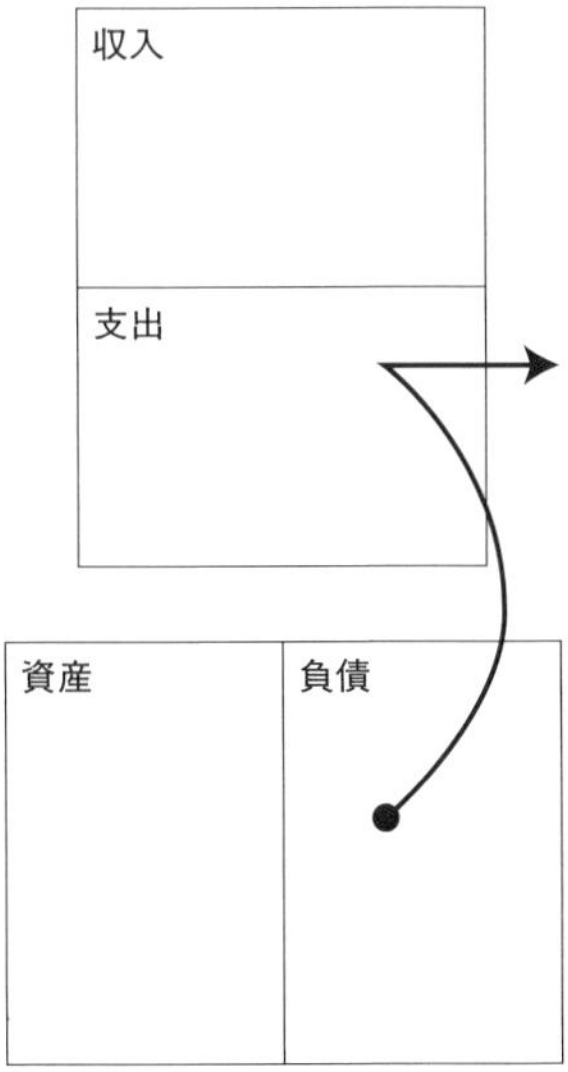

⑲負債から支出の欄を通ってお金が流れ出す

は負債の欄から資産の欄に移動する。

●自宅用の家も賃貸不動産になる

私はまだ幼い頃に、一つの家が資産にも負債にもなり得ることを教えられた。この単純な、ちょっとした教えが私の人生の方向を変えたと言ってもいい。なぜなら、この教えのおかげで、私はだまされずにすんだからだ。つまり、何も考えずに、持ち家が資産だと思い込むことにならなかった。あの教えを子供の頃に教えてもらっていなかったら、私も両親と同じように、「資産を買っている」と心から信じて、家や車、家具、テレビ、宝石などを買っていたに違いない。こういったものを買う時、私の父と母は、資産を買っていると本気で信じていた。ところが実際は、多くの人が信じていた文化的神話、中流以下の人たちの心に焼きついたお金に関する神話に踊らされていただけだった。

ここまで読んで、「住宅ローンがなかったら、つまりローンを完済していたらどうなるんだ?」「家の評価額が上がった分は?」「車は? あれは資産なのでは?」などと疑問を持った人もいると思う。

これらの疑問に対する答えは『金持ち父さん 貧乏父さん』をはじめとする金持ち父さんシリーズの書籍やテープの中でお話ししているが、ここで簡単に説明すると、先ほどの説明と同じで、それが資産か負債かを決めるのはキャッシュフローだということだ。つまり、借金がなくても家は負債になり得る。なぜなら、それが資産か負債かを決めるのは借金の有無ではなく、損益計算書と貸借対照表の間のキャッシュフローの方向だからだ(図⑳㉑)。

この本の目的は、持ち家が資産か負債かを論議することではない。ここで私が言いたいのは、資産を買ってこなかったために引退後の生活を危険にさらしている人が大勢いるということだ。彼らはせっせと負債を買い、引退後に備えた方舟に積み込んでいたのだ。今、引退に備えてお金を注ぎ込んできた退職勘定の報告書をながめて、一体あのお金はどこへ行ってしまったのだろう……と頭をひねっている人は多い。言い換えればならない。キャッシュフローはどこへ流れていったのかということだ。たいていの場合、それは外に流れ出してしまった。つまり、彼らが資産と思って投資していた対象は負債だったということだ。

●事実 vs 意見

多くの人が会計は事実をあつかうと思っている。これはある意味で正しい。だが、実際は、会計の大部分が事実ではなく意見に基づいている。私はこれまでに、ほかの本やテープ、CDなどで、金持ち父さんが私に教えてくれたことについて、いつかもっと詳しく、深いところまでお話しすると約束してきたが、ここでその約束を果たそうと思う。会計が事実ではなく意見に基づいているというのは、とても大事なことだ。ぜひしっかりと理解して欲しい。

金持ち父さんはいい会計士を見つける方法について次のような話をしてくれた。「会計士を面接する時、『一足す一はいくつですか?』と聞くんだ。相手が『二』と答えたら、その人を雇ってはいけない。頭のよさが足りないからだ。『三』と答えるのは頭が悪い証拠だから、これも雇ってはいけない。雇うのは『あなたは一足す一をいくつにしたいのですか?』と聞き返してきた人だ。そういう人こそがきみの会計士だ」

⑳家が負債になる場合のキャッシュフロー

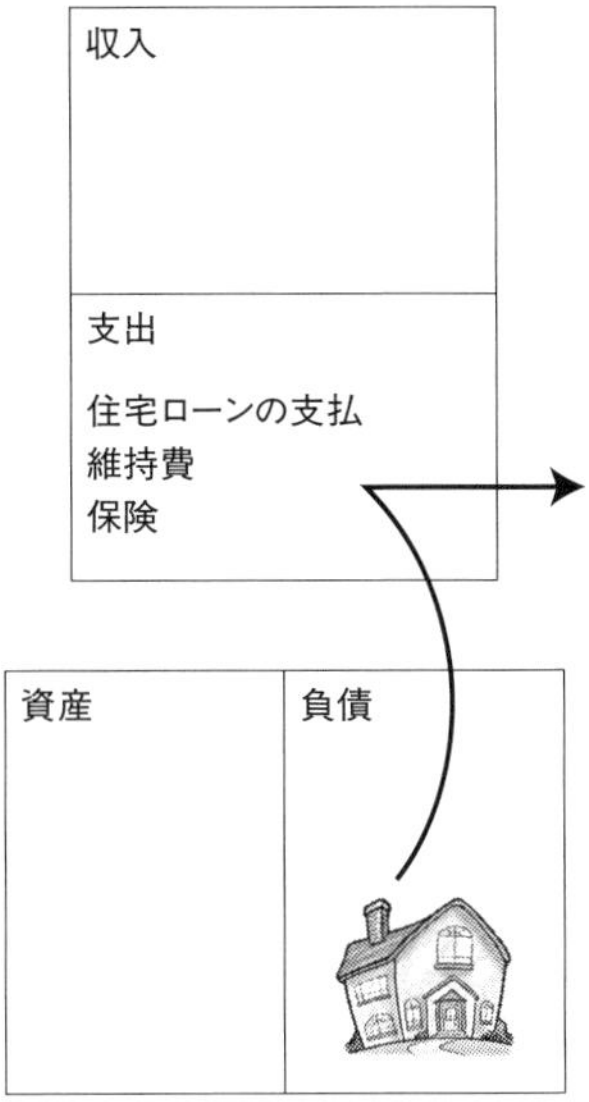

㉑家が資産になる場合のキャッシュフロー

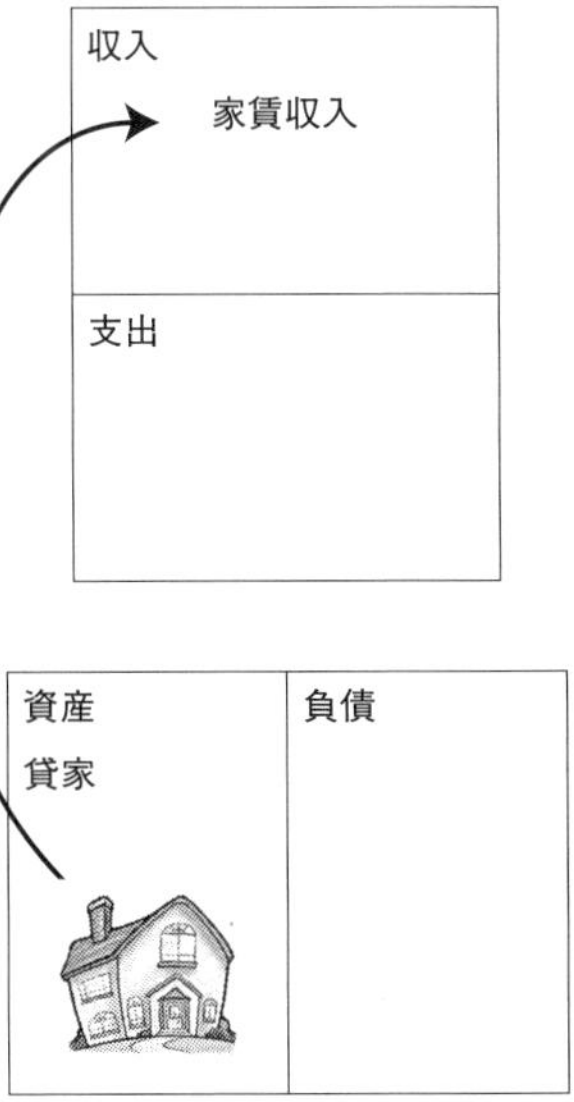

●あなたの退職勘定に入っているのは資産か負債か？

会計が主に事実ではなく意見に基づいているということの大事な点を説明するのに、私はよく次のような例を使う。

私が「あなたの退職勘定は資産ですか？」と聞くと、たいていの人はそうだと答える。何と言っても、そこには数十万ドルから数百万ドルのお金が入っているはずなのだから。年金制度の改革のあと、金持ち父さんは自分の会社に勤める従業員たちの401（k）を資産ではなく負債とみなすようになった。確かにそこには現金、株式、債券、投資信託などが入っていたが、それでも金持ち父さんにとっては負債であることに変わりはなかった。問題はだれが正しいかだ。

二〇〇二年二月、ゼネラルモーターズは、今期は利益を報告できると大喜びで発表した。二〇〇一年の厳しい経済情勢を思えば、それは確かに喜ぶべきことだった。だが、それを聞いた専門家たちは、同社の抱える資金不足の負債、つまり従業員の年金プランについて指摘し始めた。あるテレビ局でやっていた討論番組では、解説者の一人が数十億ドルに相当するゼネラルモーターズの年金プランを資産と呼び、別の解説者は、同じ数十億ドルを重大な負債と呼んでいた。ここでも先ほどの家の例と同じだ。二人の専門家は同じ数十億ドルについて話をしていたが、一人はそれを資産と呼び、もう一人は負債と呼んでいた。ここで私が言いたいのは、会計で問題となるのが事実よりもむしろ意見である場合の方が多いということだ。

私がほんの子供の時に始まった金持ち父さんのファイナンシャル教育の大きな目的の一つは、私たちを「批判的」にものを考えられる人間にすることだった。批判的という言葉を使ったのは、今の私の話を聞いて、批判的ではなく冷笑的になっている読者がいるかもしれないと思ったからだ。中にはこんなふうに言う人もいるかもしれない。「何を言っているんだ。どう見たって百万ドルは資産じゃないか……」そういうことを言う人は、純粋に批判的な見方をするのではなく、冷笑的になっている。「批判的」と「冷笑的」では大違いだ。

ここでウォーレン・バフェットの言葉をもう一度思い出そう。「経営者たちがビジネスの現状をあなた方に知らせたいと思ったら、それは会計の規則の範囲内でできる。だが、残念なことに、彼らが適当にごまかしたいと思った時も、少なくともいくつかの業種においては、それも会計の規則の範囲内ですることができる。その違いを見抜くことができないなら、株式選びに首を突っ込むべきではない」

ウォーレン・バフェットは人々に、「冷笑的」ではなく、「批判的」にものを考えるように忠告している。彼が言っているのは、もしあなたがより細かい違いを頭で見分けることができなければ、簡単にだまされる可能性があるということだ。

何百万もの人がDC年金プランは資産だと信じている。だが、ほかの人から見れば、その同じ年金プランが負債になり得る。金持ち父さんの考え方で大事なのは、より洗練された投資家になるためには、その両方の見方をする必要があるということだ。両方の見方ができなければ、バフェットが言っているように「株式選びに首を突っ込むべきではない」。

●資産は負債

金持ち父さんが息子のマイクと私に教えてくれたことの中で、もう一つとても大事なことがある。それは、すべての資産が負債になり得るということだ。金持ち父さんはこう言った。「すべての資産は一瞬にして負債に変わる可能性を持っている。だから資産を買う時には注意しなければいけないし、買ったあとはもっと注意しなければいけない」

二〇〇〇年三月以前に大勢の人が買ったのは、技術的には確かに資産と呼べるものだったかもしれない。だが、その同じ「資産」が、二〇〇〇年三月を過ぎるとあっと言う間に負債に変わった。今、これほどたくさんの人が引退後の生活に不安を感じているのは、退職勘定に資産を持っているという認識から、本当は負債を買っていたのだという事実への急激な変化のせいにほかならない。

今、何百万という人が、何が本当の資産で、何が本当の負債か知りたがっている。彼らの疑問への答えはこうだ。「すべての資産は負債でもある」だから、金持ちのための方舟を造りたかったら、アラン・グリーンスパンやウォーレン・バフェット、財務省長官ポール・オニール、そして金持ち父さんといった人たちのアドバイスに従う必要がある。つまり、ファイナンシャル・リテラシーを身につけなければいけない。ファイナンシャル・リテラシーは金持ちのための方舟を造るのに不可欠だ。それを身につけていないと、本物の金ではなく愚か者の金を、何年もかけてせっせと方舟に積み込むことになるかもしれない。

●嵐に備えるのは今

この本を書いている今は二〇〇二年の春だ。ベビーブーマーたち(アメリカでは一般に一九四六年から一九六四年までに生まれた世代を指す)、つまり、移民を含めると約八千三百万人、移民を含めなくても約七千五百万人の集団のニーズを考えると、彼らの引退が近づいた時、株式市場にもう一度好景気がやってくるのは確実だ。

ベビーブーマーの多くはDC年金プランを通して株式市場に参入することを再び余儀なくされる。「いくらかでも経済的な安全が保証される最後のチャンスかもしれない」と思って参入してきた彼らが、大暴落の前のにわか景気を引き起こす。

私たちはみんな、方舟に荷物を積み込むのに二〇一二年頃までの猶予が与えられている。もちろん積み込まなければいけないのは、嵐で荷崩れして負債に変わってしまう「悪い資産」ではなく、「いい資産」だ。二〇一二年までといえば、あと十年しかない! もちろん、大暴落は今夜にも、あるいは明日にも起こる可能性がある。あるいは、特別なことがなければ、二〇一六年まで起こらないかもしれない。だが、いつか起こるのは確かだ。その理由は簡単だ。自分の方舟をコントロールする力を持っていなかったり、方舟で荒波を乗り切るだけのファイナンシャル教育を受けていないベビーブーマーやその親たちの数が膨大だからだ。

この本は、大暴落がいつ起こるか、正確な時期を「予言する」ことを目的に書かれたのではない。それに対して「準備する」ことの方が大事だ。ありがたいことに、準備するための時間はすべての人間に与えられている。これから先の各章末の「方舟を造ろう」では、私たちを待ち受けるパーフェクト・ストーム、つまり、桁外れの好景気と暴落を引き起こすと予測される激しい嵐へ備えるための行動の指針を紹介していくつもりだ。

金持ち父さんの言葉をいつも思い出して欲しい。「もし金持ちになりたかったら、たくさんのお金を投資する前に、たくさんの時間を投資しよう」

●方舟を造ろう

1. 財務諸表を見直そう。資産としてリストアップされている項目を一つずつ分析し、それぞれについて次の問いに答えよう。

それはあなたのポケットにお金を入れてくれるか?

はい　　いいえ

2. あなたのポケットにお金を入れてくれない項目は、見かけだけの黄鉄鉱だとわかるように印をつけておこう。

3. 資産からの収入はどれくらいあるか? （これはあなたのお金（資産）があなたのために働いているかを知るための質問だ。）

4．今はあなたのために働いていないが、いずれキャッシュフローを生む資産に変えられそうな資産を持っているか？

●方舟を造るのに役に立つ教材

自分の方舟とその積荷をコントロールする力を強める方法を学ぶことに興味のある人のために、その学習の助けとなる教材を次に紹介しておくので参考にしてもらいたい。

1．“The Retirement Myth”（引退の神話）クレイグ・S・カーペル著　ハーパーコリンズ社刊　初版一九九五年

カーペルはDC年金プランについて金持ち父さんと同じ懸念を持っている。この問題がどんなに深刻か、そして自分を守るために何ができるか詳しく知りたい人は、ぜひこの本を読んで欲しい。仕事による安全や年金プラン、社会保障、株式市場、住宅の価格、そのほかいろいろなことがなぜ近い将来危険材料となるか、その理由が詳しく説明されている。

2．“Your 1st Step to Financial Freedom”（経済的自由への第一歩）公認会計士ダイアン・ケネディとロバート・キヨサキが開発したオーディオ教材　ワークブック付き　richdad.comで購入可能

この章で取り上げたように、まず手に入れなければならないコントロール能力は、自分をコントロールする力だ。カセットテープとワークブックからなるこの学習プログラムは、これまでピカピカ光るだけの黄鉄鉱を買うのに多くのお金を費やしてきた人で、その状況を何とかしたいと思っている人のために作られたものだ。あなたの個人的な財政状態を適切な会計原理に従ってきちんと整理するのに役立つだけでなく、あなたにとって最大の支出である税金を減らすにはまずどうしたらよいかも教えてくれる。

財政状態をきちんと整理し、税金を減らす方法を学んだら、そこで初めて、あなたはより多くのお金をとっておき、そのお金と知恵を使って投資をするためのスタート地点に立つことができる。このプログラムはとてもシンプルなので、方舟を自分でコントロールしたいと願うすべての人が第一歩を踏み出すための理想的な教材だと思う。

3．ゲーム『キャッシュフロー101』

会計と投資の基礎を同時に教えるために私が一九九六年に開発したこのボードゲームは、ウェブサイトrichdad.comを通して注文できる。ゲームの名前からわかるように、このゲームは投資家になりたい人たちに、自分の資産からのキャッシュフローをコントロールする力を手に入れる方法を教えることを目的に作られている。決して単純なゲームとは言えないが、そのやり方を一度マスターするといろいろなことがわかってきて人生が変わるという感想を寄せてくれる人がたくさんいる。このゲームをやると、給料を資産に変え、その資産からのキャッシュフローを自分のポケットに戻す方法が学べる。一言で言うなら、これはあなたの人生を変えるパワフルなゲームだ。

4．ゲーム『キャッシュフロー・フォー・キッズ』

この教育用ゲームは、大人向けの『キャッシュフロー101』を子供向けに簡単にしたものだ（対象年齢は六歳から十二歳）。子供にこのゲームをやらせてみた親の多くが、大人用のものを始める前にこのゲームからやるのがいいと勧めている。

このゲームはちまたにあふれる黄鉄鉱の輝きにだまされずに、自分の方舟をコントロールする力を手に入れる方法を子供たちに教えるために作られた。つまり、自分の人生のＣＦＯ（最高財務責任者）になるチャンスを子供に与えるためのゲームだ。連邦準備制度理事会の議長アラン・グリーンスパンが言ったように、

「ファイナンシャル・リテラシーを向上させれば、克服するのに何年もかかるような、お粗末な金銭的決定を若い人たちが下すのを防ぐのに役立つだろう」。

●ウェブで学べる子供のためのファイナンシャル教育

私たちはウェブ上の学習カリキュラムを開発し、Rich Kid Smart Kid（リッチキッド・スマートキッド）と名付けた。これは世界中の学校に無料で提供されることになっている。richdad.com を運営する私たちは、情報時代に必要なファイナンシャル教育を世界中の子供たちに与えることが大切だと思っている。

前にも言ったように、政府は経済的な問題を先送りにしている。私たちは、この問題を解決する責任は国民とビジネス界にあると思っている。アラン・グリーンスパンが強調したように、アメリカが国民として進化すべきだとしたら、子供に対するファイナンシャル教育はとても重要な意味を持っている。

richdad.com を運営する私たち、そして私たちを支持してくれる人たちはだれもが、「問題」の一部になるのではなく、「解決」の一部になれることをとても喜んでいる。私たちの商品を買ってくれた人、ウェブサイトに参加してくれた人、またセミナーに参加してくれた人たちに、この場を借りてお礼の言葉を述べたい。世界の子供たちに私たちから「お返し」ができるのも、みなさんのサポートがあるからこそだ。

私たちの努力、事業、そして、「全人類の経済的な幸福度を高める」という使命を支持してくださっているみなさん、本当にありがとう。

●実例――セシリアの選択した道

Rich Dad Organization は学習する会社だ。私たちのゴールは、この会社で働くすべての人、そこに関わるチームの全員が経済的に自立することだ。だから、私たちは今でも一カ月に一度、オフィスを午前中で閉め、みんなでキャッシュフローゲームをやって一緒に学び続けている。

セシリアははじめ、二週間だけの臨時スタッフとしてRich Dad Organization（リッチダッド・オーガニゼーション）にやってきた。あれからもう四年たつが、今でも彼女は外注を請け負う形で私たちと一緒に働いている。セシリアはこう言う。「今、私はここで働く道を選んでいますが、それは、ここで受けられる貴重なファイナンシャル教育、金持ち父さんチームから得られる大きなサポートのためです」

セシリアとその夫のジョージは、自分の未来をコントロールする力をすでに手に入れている。自分たちの仕事から得られる収入のほかに、彼らは最近コインランドリーの店を一つ買い、来年はそれを三つに増やしたいと思っている。二人のゴールは、好きな時に好きなだけ働く自由を与えてくれる不労所得をコインランドリーのビジネスから得ることだ。

第十三章……

コントロールその2 自分の感情をコントロールする

ウォーレン・バフェットはよくこう言う。「自分の感情をコントロールできなければ、お金をコントロールすることはできない」

一九九〇年代の終わり頃、友人の妻が私にこう言った。「あなたは友人として私たちのことをよく知っているから、最近私たちがかなりのお金を儲けたことに気付いているでしょう? これまで持ったことのないほどたくさんのお金よ。でも、こうなると、それを全部なくしてしまうんじゃないかと心配でたまらないの」実際、二〇〇一年の終わりまでに彼らは儲けたお金のほとんどすべてを失った。「そうなるのでは……」と心配していたことが実際に起こった、つまり、お金を失うことに対する恐怖が、予言されたために実現する「自己実現的予言」になってしまったのだ。

金持ち父さんはこう言った。「お金は感情にかかわる問題だ。自分の感情をコントロールできなければ、感情がお金をコントロールする」また、こうも言っていた。「お金のこととなると、何でも怖がる金銭心気症に陥ってしまう人が多い」

私は五年生の時に、コロンブスやマゼラン、コルテス、クックといった偉大な海洋探検家たちについて書かれた本を読み始めた。のちに、ニューヨーク州キングス・ポイントにある合衆国商船アカデミーに通うことになったのは、そういった本のおかげだと思う。この学校を卒業したあと、私は海兵隊に入隊したが、海に対する私の愛情は今も変わらない。

●捕鯨船エセックス号の悲劇が教えるもの

最近、私は、船上での出来事を描いた本を読んだが、それはこれまで読んだ同種の本の中で最高の部類に入る本だった。ナサニエル・フィルブリック著のその本は『復讐する海——捕鯨船エセックス号の悲劇』（"In the Heart of the Sea : The Tragedy of the Whaleship Essex"）という題で、捕鯨船エセックス号に実際に起こった出来事に基づいて書かれたものだ。一八〇〇年代の初め、エセックス号はマサチューセッツ州ケープ・コッドの沖合い二十五マイルのところにあるナントゥケット島から出港し、南アメリカを回って太平洋を西に向かい、大海原のど真ん中、赤道近くを航海していた。この航海は当初二年から三年続く予定だったが、不幸なことに、巨大なマッコウクジラに体当たりされて船が沈没し、突然の幕切れを迎えた。

どこかで同じような話を聞いたことがあると思った人がいるかもしれないが、それはハーマン・メルヴィルの小説『白鯨』（"Moby-Dick"）もまたエセックス号の実話に基づいて書かれているからだ。この二つの本を読むと、沈没後の船員たちに起こった出来事を忠実に再現したフィルブリックの実話に比べて、『白鯨』は輝きを失う。実際、小説の方は船がクジラに激突されたところで終わっているが、実話の方はそこから始まる。

エセックス号がゆっくりと沈没し始めると、約二十名の船員は三隻の小型の捕鯨用ボートに乗り移った。本船から食料を移動したあと、船長と船員たちは次にどうするか決断に迫られた。話し合いの席で出た選択肢の一つは、ただ単に帆を掲げ、風に任せてタヒチに向かうというものだった。この手間いらずの旅はおそらく一週間ほどかかると思われた。

ところがその時突然、一人の船員が「でも、タヒチの原住民は人食いだぞ！」と言った。その一言で充分だった。その恐ろしい考えがきっかけとなり、三隻のボートに乗った船員たちの楽観ムードは吹き飛んだ。そして、たとえそれがタヒチよりずっと遠く、風の向きが逆でも、ボートを漕いでチリに戻るのが一番いいと決断が下された。彼らがチリを選んだのは、チリならなじみがあり、「タヒチの人食い人種」より安全だと感じたからだ。こうして彼らはチリへ向けて航海を始めた。真っ向から風に逆らって……。

九十日以上たったある日、ニュー・イングランドから出港した別の捕鯨船がエセックス号の捕鯨用ボートの一つを見つけた。船長がボートの脇に近づくと、骸骨のような姿の船員が船首に一人、そして同じようにやせ細った船員がもう一人船尾にいるのが見えた。ボートの中央には骨がうず高く積んであった。仲間の船員たちの白骨化した骨だった。エセックス号の船員たちは、恐れていたものに自らがなってしまったのだ。彼らの恐怖は自己実現的な予言となり、実現していた。

エセックス号の物語は、人間の共食いをテーマにした単なる残酷物語ではない。思考を感情に支配させた、決断力の弱い船長と、そのもとに集まっていた一団の人々についての話でもある。つまり、安全を願う気持ちに自分たちの将来を決めさせてしまった男たちの話だ。船乗りの彼らには、チリに戻ることがほとんど不可能なことはわかっていた。それにもかかわらず、彼らはタヒチに向けて航海するのではなく、なじみのある場所に戻る道を選んだ。

この話はまた、「仮定」についての話でもある。本書の前の方で取り上げた、仮定についての話を思い出して欲しい。この場合、「タヒチの原住民は人食い人種だ」という船員の言葉、つまり仮定に疑問をはさんだ人間は一人もいなかった。乗組員はみんなニュー・イングランド出身で、タヒチに行ったことのある人間はいなかった。また、ごく単純に、「おまえはタヒチに行ったことがあるのか?」と聞く人もいなかった。

エセックス号の悲劇からまもなく、ハワイとタヒチは世界中の捕鯨船員たちのパラダイスになった。少年時代、捕鯨船員たちがタヒチですばらしい時を過ごす話を読んで、私はよく、「いつか船でタヒチに行くんだ」と夢を見た。その夢は一九六七年に実現した。実際のところ、商船アカデミーに行こうと私が思い立った一番の理由は、タヒチに船で行くというこの夢だった。一九六七年、私はアカデミーの学生として石油タンカーに乗り組み、ハワイからタヒチまで航海した。そして、人食い人種に出会うどころか、幼い頃描いていた夢をはるかにしのぐパラダイスを発見した。今でも私はタヒチと、そこで出会ったすばらしい人たちのことを思って夢心地になる。

●投資はパラダイス

妻のキムと私にとって投資はパラダイスだ。投資は自由、富、安全を意味する。タヒチに航海するのに危険が伴うのと同じように、投資にも危険はある。だが、それと引き換えに手に入れられるもののことを考えたら、やってみるだけの価値はある。悲しいことに、多くの人が、自分はパラダイスに行ったことのない、いわゆる「投資の専門家」からのアドバイスに耳を傾ける。そういう人は、アドバイスを与えてくれる人が自分で何を言っているかちゃんとわかっていると「仮定」しているのだ。

ここで特に強調したいのは、お金に関することとなると、自分で考えるべきところを「感情」に考えさせてしまう人があまりに多いことだ。人間の感情は大きな力を持っている。そして、あなたがきちんとコントロールしないと、感情に支配された思考は自己実現的な予言になる力を持っている。方舟の船長になりたいと思っている人にとって、一番大切なコントロールの一つは自分の感情のコントロールだ。友人の妻が「全部なくしてしまうんじゃないかと心配でたまらないの」と言うのを聞いた時、私は彼女の人生が感情に支配され始めたことを知った。友人夫婦はパラダイスに住んでもまだおつりがくるほどたくさんのお金を持っていたが、実際はそうすることができなかった。その代わり、恐怖という感情に自分たちの運命を決めさせ、もう少しですべてを失うところまで追い込まれた。

●思考の三つのレベル

金持ち父さんは、感情のコントロールに関わるこの現象をマイクと私に説明するのに、人間をコントロールする思考に三つのレベルがあるという話をしてくれた。それは下層、中層、上層の三つの思考だ。金持ち父さんはこう言った。「下層レベルの思考から話をしている人は、『投資は危険だ』とか『損をしたらどうする?』などとよく言う。彼らは下層レベルの感情に基づいて話をしているのだ」金持ち父さんはさらに説明を続けた。「お金に関することとなると、たいていの人は下層レベルの思考からどうしても離れられない」

いつものように、当時の私には金持ち父さんが何を言おうとしているのか、完全には理解できなかった。だが、成長するにつれ、多くの人が下層レベルの思考から抜け出せずにいること、特にお金に関することでそうなっている人が多いことがわかってきた。私の親しい友人の中にも、投資することやリスクをとること、お金を失うことを恐れながら暮らしている人がいる。彼らはその考えをどうしても振り切れないようだ。そして、これらの思考は時として自己実現的な予言となる。このような友人のうち何人かは、銀行に何百万ドルものお金を持っているのに、そのお金を失うのが怖くて、できる限り切り詰めた暮らしをしている。ある意味では彼らはすでにお金を失っている。なぜなら、お金がないのと同じような暮らしをしているからだ。つまり、すでにお金を失ってしまったのと同じような暮らしをしている。

下層レベルの思考から抜け出す方法を私たちに教えるために、金持ち父さんは次のように言った。「このような下層レベルの感情に思考を支配されたくないと決めたら、そこから抜け出すには中層と上層の両方のレベルが必要だ」金持ち父さんが言いたかったのは、金持ちになるために要求される、お金に関する実用的な技術を身につけるには、中層レベルの頭脳、つまり理性的な頭脳が必要だということだ。例えば、私が不動産に投資するのを怖がっていた時、金持ち父さんは不動産投資についてのセミナーに出るように勧めた。私は金持ち父さんのアドバイスに従い、理性的頭脳で感情的頭脳を押さえ込み、週末に開かれた不動産投資セミナーに出席した。その講座に出たあとも不安はまだあったが、少なくとも、それから先の学習プロセスを始めるための準備はできたと思えるようになった。一九七三年の当時、その不動産投資講座にかかった費用は三百八十五ドルだったが、その後、あのセミナーのおかげで私は何百万ドルものお金を稼いだ。

さて、次はいよいよ上層の頭脳の登場だ。私は投資用不動産を買うために何千もの物件を見てきているし、実際の不動産取引も百回近くやっている。それに、不動産の投資に関してある程度成功しているとも思っている。だが、それでもまだ、下層頭脳からわき出る疑いや恐怖が邪魔をする。妻のキムと私は今月だけでも、一千万ドル以上の価値のある不動産取引をまとめようとしている。今でも不安や疑いの気持ちがなくなったわけではない。でも、そういった感情が下層頭脳から出てくると、上層頭脳が救援に駆けつける。物件を見つけたり、買ったり、売ったり、管理したりするプロセスはこれまでに何度も通ってきた。だから、今では、下層頭脳の恐怖が頭をもたげると、すぐに上層頭脳が乗り出してくる。そして、恐怖や疑いでいっぱいになっている下層頭脳をなだめ、もっと安心するために必要な新しい情報やアドバイス、教育を見つけてくるように中層頭脳に指令を出す。真の投資家ではない人たちの多くは、下層頭脳からわき出る感情にがんじがらめにされた時、そこから抜け出すために必要な、中層頭脳における実用的技術も、上層頭脳における長年の経験も持っていない。だから、最終的に、下層頭脳が我がもの顔に振舞う。

ファイナンシャル教育がとても重要な理由の一つがここにある。ファイナンシャル教育を身につければ、感情的な下層頭脳から生まれ、あなたをがんじがらめにする恐怖や疑いの気持ちから抜け出すために、中層頭脳を使えるようになる。私の人生を振り返ってみると、人間だれもが持っているそのような恐怖や疑いの気持ちを克服するのを助けてくれたのは、モノポリーを私と一緒にやり、さらに、現実の世界に即したアドバイスや経験を与えることで、それだけでは足りない部分を補ってくれた金持ち父さんにほかならない。

ウォーレン・バフェットは大学卒業後、デール・カーネギーの講座をとるために百ドルを投資した。この投資について、バフェットはこう振り返っている。「私があの講座をとったのは、人前で話す時、足が震えないようにするためではなかった。足ががたがたと震えている時でも、人前で話ができるようになるためだった」

キムと私は恐怖や疑いの気持ちを持っているが、それでも投資をしている。そのような気持ちがあるからこそ生まれるチャレンジ、それこそが投資をこんなにも胸躍るものにしてくれるのだ。私たちは下層頭脳に人生を支配させたりしない。人生をよりよいものにするために恐怖や疑いの気持ちを利用する。

一九七三年に三百八十五ドルで受講した不動産セミナーに大きな意味があった理由は、あのセミナーと、金持ち父さんから受けていたファイナンシャル教育のおかげで、上層頭脳へ橋をかけることができたからだ。どんな不動産でも、資産から負債へとあっと言う間に姿を変える可能性があることは私もよく知っている。だが、上層頭脳のおかげで、はっきりした頭で落ち着いて物事を考え、プロの投資家になるためのさまざまなチャレンジに挑戦することができる。

自分の方舟の船長になったとしても、恐怖や疑いの気持ちから解放されるわけではない。人間であればだれでも、そのような気持ちを持っている。実際のところ、そういう不安がまったくなかったらいい船長にはなれない。いい船長になるには、方舟の水先案内をするために中層頭脳と上層頭脳の助けを借りる必要がある。特に、先に待つ荒海を乗り切り、パラダイスに到着するためには、この二つはとても大事だ。

少年時代、マーロン・ブランド主演の『戦艦バウンティ』という映画を見たことがある。バウンティ号がタヒチに入港し、「こんにちは！　船乗りさん！」と笑顔で叫びながら手を振る美しいタヒチの乙女を満載した数隻のカヌーがそれを出迎えるシーンは、今でもよく覚えている。時代が違うから不可能なことはわかっているが、もしエセックス号の船員たちがあの映画を見ていたら、チリに戻ろうと決めたりせずに、おそらく「人食い人種だろうが何だろうがかまわない。タヒチに行こうじゃないか」と言ったに違いない。これが、小さな教育の持つ大きな力だ。

●異なる世界

お金を貯めるにはファイナンシャル教育はほとんどいらない。金持ち父さんが言っていたように、サルを訓練してお金を貯めさせることだってできる。同じように、投資を分散するためにもほとんどファイナンシャル教育はいらない。たいていの人がお金を貯めるだけだったり、投資を分散させているのは、中層頭脳レベルでの適切なファイナンシャル教育が欠けているからだ。それを身につけていれば、もっと自分から進んで鶏小屋の外の現実の世界に足を踏み入れ、チャンスと豊かさに満ちた世界をそこで見つけられるかもしれない。そこにはまた、ペテン師や嘘つきもうようよしているが、エンロンのスキャンダルのおかげでわかったように、ペテン師や嘘つきは鶏小屋の内側にもいる。ここで私が言いたいのは、中層頭脳レベルでのファイナンシャル教育が不足している場合は、金網に守られた鶏小屋の内側に留まり、お金を貯めたり、投資信託を分散させるのが賢いやり方だということだ。それに、それが唯一可能な道だという場合も往々にしてある。

●いい借金と悪い借金

鶏小屋の中の多くの人は、借金をしないのが賢いやり方だと思っている。金持ち父さんは私がまだ子供の頃に、世の中にいい借金と悪い借金があることを教えてくれた。金持ち父さんはこう言った。「いい借金というのは、きみを金持ちにしてくれる借金だ。悪い借金はきみを貧乏にする」借金が悪いもので、借金をしないのが賢いやり方だと思っている人が鶏小屋の中にこれほどたくさんいる理由は、彼らの世界で自分たちが知っている唯一の借金が悪い借金だからだ。だから、分散投資の場合と同様、確かに彼らの世界では借金をしないのが賢いやり方になる。

自分の方舟の船長になるつもりなら、いい借金と悪い借金の違いを知っていなければならない。商船アカデミーの学生として、私たちは船の設計について詳しく学んだ。そこで学習したことの一つは、小さなボートにはバラストは不要だが、大きな船には必要だということだ。バラストというのは言うまでもなく、船をまっすぐ浮かべるために船底に入れる錘《おもり》だ。例えば、大航海時代、ヨーロッパから新世界アメリカに向かう大帆船は、その大部分が積荷を積んでいなかった。貨物室にバラストを積んでいなかったら、そういった船はひっくり返っていただろう。帆船が大海原を航海していたこの古きよき時代、バラストとしてよく使われたのは河原の岩だった。今でもアメリカのあちこちで、帆船の係留地付近に河原の岩が山積みになっているのはそのためだ。あの岩は遠くヨーロッパから帆船の底に積まれて運ばれてきた岩だ。船がアメリカに到着するとバラストは船底から運び出され、その代わりにヨーロッパ向けの積荷が積み込まれた。

ここで覚えておいて欲しいのは、ごく小さな方舟、例えば八フィートほどの手漕ぎボートの大きさの方舟を造るのなら、バラストは必要ないということだ。小さなボートの場合は、バラストが少ない方がいい。だが、大きな方舟を造る場合は、バラストを常に考慮に入れなければいけない。BとIのクワドラントの世界では、レバレッジ（てこの作用）として借金を使う、つまりいい借金をする技術は、とても大切な技術だ。小さな方舟を造るのなら、借金をしない、つまりバラストを積まないのが賢いやり方だし、いい借金を管理するための技術を学ぶ必要もない。

何年も前、金持ち父さんはマイクと私に、借金から抜け出す方法ではなく借金をする方法を教えてくれた。それを教えてくれた理由は、金持ち父さんによると、そうすればいつか私たちも大きな方舟を管理することができるようになるからだった。金持ち父さんが教えてくれたことの中で特に大切と思われる教えの一つは、悪い借金をするつもりなら、ファイナンシャル教育も財務諸表も必要ないということだ。金持ち父さんはこう言った。「もしきみが欲しいのが悪い借金だけなら、銀行は財務諸表を見せろとは言わない。家や車を買ったりクレジットカードを作るために必要なのは、単純なローン申込書やクレジット申込書だけだ。だが、いい借金をしたい、自分を金持ちにしてくれる借金がしたいと思ったら、財務諸表を持っていないと銀行は相手にしてくれない。きみにいい借金をさせる前に、銀行はお金の世界でのきみの成績表、つまり財務諸表をまず見たがる。これは、きみがいい借金を管理できるほど頭がいいか知るためだ。

大人になった今は、いい借金と悪い借金の違いについての金持ち父さんの教えが前よりよくわかる。それに、そのありがたみもよくわかる。今の私は、悪い借金は利子が高いことも知っている。銀行は財務諸表を持っていないと、その人にお金の面での訓練が不足していると判断する。そして、当然ながら、ファイナンシャル教育の程度があまり高くない人にお金を貸すリスクに対して、利子率を高く設定する。だから銀行は、ビジネスや不動産への投資のためにお金を借りようとする人には必ず財務諸表の提出を求める。つまり、この場合は、低い利子でお金を貸すリスクをとる前に、銀行はあなたのお金の世界での成績表を見たがる。

●いい利子と悪い利子

お金を貯める人についても同じことが言える。銀行はきちんとしたファイナンシャル教育が不足している人に対して、できる限り低い利率を設定する。お金についてよく知っていれば、もっとずっと高い率で利子がもらえるやり方がほかにたくさんある。前に取り上げた、二パーセントの利子でさらにそれに課税されるケースと、七・七五パーセントの利子で税金を払わないですむケースの違いはその一例だ。つまり、下層頭脳が生み出す恐怖は、お金を貯めようとする人たちにとっても非常に高くつくということだ。だから、大きな方舟の船長になりたいと思っている人は、いい借金と悪い借金の違いのほかに、いい利子と悪い利子の違いも知っておく必要がある。

●適切なファイナンシャル教育が中層頭脳を強化する

私の税務顧問の公認会計士ダイアン・ケネディは、キャッシュフロー・クワドラントについて、次のような指摘をしている。「EやSのクワドラントの世界では財務諸表は必要ない。一方、BとIのクワドラントの住人には、財務諸表としっかりしたファイナンシャル教育が絶対に必要だ。たいていの場合、EやSのクワドラントの人に対しては、法律もこの二つを要求しない」

問題なのは、エリサ法とその後の修正案によって、適切なファイナンシャル教育を受けることなく、何百万もの人たちが、EやSのクワドラントからIのクワドラントに移動させられたことだ。中層頭脳におけるファイナンシャル教育が欠けているこの大勢の人たちは、下層頭脳が生み出す恐怖や疑いの気持ちにとらわれ、お金の面で囚人と化している。

一方、あまりに教育を受けすぎていて、「分析麻痺」の世界につかまってしまったためにいい投資家になれない人もいる。こういう人は金持ち父さんの言うところの「もしも……の世界」に生きている。つまり、もしこれがうまくいかなかったら……、もしあれがうまくいかなかったら……と考えてばかりいる人たちだ。投資の世界には「引き金を引けない人」という言葉があるが、それは、すべての答えを知っているのに、どうしてもテーブルの上にお金を置くところまでいけない人のことを指す。つまり、投資をする寸前まではいくが、その時点で下層頭脳が中層頭脳より強くなってしまうので、投資をして現実の世界に足を踏み入れるところまで至らない。そういう人は型通りのやり方を変えないのが一番いい。つまり、長期の投資をし、ドルコスト平均法を使い、ひたすら分散投資をすればいい。そうしている限り、彼らの恐怖や疑いの気持ちはコントロールされている。

ウォーレン・バフェットはこう言っている。「調査しなければならないことがあまりにたくさんある場合は、どこかがおかしい」

●教育が恐怖を小さくする

私の投資に対する恐怖をコントロールするのを助けてくれたのは、九歳の時に始まった金持ち父さんによるファイナンシャル教育だった。今でも私は怖いと思うことがある。でも、教育と経験のおかげで、自分の方舟を造り始めることができるようになった。私の人生にもたらされた思いがけない贈り物の一つは、ついに経済的に自由になれたことだ。私はいつも、充分なお金が手に入ったら、引退して、自分の方舟の上に座りのんびりと暮らせる……と思い描いていた。一九九四年、四十七歳の時、私はついに方舟を完成した。だが、その後、方舟にただ座っている人生がどんなに退屈か発見した。だから、一九九六年にボードゲーム『キャッシュフロー１０１』を作った。

それから一九九七年には、ビジネスパートナーのシャロン・レクターの助けを借りて、金持ち父さんシリーズ第一作めの『金持ち父さん　貧乏父さん』を出版した。シャロンは私が書きためていたメモをまとめ、一冊の本に変身させた。今、私たちは最高に忙しく、方舟に座って退屈していた頃をなつかしく思うことも時々ある。でも、たとえ忙しくても、自分が生産的でいられ、再び社会に貢献できるのはうれしいことだ。私がキャッシュフローゲームを作ったのは、金持ち父さんの教えと、自分がやってきた実際の投資から私が学んだことを、みんなと分かち合うためだ。私がやった投資の中にはとてもうまくいったものもあれば、失敗したものもある。一番大事なのは、あのゲームがお金の語彙を教えてくれることだ。そして、さらにいいのは、それをプレーするだけで、お金と投資に関する恐怖が小さくなり始めることだ。

●実例——自然療法医になったジョン

ジョンは中間管理職の地位にあったが、いつ自分が人員削減の対象になって解雇されるかわからないことに気が付いた。ジョンのお金の面での安全をコントロールする力を握っていたのは、ボスだった。ジョンは首になるのをびくびくしながら待つのはやめて、昼間の仕事は続けながら、別の職を身につけるために勉強を始めた。

前から医療よりも健康そのものに興味があったジョンは、会社が終わったあとの時間を利用して学校に通い、自然療法医になった。そして二、三年後には開業し、まもなく、会社をやめても大丈夫なだけのお金を稼ぐようになって退社した。今のジョンも、生きている限り働き続ける点は前と同じだとわかっている。だが、大きな違いは、彼が自分の好きなことをやっていて、だれも彼を首にすることができない点だ。ジョンは未来を見つめ、自分の感情をコントロールし、将来の経済状態をコントロールする力を手に入れた。

第十四章……私はどうやって方舟を造ったか？

●四つの投資レベル

教育用ゲーム『キャッシュフロー』は、ファイナンシャル・リテラシーの基礎を教えてくれるだけでなく、実際の世界に四つの異なるレベルの投資があることを見せてくれる。キムと私は方舟を造る際、このゲームが教える、現実に即した投資プランに従った。

レベル❶ スモールディール

キャッシュフローゲームではスモールディール（小さな取引）のカードとビッグディール（大きな取引）のカードを使う。たいていの投資家は、まず小さな取引から始める。もちろん、実社会と同様、ゲームの中でも、お金もないのに大きな取引から始めたがるうぬぼれ屋は常にいる。

私はゲームの中ではなく現実の世界で、一九七〇年代はじめに最初の投資用不動産を購入した。マウイ島にある分譲アパートで、値段は一戸につき一万八千ドルだった。当時、私はあまりお金を持っていなかったが、ほかの投資家から集めたお金を頭金にして三戸買うことができた。そして、その後一年たたないうちに、一戸あたり四万八千ドルで売り、純益九万ドルを投資家たちと分け合った。その年の私の投資からの儲けは、当時勤めていたゼロックス社からの給料より多かった。この時から、私はよりよい投資家になるために学ぶことに夢中になった。

キムが現実の世界ではじめて投資用不動産を買ったのは一九八九年のことだった。これは寝室が二つ、バスルームが一つの賃貸用一戸建てで、値段は四万五千ドルだった。頭金として五千ドル払ったキムは、毎月およそ二十五ドルのプラスのキャッシュフローを得るようになった。当時キムはとても不安がっていたが、この取引によって計り知れないほど大きな経験を得た。その経験は今の彼女に大いに役立っている。

今も私たちはいくつか小さな取引をやっている。前にお話しした、七・七五パーセントの利率で、利子に税金がかからない地方自治体モーゲージリートはその一例だ。この場合、たいていの人がわずか二パーセントの利率で、しかも課税され、さらに少ない利子しか受け取っていないのに対し、私たちは実質で十二パーセントに近い割合で利子を受け取っている。このような投資をするためには、株式市場と、連邦準備銀行の定める短期金利に注意していなければいけない。つまり、アラン・グリーンスパンのような人が何か言った時には、いつもしっかり耳を傾けなくてはいけないということだ。

レベル❷ ビッグディール

キャッシュフローゲームでは、スモールディールに投資していくらかお金ができたところで、ビッグディールに乗り出す準備ができたことになる。

キムと私は現実の世界で同じことをやった。私たちは十二戸ほど小さな物件を購入したところで、税を繰り延べできる「一〇三一買い替え特例」を利用してそれを売る準備ができた。この特例を利用すると、株式に投資した人がたいていの場合払わなければならないキャピタルゲイン（売却益）税を払わなくてすむ。大きな取引に乗り出す準備ができた私たちは、小さな取引から得られた利益を使って前より大きなアパートを二つ買い、一九九四年に引退できるようになった。つまり、キムと私は、小さな取引を始めてから五年以内に大きな取引にレベルアップし、引退した。

引退してから、私たちはそれまでの経験を活かして別の大きな取引を探し始めた。私たちがこれまでにやってきたそのほかの大きな取引の例を次にいくつか挙げる。

●PREP

キムと私は「私募不動産投資組合（Private real estate partnership）」に投資するのが好きだ。私たちはこれを略してPREPと呼んでいるが、これは私たちだけの呼び名で、この種の不動産投資を指すコードネームとして使っている。一般に不動産組合と呼ばれるPREPは、要するに、大きな不動産投資をする時に組織される私募投資組合《プライベート・パートナーシップ》のことだ。

次にお話しするのは、PREPの一例だ。前に出した本の中で、私が五万ドルのポルシェを買いたいと思った時のことを書いた。あの時キムと私は、負債であるポルシェを買ってお金を無駄にする代わりに、そのお金を九人の投資家のお金と一緒にして五十万ドルの自己資本を調達した。そして、銀行から担保付融資を受け、保管サービス用の小さな倉庫を買った。

その倉庫は、投資に参加したパートナー一人につき毎月千ドルから千四百ドルのキャッシュフローを生み出した。ほかのパートナーたちが毎月のキャッシュフローを何に使ったのかは知らないが、キムと私はそれを使ってポルシェの毎月のローンを返済した。三年後、評価額の上がった倉庫を担保に、銀行から再融資を受けた。そして、最初の出資金五万ドルを取り戻したキムと私は、そのお金を別のPREPに再投資した。私たちは毎月のキャッシュフローを受け取り続けているが、レンタル料が上がったので、今ではそれは月に二千ドルほどになっている。この倉庫を今売ったら、売却益として十万ドルから二十万ドルを受け取れるだろう。その上、ポルシェは手元に残る。これが、「資産が負債を買う」一つの例だ。このやり方は私たちの早期引退に大いに役立っている。元金を取り戻した今は、このビジネスに投資したお金はゼロだ。それでも月二千ドルを受け取っているのだから、この場合のROI（投資収益率）は無限大だ！

キムと私は一年に一度か二度、この種のPREPに投資する。キャッシュオンキャッシュ方式で計算した収益率は平均して十五パーセントから二十五パーセントだ。そのほかに減価償却による控除もある。減価償却は、実際に損をしたわけではない、「見せかけ《ファントム》のキャッシュフロー」だ。それを考えに入れれば、収益率は軽く五十パーセントを超える。投資信託ではなかなかこうはいかない。

私たちがこの種の投資を気に入っている理由はいくつかある。リスクをパートナーで分け合うことができる、銀行のお金を使っている、投資が不動産によって保証されている、毎月キャッシュフローが受けられる、不動産の価値が上がればキャピタルゲインが得られる可能性が強い、収入が税金面で優遇されている、売却時にキャピタルゲインが税金面で優遇されている、などがそれだ。たいていの株や投資信託では、このような税金面での優遇や、安定したキャッシュフロー、保証などは得られない。

キムと私が最も最近投資したPREPは、収益率は十五パーセントで、収入に対して税金面の優遇が受けられる二百四十戸のアパートだ。この収益率は、課税される収入に換算すると三十パーセントにあたる。それに加えて、キャピタルゲインが得られる可能性もある。このパートナーシップにはほかに三人の投資家が参加している。

PREPにはいろいろ利点があるが、一番いいのは、三年少し経てば最初に投資した分を取り戻すことができ、その後もその不動産を持ち続けて毎月のキャッシュフローが得られること、そしてさらに、取り戻した元金を使ってほかの不動産に投資してまた同じようにできることだ。

●トリプル・ネット・リース

PREP同様大きな取引だが、ちょっと違う形の投資としてトリプル・ネット・リースと呼ばれるものがある。キムと私がこの種の投資が好きな理由はたくさんあるが、次にそのうちいくつかを挙げる。

1．トリプル・ネット・リースの対象となる投資用不動産は、交通量の多い交差点の角地など、商業用地として最高の立地条件を備えていることが多い。

2．賃借人は大手のドラッグストア、フランチャイズのファーストフード店、全国的にチェーン展開をする小売店など、株式を公開している会社の場合が多い。これは、キャッシュフローが安定していて、保証されている場合が多いことを意味する。

3．賃借人はすべてに責任を持つ。つまり「トリプル・ネット」というのは、賃借人が賃料のほかに、建物の維持費用、保険料、税金、修繕費などすべてを負担することを意味している。不動産の管理・維持にかかる手間や費用を考えるといやになるという人にとっては、この形の投資が最適だ。問題はこの投資ができるのが金持ち投資家に限られていることだ。

安定したキャッシュフローがあり、リスクが小さく、税金面でも利点があるというのは確かにすばらしいが、キムと私がこの種の不動産に投資する最大の理由は、交差点の角地を所有できることだ。十五年か二十年後に賃貸期間が終わった時には、交通量の多い交差点の角地の価値は大幅に上がっているだろう。マクドナルド社が金持ちなのは、ハンバーガーをたくさん売っているからではなく、最高の立地条件の交差点の角地を世界中に所有しているからだ。

私の友人の一人は、最近、早期引退をして、二〇〇〇年の株式市場の暴落の前に401（k）を現金化し、三百万ドルほどを手に入れた。彼はそのうち百万ドルを使い、株式を公開している有名フランチャイズハンバーガー店（マクドナルドではない）を賃借人としたトリプル・ネット・リース契約のついている不動産を購入した。ローンを受ける必要のなかったこの友人は、百万ドルを現金で支払い、引退した。彼が投資した百万ドルは八・五パーセントの年利を生んでいる。つまり、毎年、税金面で優遇された八万五千ドルのキャッシュフローがあり、しかもそれが五年ごとに増えていく。税金面での優遇を考慮すると、この八・五パーセントは株式市場から毎年必ず十七パーセントの利益を上げるのに相当する。

ただし、同じ利益を上げられるにしても、そこには違いがある。それは、株式市場の動きに関係なく投資したお金をあてにできるので、私の友人はよく眠れるということだ。毎月家賃が銀行口座に振り込まれ、賃貸期間が終わった二十年後にも、彼はそのすばらしい不動産を所有していて、子供や孫に遺すことができる。私から見ると八・五パーセントの年利はそれほどいいとは言えないが、友人にとっては、収益が安定した賢い投資方法だ。残りの二百万ドルがどうなったか詳しくは知らないが、おそらくその大半は税金と、新たに買った船の支払にあてられたのだろうと思う。

株式市場の上がり下がりに一喜一憂するのに嫌気がさしていて、金持ちたちはなぜ安心していられるのだろうと不思議に思っている人は、交通量の多い交差点へ車を走らせ、角地にある商業ビルを見てみるといい。ドラッグストアやスーパーマーケット、ファーストフード店が入ったそれらのビルは、たいてい、投資家の持ち物だ。彼らはそこで営業しているビジネスを所有しているわけではなく、建物を所有している（多くの場合、その下の土地も所有している）だけだ。彼らには、ビジネスの運営や不動産の管理・維持のために頭を悩ませる必要はない。何百万という人が毎月株式市場の上がり下がりを不安げに見守っているのを尻目に、トリプル・ネット・リースの投資家は、毎月銀行口座に家賃が振り込まれるのを待つだけだ。私に言わせれば、この方がずっと投資として理にかなっている。

この形の投資がいいのは、毎月のキャッシュフローが受け取れ、その不動産の購入のために借りた借金を賃借人に払ってもらうことができ、また、最終的に不動産は自分のものになるから、賃貸期間中の評価額の値上がりからも利益を上げることができる点だ。

トリプル・ネット・リースの対象となる不動産の購入に関して、言っておかなければならないことが二つある。一つは、このような物件の購入には普通、かなりの額の頭金が必要なことだ。二つ目の問題点は、投資信託や保険を売っているたいていのファイナンシャル・プランナーはこの種の投資では手数料がとれないので、顧客に勧めようとしないことだ。この種の不動産投資は危険だと言って、いくつかの投資信託に分散投資することを勧めるファイナンシャル・プランナーにはこれまでに何人も会っているが、私に言わせればそれこそとても危険だ。

この種の不動産に投資するためには、少なくとも五年は商業用不動産を扱っている経験豊かな不動産ブローカーを見つける必要がある。そして、そのブローカーのほかの顧客で満足している人がいるとしたら、その人たちと話させてくれるように、遠慮なく頼むことだ。どんな投資に関しても言えることだが、トリプル・ネット・リースの対象となる土地にもいいものと悪いものがある。

●私たちが最近投資を思いとどまった例

次に、検討はしたが、充分な収益がないと判断して投資を思いとどまった最近の例を一つ挙げる。

対象物件はアメリカ中西部に新たに建てられたスーパーマーケットだった。賃借人は株式も公開していて、評判のとてもいい会社だった。年間売上は百五十億ドルで、全国に三千軒の食料品店と二千軒のコンビニエンスストアを持っていた。

購入価格	六百六十万ドル
頭金	百六十万ドル
ローン	五百万ドル

プラスのキャッシュフロー

一—二年目	十九万八千ドル（十一パーセント）
三—八年目	二十四万ドル（十四パーセント）

九―十年目　　二十八万二千ドル（十六パーセント）

これはとても安全で、安定した収入の見込める投資ではあったが、キムと私は、ものすごくいい投資とは言えないと判断して思いとどまった。私たちが投資に踏み切らなかったのは、もっといい不動産で、より高い収益を上げる投資を見つけられるとわかっていたからだ。この物件の立地条件では、トリプル・ネット・リースの対象物件に対して私たちが要求するだけの堅実さが保証されていなかった。本当にいい立地の物件ならば、最初の賃借人が途中で契約を解約するようなことがあっても、ほかの賃借人を簡単に見つけられる。

●スタート地点は小さな取引

ここでぜひ覚えておいて欲しいのは、キムと私が小さな取引から始めたことだ。その後、財産が増えるにつれて私たちの経験も豊かになり、それと同時に投資の大きさ、安全性、収益も増えていった。つまり、別の言葉で言うと、最終的に人をどんどん金持ちにするのは、教育と経験だということだ。キムと私は今お話ししたような投資を毎年二つずつ方舟に乗せるようにしている。だから私たちの不労所得はその分毎年増える。これが教育と経験の持つ力だ。投資信託に投資する人たちの多くは、株式市場の動向にびくびくせずに二十年間毎年二十万ドルの収入が受け取れるとしたら大喜びするだろう。一生にたった五つ、このような大きな取引ができれば、あなたは死ぬまで毎年百万ドル以上のお金を楽に稼げることになる。

レベル❸
ファーストトラック

すでに知っている人が多いと思うが、『キャッシュフロー』のゲーム盤には二つの周回コースがある。一つは「ラットレース」で、もう一つは「ファーストトラック」だ。ゲームではなく現実の世界では、ファーストトラックにある投資は法律によって金持ちにしかできないようになっている。
次に、現実の世界で、キムと私が一九九四年の引退後、方舟に付け加えた投資の例をいくつか紹介する。

●私募債

起業家精神を持つ私たちは、将来株式を公開する可能性がありそうな小さな新設《スタートアップ》会社に投資するのも好きだ。これまでに石油会社二つ、金と銀の会社一つずつ、消費財の会社一つに投資してきている。石油会社の一つは、油田が見つからないまま資金が底をつき、問題を抱えるようになったが、もう一つの会社は天然ガスを掘りあて、今、ある上場会社による買収の話が進んでいる。銀の会社は、二〇〇一年に、トロント株式市場に上場している会社に買収され、今、投資家たちの注目を集め始めている。この会社は銀の製造をやっていて、鉱石を売ってキャッシュフローを得ている。一方、金の会社は三百万オンスの金資源の詳細探査プロジェクトの権利を獲得し、二〇〇三年にＩＰＯ（新規株式公開）を通して株式市場に乗り出す準備に取りかかっている。最後の消費財の会社も二〇〇〇年には逆合併によって株式公開の予定だ。

これらの小さな新設会社はそのほとんどが、規模を拡大して株式の公開までこぎつけるのに四年から五年かかっている。会社を立ち上げ、株式の公開ができるようにするまでの過程については、シリーズ第三作めの『金持ち父さんの投資ガイド』（邦訳は四冊目の同『上級編』）に詳しく書いた。今でも覚えているが、ハイテク関連やいわゆるドットコム会社が全盛期にあった一九九九年にこの本が出版された時、金や銀、石油などの会社を立ち上げるなんて時間の無駄だと指摘した人が何人かいた。今は株式市場の状況が変わり、金や銀、石油などの会社がまた好まれるようになっている。起業家は先を見通すビジョンを持ち、五年後の市場を見越して会社を起こせるようでないといけない。

●株式を公開する

会社を起こし、株式を公開することの利点は、創業者なら一株あたり〇・〇二ドルから〇・二五ドルの安値で最も多量の株を手に入れられることだ。この値段ならば、会社の株の大きな部分を買い占められる。株式を公開したあと、例えばその株に三ドルの値段がついたとすると、創業者は持ち株のごく一部を売って最初に投資した分を取り戻したあと、成長を続ける公開会社から得られる利益を収穫し続けることができる。もちろん、これは株式投資の中でも最も大きな危険が伴うやり方だし、大金持ちか、知識・経験がとても豊富な人以外はこのような会社に投資すべきではない。

株式市場のこのあたりにはペテン師や詐欺師がうようよしている。だから、この種の市場に思い切って足を踏み入れようという人は、ビジネスと投資に関して最高の訓練を受けている必要がある。ビジネスと投資の技術が不足していると、ペテン師や詐欺師の餌食になるか、もっと悪い場合は自分自身がペテン師や詐欺師になる可能性がある。

レベル❹
キャッシュフロー202

自分の方舟に数百万ドルの価値のある資産を積み込み、しっかりと固定したら、『キャッシュフロー202』に進む準備ができたことになる。上級者用のこのゲームには、テクニカル投資の基本が含まれている。金持ちではないのにオプション市場での投資に手を出す人が多いが、私は金持ち父さんのアドバイスに従う道を選んだ。つまり、安定したキャッシュフローの源を確保するまで、紙の資産を使ったこの高速のゲームをするのはやめておいた。

私は個人的には、株式や投資信託を選んで買うのはすべての投資戦略の中で一番危険が多いと思っている。それより、ビジネスや不動産からの安定したキャッシュフローを得られた方がいい。あるいはたとえ株式市場で投資をしたとしても、変化の多い市場での自分のポジションを保護するためにオプションを使う。

『キャッシュフロー101』と『202』を繰り返しやることから得られるプラスの一つは、これまでに説明した四つの異なるレベルの投資が見えてきて、ずっと少ないリスクでより大きな収益、安定した収入が得られる投資の方法を学ぶにはどうしたらいいかわかることだ。もちろん、この四つのレベルで投資をするには、教育と経験を得るために何年か学ぶ覚悟が必要だ。自分から進んで教育に投資するつもりのない人にとっては、この四つのレベルで投資するより、投資信託に投資したり株式を選ぶ方がずっと安全だ。

●注意！

先ほども言ったように『キャッシュフロー』のゲーム盤には二つの周回コースがある。小さな円形のコースは愛称「ラットレース」。投資家の九十パーセントがここで投資している。外側をぐるりと囲むコースは「ファーストトラック」で、キムと私が主に投資をしている場所だ。ここにある投資は平均的な投資家向けのものではない。ファイナンシャル・アドバイザーに意見を求めたら、たいていのアドバイザーは、キムや私がやっているような投資は危険すぎて、投資すべきではないと言うだろう。私も同感だ。私たちがやっている投資は平均的投資家には危険すぎる。だが、もしあなたが自分をきちんと教育し、BとIのクワドラントでの経験を充分に積めば、それは必ずしも危険ではなくなる。BとIのクワドラントで教育と経験を得ることができれば、これらの投資が世界で最も安全で、最も儲けが大きく、最もおもしろいものであることがわかるかもしれない。だが、そのためにはやるべきことをきちんとやらなければならない。

キムと私はこれまでに、ビジネスや、一般投資家向けでない投資をやって損をしたことがある。つまり、ビジネスを立ち上げたがうまくいかなかったり、プライベート・パートナーシップに参加して投資したが失敗した……という経験がある。過去五年間で言えば、そのような投機による損はおよそ十二万五千ドルにのぼる。一方、その同じ時期に、私たちは何千万ドルというお金を稼ぎ出している。つまり、私たちは今もまだ、教育と経験を積む道を歩いている。

私たちがやっている投資についてここでお話ししたのは、成功を自慢するためではない。みなさんに、自分のファイナンシャル教育の程度を大幅に高め、経済的自由へ続く独自の道を探す旅に出発しようという気持ちになってもらうための励み、あるいは刺激になれば……と思って書いた。もう一度言っておくが、これらの投資は確かにたいていの人にとっては危険すぎる。それは私たちも同感だが、適切な教育を身につけ、経験を積めば、実のところこれらの道が最も安全で心配のない道だということも私たちは経験から知っている。

私たちが見つけたことはまだある。それは、投資は必ずしも危険ではなく、たいていの場合、危険なのは投資家自身だということだ。

●パートタイムのビジネスを始める

今お話ししたような投資をするお金を持っていない人に私がよく勧めるのは、昼間の仕事を続けながら、パートタイムのビジネスを始める方法だ。そういう人はぜひ、マイケル・レクターが書いた“Protecting Your #1 Asset : Creating Fortunes from Your Ideas”（あなたの一番の資産を守る）を読んで欲しい。大金持ちはビジネスを築くことで莫大な財産を作り上げてきた。ビジネスを始める資金がない、あるいは経験がないという人は、投資のための資金を得るチャンスと教育を与えてくれるような、優れた教育プログラムを持つネットワークビジネスに参加するのもいい。「投資用のお金がない」と言う人に、私はよく「それなら、パートタイムのビジネスを始めなさい」と答える。それを聞いて実際にやってみる人もいるが、たいていの人はそれでもまだ「私にはお金がない」と言い続ける……。

●方舟を造ろう

1．お金に関する自分の考え方のレベルを分析しよう。

a．お金を失うのを恐れているか？

b．充分なお金のない状態になるのを恐れているか？

c．「どうやったらそれを買えるようになるか？」と言う代わりに、「それは私には買えない」と言っていないか？

d．お金に関して、もっと高いレベルの考え方をするようになりたいと思っているか？

2．自分の財務諸表を見て、負債と支出の欄に並んでいる項目を分析しよう。それはいい借金だろうか？それとも悪い借金だろうか？

3．まず小さな取引から始めることに全力を尽くせるか？

4．次のそれぞれについて、あなたが持っている否定的な考え方を書き出そう。
a．パートタイムのビジネス
b．不動産
c．株式
d．オプション

書き出したことを分析しよう。

その考えは事実に基づいたものだろうか？　それとも恐怖に基づいたものだろうか？

第十五章……

コントロールその3 言い訳をコントロールする

金持ち父さんはこう言った。「言い訳は人間の内に潜む敗者の言葉だ」

●成長の時

数年前、百人ほどのグループを相手に投資の話をしたことがある。話を聴きに来た人たちは二十五歳から三十五歳くらいで、頭も身なりもよく、大部分が大学出で、いい仕事に就いていた。だが、すべてに恵まれているように見えるにもかかわらず、彼らは私の話にいちいち泣き言を言った。例えばこうだ。「実際に一つの不動産を買う前に、いつも百件は物件を見ます」と私が言うと、すぐに一人の若い女性が手を挙げた。「百件ですって？ そんな暇のある人はいませんよ。それに、不動産に投資するには私は年を取りすぎていると思うわ」

私は彼女のコメントに対しては何も言わず、不動産投資についての話を続けた。そして、資本に対する負債比率を抑えるために、より多く頭金を払うことがあると説明した。するとまたすぐに手が挙がり、今度は若い男性がこう言った。「でも、頭金にするお金がなかったらどうするんですか？ ぼくはまだ学資ローンを返さなくちゃいけないんです」

私が口を開く前に別の若者が立ち上がった。「不動産は無理です。ぼくはクレジットカードの支払いが遅れたことがあって、ローンを組むのがむずかしいんです」

それを聞いた私は講義を中断し、こう言った。「いいですか、今日は不動産投資について話をすることになっていますが、その前に、不動産で金儲けするよりずっと大事な教えを伝授したいと思います。それは、金持ち父さんから教えてもらった大切な教えです」そう言いながら私は後ろを向き、フリップチャートの白い紙の上に「大人になったら何になりたいか？」と書いた。それからみんなの方へ向き直り「こう聞かれたことがある人はどれくらいいますか？」と聞いた。

　私が質問すると同時に、全員が手を挙げた。

「大人になった時何になりたかったか、だれか話してくれませんか？」

「私は医者になりたいと思っていました」一人の女性がそう言った。「で、医者になりました」

「なるほど。ほかにだれかいますか？」

「父は一緒に事業をやって欲しいと言っていましたが、ぼくは大学卒業後、自分で事業を始めました」若い男性がそう言った。

「わかりました」私はそう言ってから話を続けた。「さて、金持ち父さんが息子のマイクと私にこの質問をしたのは、大人になった時にどんな職業に就きたいかを聞きたかったからではありません。もっと正直な人間になりたいか、それとも正直でない人間になりたいかを聞いていたんです。もっと信頼される人間になりたいか、信頼されない人間になりたいか。きちんと一貫性《インテグリティ》を持った人間になりたいか、そうではない人間になりたいか……金持ち父さんはそれを聞きたくてこの質問をしたんです」

　長い沈黙のあと、やっとだれかがこう言った。「つまり、投資をするには正直で、一貫性を持った人間であることがとても大事だということですね」

「ええ、だれにとってもそうだとは言えませんが、私にとってはそうです。でも、今は投資に限った話をしているわけではありません。みなさんにとって、正直であり、信頼され、一貫性を持つことが大切かどうかを聞いているんです」

「ええ、もちろん大切です」前列の若い女性が答えた。

「では、金持ち父さんから学んだ教えを伝授しましょう。これは投資することよりずっと大切な教えですが、より優れた投資家になるための教えでもあるんですよ」

●言い訳は自分に対する嘘

私はまたフリップチャートの上に「言い訳は自分に対する嘘である」と引用符をつけて書いた。

それからペンを置き、聴衆の方に向き直るとしばらく何も言わなかった。そこに書いた言葉をみんなに充分理解して欲しかったのだ。次に私はこう続けた。「今、みなさんが『時間がない』、『お金がない』、『信用がない』と言うのを聞きましたが、これは嘘ですか、それとも本当ですか?」

「そう言われたって……ぼくには本当にお金がないんです」お金がないと言い訳をした若い男性が叫んだ。

「これは事実です。嘘じゃありません」

「それに、買うかどうかもわからない不動産を百件も見る時間なんてだれにもないでしょう?」時間がないと言った若い女性が続けた。「私がどれだけ忙しいか知ってますか? 事業を経営しているし、子育てだってしています。時間がないと言ったら、ないんです。本当に忙しいんです。嘘はついてません」

「ぼくの学資ローンはものすごくたくさん残っています」借金が問題だと言っていた若者がそう言った。

「これも事実です。嘘じゃありません」

「わかりました。じゃあそろそろ、成長することに関する金持ち父さんの教えを伝授することにしましょう」私は笑いながら言った。「何年も前のことですが、金持ち父さんは私に、『大きくなって正直な人間になりたかったら、今のままではいけない、常に、より正直にならなければいけない』と言いました。つまり、もっと自分に正直になり、それによってもっと自分に厳しくしなければいけないということです。例えば、『時間がない』という言い訳をもっと正直に、誠意を持って言い換えると『時間を作るつもりがない』となります」

「つまり、言い訳をする代わりに、自分に対してより正直になるということですか？」参加者の一人がそう聞いた。

「その通りです。金持ち父さんはマイクと私に、言い訳はみんな嘘だと教えてくれました」

それを聞いた若者は椅子の背にもたれ、抑えた声で言った。「おっしゃることはわかりました。つまり成長とは、自分をとりまく現実を自分の人生に対する言い訳にしないということなんですね。それを実行すればもっと正直になれる……」

「わかってきたようですね」私はそう答えた。「スポーツの試合で、審判の判定が厳しいと言う人がいるでしょう？　それは、審判が選手たちによりレベルの高いプレーを求めているからです。金持ち父さんは、成長するに従って自分の試合により厳しくしろと言っていたんです。自分に対してもっと正直になって、自分のレベルを上げなさいと……。そうしなければあなたの人生はいつまでも今のままです」

「でも私の場合はどうですか？　忙しくて本当に時間がないんです。物件を百も見る時間なんてとてもありません」

この女性が、年をとりすぎているという言い訳に触れなかったことに私は気づいたが、本人が持ち出さないなら、私はあえて取り上げる気はなかった。「まず正直になることです。『時間を作るつもりがない』とはっきり言うんです」

「つまり、泣き言を言ったり、不平を言ったり、赤ん坊みたいな行動はやめろとおっしゃるんですね」

「それはうまい言い方ですね」私はそう言った。「そうです。成長しなさい、そして赤ん坊みたいな行動はやめなさいということです。言い訳するたびに、私たちは赤ん坊みたいなことをしているんです」

「確かに、だれもがあなたのように自由な時間やお金を限りなく持っている金持ちというわけじゃありませんからね」後ろの列からだれかがそう言った。

その発言を聞いて部屋中がうなった。

私は笑いながらこう言った。「私の言い訳が嘘ではなく本当のことになっていたら、私は自由な時間もお金も手に入れられなかったでしょう。私も無一文から始めました。百万ドル近い多額の借金もありました。それに私だって忙しいんですよ」

「そういったことを言い訳にしていたら、今も問題は残ったままだったでしょうね」時間がないと言った女性がそう言った。「お話はわかりました。ほかの何者でもない、言い訳こそが私たちの邪魔をしているんですね」

「その通りです。金持ち父さんはよく、言い訳は人間の内に潜む敗者の言葉だと言っていました」

「つまり、言い訳に対してもっと正直になれば、その正直さが、内に潜む勝者に力を与えるというわけですね」同じ女性がそう言った。「言い訳に正直になれば、敗者は沈黙し勝者の声が聞こえてくる……」

●自分の中の勝者に語らせる

「そうです。内に潜む勝者が語るようになれば、あなたはそれだけ成長します。でもまず、自ら進んでゲームの規則を厳しくして、自分に課す基準を上げる気持ちを持つ必要があります」

「じゃあ、私はどうしたらもっと時間を見つけられるんでしょう?」時間がないと言った女性がそう聞いた。

「いい質問ですね」私はにっこり笑った。「今、あなたの中の勝者が話していますよ」

「そうなんですか?　本当に?」女性は戸惑いながらそう言った。

「そうですよ。内に潜む敗者に話をさせて、時間がないと不満をぶつけるのではなく、勝者に話をさせているからこそ、どうやって時間を見つけたらいいか聞いているんです。敗者が話しているうちは何も得られませんが、勝者が話せばきっと何か得るところがあります」

「つまり、あなたはそうやって、お金がない時でもお金を見つけるんですね」お金がないとこぼしていた若者が言った。

「その通りです。いいですか、時間はすべての人に同じだけあります。だれにとっても一日は二十四時間です。勝者はその時間をよりうまく使う方法を見つけますが、敗者は時間が足りないことを言い訳にします。私だって、お金が充分にある時に投資用不動産を買ったなんてことはほとんどありません。いい投資物件を見つけると、いつも限度額ぎりぎりまで借金したいと思うので、貸してくれるところを探すのに苦労することもよくあります」

「じゃあ不動産を百件も見る時間はどうやって作るんですか?」最初に発言した女性がまた聞いた。

「これもいい質問ですね」私はにっこり笑って答えた。「私はだいたい一年に三百件から五百件くらいの不動産を見ます。買わないかもしれなくても見るんです。不動産を見ると言っても、時には業者の作ったチラシを見るだけということもあります。その分析など五分とかかりません。一方、一つの物件の検討に三カ月もかけて、それからやめることもあります。つまり時間とは相対的なものなんです。肝心なのは私が常に見ているということです。ニューヨークにいようが、シドニー、パリ、シンガポール、アテネにいようが、いつでも時間をとって不動産を見ます。どんなに忙しくてもいつもそうします。資産欄に書き込むいい物件を常に探しているわけです。そして、それをやりながら、事業を経営し、株やストックオプションへ投資し、同時に、みなさんと同じ普通の生活も送っているんです」

「じゃあいつも買うわけではないんですね」お金がないと言い訳していた男性が言った。

「ええ。実際のところ、めったに買いませんよ。でも、見るのにお金はかかりません。デパートであちこち見て歩いてもお金がかからないのと同じで、不動産を見ても、ビジネスを見ても、株を見てもお金はかかりません」

「あら、私も出張に出かけるといつも買い物をしますよ。特に人と会う約束と約束の間に時間があったりした時に……」先ほどの女性がそう言った。「あなたと私とでは買い物をする場所が違うだけなんですね」

「物件を見つけた時、どうやってお金を見つけるんですか。特にお金がない時にはどうするんですか?」お金がないと言っていた男性がそう聞いた。

「そこで独創性が発揮されるんですよ。私が今持っているファイナンシャル教育は、そのほとんどが、いい投資先は見つけたがお金がないという状況から得たものです。独創的な考えでお金の問題を解決しなければならなくなった時、頭がどんなにすばらしい働きをするか、それを知ったらきっとみなさん驚きますよ。お金に関する問題やチャレンジに取り組み、それを解決すれば、ファイナンシャル・インテリジェンスが高まります。今私にお金があるのは、お金がないことを言い訳にしなかったという、それだけの理由からです。たとえ時間がなくても、たった数分でも、私は不動産を見てきました。単なるセールス用のチラシであっても、不動産を見る時はいつも条件を分析し、どうすればこの不動産を私のポケットにお金を入れてくれる資産に変えられるか頭をひねりました。それで私は金持ちになったんです。お金が金持ちにしてくれたのではありません。時間がない時に時間を投資したこと、わずかなお金しかない時にお金を投資したこと、それが私を金持ちにしてくれたんです」

「つまり言い訳をしていては金持ちになれないということですね。言い訳は人を貧乏のままにしておく……」前列の若い女性が言った。

「うまいことを言いますね」私は満面に笑みを浮かべてそう答えた。この講座を聴きに来た人は、不動産投資の方法よりずっと大切な教えを学んだ。正直な人間になることの大切さ、自分自身に対してもっと正直になることによって、今よりもっと正直な人間に成長することの大切さが、ほとんどの参加者の頭にしっかり入ったことが私にもよくわかった。

●第六感をみがく

前の章で下層、中層、上層の三つの頭脳について書いたが、言い訳はたいてい下層頭脳から生まれる。中層頭脳にいくらかファイナンシャル教育を施し、自ら進んで時間と労力を割くつもりがあれば、上層頭脳を発達させることは可能だ。何千もの不動産を見て分析を続けていると、この三つの頭脳のうちたった一つ、あるいは二つだけでなく、三つ全部が働くようになり、もっと楽に上層頭脳を発達させられるようになる。

いい物件を見つけるのは、ほとんど「超常体験」と言っていい。私は、詳しく調査しなくても「これはいい物件だ」と直感的に感じたことが何度もある。自分の中で何かピンとくるものがあると、私はまるでしつこく獲物をつけ狙うブラッド・ハウンドのようにあとをつけ回す。だが、私の人生を言い訳が支配していたら、この第六感は発達していなかっただろう。

人間関係における第六感を発達させる場合も同じだ。鶏小屋の外で活動している私は、あらゆる種類の人間と出会う。正直とは言えない人たちと仕事をしたこともあるが、それはその人たちが正直でないことを知らなかったからではなく、実社会における私の経験不足のせいだった。当時の私にはペテン師と正直な人の区別がつかなかった。

今、私の上層頭脳から発される第六感は、ペテン師や嘘つき、詐欺師や見せかけだけの人間……そのほか鶏小屋の外側で出会うさまざまな人間の正体を見抜くのに非常に重要な役割を果たしている。今でも常に正しい判断ができるわけではないが、失敗から学び、そのたびによりよい判断ができるようになっている。正直な人間になれという金持ち父さんの教えがなかったら、私も鶏小屋の外で甘い汁を吸う詐欺師たちの一人に簡単になっていたかもしれない。

●言い訳は子供がすること

実の父がフランチャイズ展開をするアイスクリームショップをやって貯金をすべてなくした理由の一つは、そのフランチャイズ自体に問題があったからではなく、一緒にビジネスを始めた人たちのせいだった。父のビジネスパートナーたちは悪い人ではなかったが、みんな父と同じ教師で、実社会でのビジネス経験があまりなかった。中層頭脳に充分なファイナンシャル・トレーニングをさせた人もいなければ、実社会でのビジネス経験が充分にある人もいなかった。ビジネスが傾き始めた時、彼らは自分たちの無知を認めようとせず、そろって言い訳を始め、問題の原因はおまえだと言っておたがいを非難し始めた。いったんそういう事態に陥ったビジネスはまもなく破綻し、父はすべてを失った。大人としてアイスクリームショップの経営ビジネスを始めた彼らだったが、最後には子供の集団のような行動に走った。つまり、善良な人たちにもよくないことが起こり得る、特に、自ら進んで現実に目を向け、自分のゲームに厳しい態度で臨まないとそうなる可能性があるということだ。

アイスクリームショップのフランチャイズ事業に失敗したあと、二度と教師と一緒にビジネスはしないと聖書にかけて誓った父だったが、そのあとも二回、「この人にはビジネスがわかっている……」と信じた人たちと一緒に鶏小屋の外のベンチャービジネスに手を出し、同じ事態に陥った。二回ともビジネスは期待したほどうまくいかず、売上が落ち込み、お金がなくなった。そしてまたもや、大人たちは子供のような行動を始めた。

その後、私も同じような事態に陥り、同じような行動をとった。それどころか、時にはもっとひどい行動をとったこともある。不動産の取引でも、最初に手がけた二つの大きなベンチャービジネスでも、それからごく最近では株やオプション市場においても、思い通りにいかないことがたびたびあった。そして、事態が悪化し、気がついてみるといつも私も子供のように行動していた。「言い訳や他人の非難はいけない、もっと正直になって成長しなければいけない」という金持ち父さんのアドバイスがなかったら、私は今でも子供のままだっただろう。

●下層頭脳に潜り込む

残念ながら、実の父には、事業がうまくいかなかった時にいつでも相談に乗ってくれる、金持ち父さんのような人がいなかった。だから、自分にもっと正直になる代わりに下層頭脳の中にどんどん深く沈み、元パートナーに腹を立て、自分を責め、将来に自信を失くした。三度目のビジネスに失敗したあと、父はあきらめた。私に言わせれば、下層頭脳に潜り込み、そこから出てこなくなった。これは、中層頭脳に適切な教育を与えず、上層頭脳で知恵の芽を伸ばさなかったことに対するつけだと私は思う。

金持ち父さんから下層、中層、上層の三つの頭脳について教えてもらった私は、とてもラッキーだった。金持ち父さんは、上層頭脳に立ち戻り、目の前の経験から中層頭脳がどんなことを学べるか考え始めることをいつも思い出させてくれた。そして、他人を非難したり、自分を責めたりするのではなく、自分をさらによく理解するために、もっと深いところにある真実や自分自身を、より的確に捉える力を見つけるように言った。

前にもちょっと触れたが、金持ち父さんは私が九歳の時、モノポリーで遊ぶという簡単な方法で、私に投資の経験を始めさせた。私がはじめて実際に不動産を買ったのは二十代半ばだった。不動産ではじめて失敗したのは二十六歳の時だ。そして、実際のビジネスの初体験は、二十七歳の時に始めた、ベルクロ（マジックテープ）を使ったナイロン製財布の製造会社だ。このビジネスと次のビジネスは失敗した。三度目のビジネスは成功し、以降はほとんどが成功している。オプション取引の勉強を始めたのは、一九九四年に経済的に安定してからで、四十七歳の時だった。

これまでに私はたくさんのお金を稼いでいるが、それと同じくらい損もした。ここで言いたいのは、私も失敗するといつも下層頭脳の中に逃げ込んだということだ。そこは心理学で言う「ファイト・オア・フライト（戦うか逃げるか）」の世界だ。私もそこで子供のような行動をとった。それどころか、赤ん坊のような行動をとったこともある。指しゃぶりで自分を満足させるそんな時期を卒業した私を引っ張り上げ、上層頭脳の知恵を発達させてくれたのは、言い訳や非難をせず、自分にもっと正直になり、次により多くの情報と知識を求めることが大事だという金持ち父さんの教えだった。この教えがなかったら、今の私はどうなっていたかわからない。きちんとした大人になっていたかどうかもあやしいものだ。もっとも、今も私はこのプロセスを通過中だが……。

ここで言いたいのは、多くの人はあきらめるのが早過ぎるということだ。たいていの人は期待を裏切られたり、わずかのお金を損をしたり、精神的に傷ついたりすると下層頭脳の中に逃げ込んでしまう。世界で最も豊かな国アメリカにおいてさえ大金を手にする人がこれほど少ない一番の理由はここにあると思う。また、これほど多くの人が自由より安心を選ぶ理由もここにあると私は信じている。

●私が学んだ二つの教え

上層頭脳を働かせることを学ぶ過程で、私はとても大切なことを二つ学んだ。一つめは、実生活での経験を積むと、自分の思い通りに物事がいかないときに冷静さを保つのが楽になるということだ。例えば、不動産やビジネスがうまくいかない時でも、上層頭脳から出る感情のおかげで、私は冷静でいられた。この感情とは愛情、つまりゲームに対する愛情だ。今の私は、ビジネスや不動産がどういう状況になっていても、勝っていようが負けていようが幸せだ。それはゲームを愛するようになったからで、その愛情は上層頭脳からわいてくる。

二つめに学んだことは、自分が「戦うか逃げるか」と身構え、下層頭脳の中でのたうち回っているのに気付いたら、「沈黙は金なり」というルールを思い出すことだ。暴言を吐いたり、あとになって後悔するようなことを口走ったりせず、沈黙を守り、上層頭脳に働きかけて、もっと高いレベルで考えるように努める(いつもそれができるとは限らないが……)。上層頭脳が働いてくれれば、同じことを言うにしても、非難や怒りや自己弁護などではない、よりうまい言い方を見つけることができる。

商船アカデミーでも、航空学校でも、実際のビジネスや投資の世界においても、私にとって最も大事だった教えは、たとえ船体や機体に何が起きても冷静でいること、上層頭脳で考えること、自分の任務に集中することだった。

方舟の船長になりたい人は、責任も言い訳もすべて自分で抱えなければいけない。

●方舟を造ろう

1．自分に嘘をついていないか？

2．大人になったら何になりたいか？（自分はもう大人だと思っている人も考えて欲しい）

3．時間やお金が足りないと言い訳していないか？

4．言い訳は自分に対する嘘だ。「言い訳ではなく努力をしろ」という言葉を紙に書いて、毎日目につくところに貼っておこう。

5．第十四章の「方舟を造ろう」（二七八ページ）の4で書き出した否定的な考え方を見直し、それが実は言い訳ではないか考えよう。

6．一週間に最低五時間、方舟を造るための時間をとろう。

7．その五時間にやる活動の例は次の通り。自分一人でやってもいいし、家族とともにやってもいい。

a．不動産を見ながら近所を歩いたり、自転車や車を走らせたりする。

b．不動産業者のところに行って投資物件について聞く。

c．週に一度、新しいビジネス・アイディアを話し合う夕食の席を設ける。

d．近所で開催されるフランチャイズビジネスのトレードショーに行ってみる。

e．地元で行われる不動産セミナーや、起業セミナー、株式投資セミナーに出席する。

8．ビジネス、不動産、株式やオプション投資など、どんな種類の資産から始めたいか決めよう。

●実例——チャックとデニスが始めた家具ビジネス

数年前、チャックとデニスはカリフォルニアに住むデニスの姉の元を訪れた。デニスの姉は自宅をオフィス代わりにして、パートタイムで家具ビジネスを始め、まあまあの利益を上げていた。デニスとチャックは同じようなビジネスモデルを使って、大きな会社を作れるのではないかと考え、その目標に向かって動き始めた。

二人は数年前からゲーム『キャッシュフロー101』をやっていて、金持ち父さんシリーズの本もすべて読んでいた。今、彼らは、自分たちがビジネスチャンスを見つけられたのも、行動を起こすだけの勇気が持てたのも、金持ち父さんの教えのおかげだと言っている。ビジネスを作り上げそれを成功させる過程で、彼らは『金持ち父さんのキャッシュフロー・クワドラント』で説明されているS（スモールビジネスオーナー）とB（ビッグビジネスオーナー）の違いを身をもって学んだ。今この家具ビジネスは、二人が手を引いてもお金が稼げる本物のBクワドラントのビジネスになっている。彼らは何もかも自分でやろうとはせず、資産を増やすのに合弁事業の形を利用し、ほかの州に支店まで出し始めている。

皮肉なことに、チャックとデニスは、以前は自分たちが持っている「ガラクタ」の数や質で成功の大きさを測っていた。金持ち父さんによる資産の定義を理解した今の彼らは、負債やガラクタではなく、資産を買ったり、築いたりすることに焦点を合わせている。ガラクタが欲しくなったら、まずその分のキャッシュフローを生み出す資産を買う。そうすれば、ガラクタの支払を済ませたあとも資産は手元に残り、毎月余分の

キャッシュフローを生んでくれる。この考え方は彼らに大きな違いをもたらし、独自の投資ルールを生み出す助けとなった

チャックとデニスはアイディアとビジネスチャンスをつかみ、ほんの数年の間に、数百万ドルの価値のあるビジネスを作り上げることに成功した。彼らは自分たちの方舟をコントロールする力を自分たちで握り、今も資産をせっせと積み込んでいる。

第十六章……

コントロールその4 先を見通す力をコントロールする

産業時代には大きいことがいいことだった。情報時代には姿が見えないことが一番だ。
――ロバート・キヨサキ

「父さんが大学生だった頃は、この土地はすべて一エーカー五ドルで買えたんだよ」一九七〇年代、ワイキキ近くのショッピングセンターの横を車で走りながら、貧乏父さんはよくそう言った。また、「この土地を一エーカー五ドルで買わないかとセールスマンに言われた時の話をしたかな?」と聞くこともあった。

そんな時、私たち子供は「うん、父さん。何回も聞いたよ」と答えたものだ。

父が大学生だったのは一九四〇年代だ。父が「この土地」と呼んだ土地は当時は沼地だった。一九六〇年代には、その同じ土地が世界で最大のショッピングセンターの一つになった。ざっと見積もって、一九四〇年代の五百ドル投資が、少なくとも五億ドルの価値を持つようになった。その土地を実際に買ったのは、父と同じ年齢の人だった。この二人の個人的財産の大きさの違いは先を見通す力の違いにある。

ウォーレン・バフェットは以前、次のような意味のことを言った。「もし歴史が人を金持ちにするのなら、図書館員は億万長者になっているだろう」

金持ち父さんはこう言った。「多くの人たちはバックミラーを見ながら車を運転するような人生を送っている」そして、次のように続けた。「そういう人たちはいつもこう言う。『ああしておけば……ああすべきだった……ああもできたのに……』」

つい最近、十六万ドルで売りに出ている小さな家をながめていると、隣の住人が近づいてきてこう言った。

「私はここに二十年住んでいるが、この家が一万一千ドルだった時のことを覚えているよ」

「その時買っておくべきでしたね」と私が言うと、その人は、「いや、いや。当時一万一千ドルというのはこの家にしては高すぎた。それほどの価値はなかったよ」

「もしかすると今のうちに買っておいた方がいいんじゃないですか？」私はそう答えた。

「いや、いや。この家は十六万ドルでは高過ぎる。それほどの価値はないね」


二番目のコントロール、つまり感情のコントロールの章で、私は金持ち父さんのこんな言葉を引用した。「お金のこととなると、何でも怖がる金銭心気症に陥ってしまう人が多い」金銭心気症というのは、ふつう下層頭脳から起こる考え方だ。下層頭脳でばかり考えていると、先を見通す力が鈍りがちだ。そういう人はたいてい、バックミラーばかりを見て車の運転をしている。目の前に一生に一度のチャンスがあっても彼らが行動を起こさないのは、多くの場合、損をするのが怖いからだ。あとになって人生というハイウェイを走りながら、彼らはこんなふうに言う。「ああしておけば……ああすべきだった……ああもできたのに……」多くの賢人が言っているように「後知恵はよく見える」。金持ち父さんに言わせるとこうだ。「金持ちになりたかったら、何より先見の明がなければいけない」

●未来は明るい

私は株式市場の暴落が起こると警告しているが、だからといって未来に対して悲観的になっているわけではない。それどころか、とても楽観的な考えを持っている。暴落が起こると警告しているのは、車を運転している友人に、先の道路が流されてしまったことを警告するのと同じだ。警告に耳を傾け、その人が別の道を選べば、安全、確実、時間通りに目的地に着くことができるだろう。

方舟の船長になるために欠かせない技術の一つは、先を見通す力を磨くことだ。金持ち父さんはこれを「目ではなく頭で見る」と言っていた。この力を磨くためには中層頭脳を鍛えることが重要だ。次に、実社会に出て、上層頭脳が持っている知恵、すなわち直感や本能と呼ばれるものを磨くことだ。

「歴史が人を金持ちにするのなら、図書館員は億万長者になっているだろう」というウォーレン・バフェットの言葉はとても深い意味を持っている。なぜなら、実際のところ、未来は違ったものになるからだ。物事はものすごいスピードで変化している。だからバックミラーで未来を知ることなどできない。年齢にかかわらずだれでも、ちょっと立ち止まってこの数年の間に起きたさまざまな変化について考えてみれば、そのことはすぐわかるはずだ。例えば、私はウッドと呼ばれているゴルフクラブが実際に木で作られていた頃のことを覚えている。今のウッドは聞いたこともない新合成素材で作られている。言い換えると、ゲームはそのままだが、ゲームをするために使われる道具は劇的に変化しているということだ。これは生活の多くの側面で言えることだ。今、だれかが「連絡を取り合おう」と言ったら、それは徒歩や車、バス、飛行機などを使って会うことのほか、電話、ファックス、郵便、Eメールといった手段で会話することも意味する。

もっと時代をさかのぼれば、ほんの百年前には飛行機などというものはなく、国王も女王も、世界一の金持ちも飛行機に乗ったことがなかった。だが、今ではだれでも飛行機に乗れる。また、百年前には金持ちしか車を持っていなかったが、今や車は至る所にある。百年前は電報で連絡をとるにはモールス信号を知らなければならなかったが、今では世界中の人が携帯電話を持っている。私の知り合いでモールス信号を知っている人はあまりいない。一九九〇年、世界は「ワールド・ワイド・ウェブ」が何なのかすら知らなかった。今、インターネットはこれまでに発明されたどんなものよりも速く世界の未来を変えつつある。

●未来を見通す方法

一九八一年八月、私はカリフォルニア州とネバダ州の境にある山間のスキー場に出かけた。バックミンスター・フラー博士が主催する「ビジネスの将来」と題された会議に出席するためだった。当時フラー博士といえば世界を代表する未来学者の一人と考えられていた。私も博士の名声や評判について多少なりとも知っていたが、水晶玉を使わずに未来を見る方法を教えられる人がいるとは、まだどこかで信じられずにいた。そんなわけで、会場に到着した私はまだ大きな疑いの気持ちを持っていた。

だが、予想に反して、フラー博士と過ごしたあの一週間は私にとって大きな人生の転機となった。その変化は楽ではなかったが、よい方向へ向かう変化だったのは確かだ。私は未来を見通す方法について実に多くのことを学んだ。それはこの章ではとても紹介しきれないし、章の趣旨からも外れるので全部は紹介しないが、この章は先を見通す展望《ビジョン》についての話なので、フラー博士が未来を予測するために使った方法の一部を紹介したいと思う。私がこれから話すプロセスは、フラー博士が「短命化」と呼んだ原理だ。複雑で頭を混乱させる説明は飛ばすとして、わかりやすい例としてタイタニック号の話を使って説明する。

タイタニック号建造より何世紀も前の原始時代、丸太にしがみついて流れを下るうち船の可能性に気が付いた人類は、それからまもなく丸太を削ったカヌーを作り、次に、板と骨組構造を使ったもっと軽いボートを作り始めた。この木製の船はどんどん大型化し、次に、南北戦争で戦った世界初の鋼鉄艦モニトル号とメリマック号が登場する。鋼鉄を使った造船技術が導入されるとすぐに、船は海の巨人へと成長し世界中に乗客や貨物や兵器を運ぶようになった。事業家たちは船に投資し始め、どんどん大きな船を求めた。そして、それはタイタニック号の悲劇が起きるまで続いた。タイタニック号が沈んでまもなく、船の黄金時代は終わる。これが、フラーが未来を予測するために使った原理の一つ、短命化を非常に単純化した例だ。

簡単に言えば、短命化とは、小さく始まってだんだん成長し、あまりに大きくなり過ぎてまた小さくなり、突然姿を消すか目に見えなくなる過程のことを指す。例えば、無線による通信は目に見えなくなった例だ。成長の終わりは、タイタニック号や巨大飛行船ヒンデンブルグ号の例に見られるように、大惨事によって明らかになることもある。フラーは、要するにテクノロジーが巨大化しすぎるのだとよく言っていた。タイタニック号をはじめとする大型船舶の場合、大きくなり過ぎてコントロールできなくなっていたのに、船を操縦する人間は沈まないと信じていた。そして、新しいテクノロジーが登場した。飛行機だ。当時初期段階にあった飛行機は、小さく始まってどんどん大きくなっていった。

●「ホテルだと思ってください」

ワールド・トレード・センターの悲劇の直後、私はニューヨークに行く機会があった。五番街を歩いている時、燃えさかるビルの写真を表紙にしたニュース雑誌が目に入り、立ち止まってそれを買った。その雑誌から私は二つのショックを受けた。一つはワールド・トレード・センターの二本のツインタワーの際立った姿、特に川を隔ててニュージャージー側から見たその姿だった。ニューヨークにはそれまでに何度も行ったことがあったが、この時まで、二つのビルがどれほどほかのビルを小さく見せていたか気付かなかった。

もう一つ、私の目を引いたのは、二ページ見開きの新型飛行機の広告だった。広告のコピーにはこう書かれていた。「これを飛行機だと思わないでください。ホテルだと思ってください」二ページを使ったその広告には、座席の代わりにホテルのスイートルーム、ショッピングセンター、小さなバーやレストランを配した飛行機の内部が写っていた。それは、いろいろな意味でタイタニック号の映画のセットを思わせた。

ニューヨークの通りの角に立っていた私の頭に、一九八一年、暖かな夏の日のスキー場で、タイタニック号が象徴するものについて語るフラー博士の言葉に耳を傾けていた時のことが浮かんできた。ワールド・トレード・センターへの攻撃は、飛行機の黄金時代の終わりを知らせるものだったのだろうか？　産業時代の象徴である巨大な摩天楼は、突如として巨大な化石と化したのだろうか？　巨大ビジネスは大きくなりすぎたのだろうか？　ペンタゴンに対する攻撃は、アメリカの経済的、軍事的リーダーシップの終わりを象徴していたのだろうか？　今言ったことがすべてあたっていたとしたら、問題は次に何が来るかだ。今、未来を見ることはできるのだろうか？

一九八一年の会議の時、フラー博士は、ロシアが最初の人工衛星を打ち上げた一九五七年以降の新しいテクノロジーの飛躍的進歩は、いずれも目に見えないもの、つまり肉眼では見えないものになるだろうと語った。それから、タイタニック号の悲劇のあと古いテクノロジーにとって代ることになった新しいテクノロジー――飛行機――は、まだ人間の目で見ることができると説明した。つまり、次に飛行機に取って代わる新しいテクノロジーは目に見えないものになる。ニューヨークの通りの角に立った私が、未来に思いを馳せながら、変化を目ではなく頭で見始めるという話を思い出したのはそのためだった。

二〇〇一年の九月十一日よりずっと前に、バフェットは同じAAでもアルコホリクス・アノニマス（アルコール依存症者の自助グループ）ならぬエアラインズ・アノニマスに参加するよう投資家たちに勧めた。ライト兄弟から現在に至るまで、航空会社が非常に儲かる産業だったことは一度もないというのが彼の主張だった。あの悲劇のあと、航空産業とそれを支えるホテル、レンタカーなどのビジネスはすべて、産業自体が衰退しかねない状態に陥った。航空会社、ホテル、レンタカーなどは今後も残るだろうが、その一方で新しいテクノロジーはすべての人に変化をもたらそうとしている。

バフェットは大航空会社には投資しなかったが、ビジネス用小型自家用機を飛ばす会社には投資していた。これも二〇〇一年九月十一日より前のことだ。バフェットがフラーに会ったことがあるとは思えないが、ともかく、この二人はとてもよく似た考え方を持っていた。フラーは、なくなったり見えなくなったりしない場合、テクノロジーはより小さくなるという話もしていた。小型のビジネス機はまさにこれにあたる。

フラーが例として使ったのは、小型自家用機ではなくコンピュータだった。コンピュータはごく最近まで非常に大型で、専用の大きな部屋やそれを動かす大勢の人、莫大な電力を必要とし、それでいて計算能力は限られていた。今のコンピュータは小型で、低価格、そして能力は旧式の大型コンピュータよりはるかに勝っている。これも短命化、すなわちより小さいものを使って、より多くのことを成し遂げる能力を表わすいい例だ。

今挙げたいくつかの例も前のものと同様、かなり単純化されている。フラー博士は、もっと深い部分まで掘り下げてこの重要な原理を説明した。彼が言いたかったのは、物事は小さく始まって成長し、すぐに大きく、おそらくはあまりに大きくなり過ぎるということだ。もう一つ大事なのは一九五七年以降の新しいテクノロジーは目には見えないものになるという点だ。今、より小型の社用機の産業がブームになっているし、なかなか普及しなかったビデオ会議も受け入れられ始めた。ビデオ会議は成長産業の一つで、航空機産業から仕事を奪いつつある。このテクノロジーは、巨大航空機の必要性にとって代わる、情報化時代の目に見えないテクノロジーの一つだ。

●大きくなりすぎたものに注目して未来を見る

投資信託産業は一九八〇年代の後半から急成長を始めた。今、投資信託会社の数は株式を公開している会社の数より多い。投資先の会社より、投資信託会社の方が規模が大きい場合もよくある。問題は、一部の投資信託会社は大きくなりすぎたのではないかということだ。この答えはみなさんに考えていただきたい。考え方はいろいろあるだろうが、大口の投資信託よりも小口の投資家のほうがずっと機動力があるため、投資信託から離れて、独立した株式投資家になる人がどんどん増えている事実は変わらない。それにまた、投資信託ではなく、ヘッジファンドに投資する人の数が激増しているのも事実だ。ここでもその理由は、ウォーレン・バフェットが大航空会社ではなく小さな飛行機会社に投資したのと同じ理由だ。それは、物事が大きくなり過ぎると機動力がなくなり、自分たちは沈まないと思い込んでしまうことが往々にしてあるからだ。

未来を見る方法の一つとして、大きくなり過ぎたものに注目するやり方がある。それから、それに代わる小さな、目では見えないものに注意する。例えば、ワールド・トレード・センター攻撃の直後、巨大企業のシェブロンとテキサコの合併が発表され、その結果、石油業界の巨人が生まれた。同じビジネス欄の別の場所には、もっと小さな企業が燃料電池における画期的テクノロジーを開発したことを伝える記事が載っていた。それは大手石油会社から多くのビジネスを奪う可能性がある新テクノロジーだった。

ビル・ゲイツやスティーブン・ジョブスは、大企業には見えなかったことを見通し、若くして大金持ちになった。ビル・ゲイツがIBMのパソコン用ソフトの契約を取り付けたのは、IBMが高性能小型コンピュータの普及の可能性を読み切れなかったためだ。スティーブン・ジョブスの場合は、ゼロックスがどう売っていいかわからないでいたテクノロジーを使って金持ちになった。そのテクノロジーの助けを借りて、彼はマッキントッシュ・コンピュータを作り上げた。

●姿なき経済の時代

十一月初め、九月十一日から二度目のニューヨークへ戻った。この旅行中、私はエンパイア・ステートビルからもっと小さなオフィスビルへとオフィスを移した友人と会った。友人はこう言った。「次の標的になるのはごめんだと言って辞めていく社員がいるんだ」彼のその言葉を聞いて、私は世界が情報時代、つまり見えないことの方がいい時代にいよいよ本格的に突入したことを強く感じた。

ネットワーク・マーケティング産業は情報時代のビジネスの一つだ。それは目に見えないビジネスだからだ。そして、姿なきビジネスであるがゆえに、産業時代の精神を持ち、いまだに頭ではなく目でビジネスを見ようとする人たちに向かって、そのビジネスの利点を説明するのはむずかしい場合が多い。

ネットワークビジネスではオフィスも目に見えないことが多い。だから、テロリストがこの産業を攻撃するのはむずかしいだろう。世界中どこでも、たいていのネットワークビジネスのオフィスは自宅に隠れている。つまり、姿を見せずに巨大ビジネスを自宅から操っている人たちがいる。彼らのやっているビジネスが目に見えたとしたら、世界中で、あなたの住む家のすぐ近くに摩天楼がそびえたっているのが見えるだろう。

フラー博士の予言によると、私たちはまもなく産業時代の終わりを目撃する。博士はまた、情報時代の幕開けは目にするのがむずかしいだろうとも予言している。その理由は簡単で、その変化が見えないからだ。

フラー博士は一九八三年に亡くなり、自分の予言が的中するのをその目で見ることはなかったが、彼の予言はその多くがすでに実現している。

インターネットのことを考えてみれば、それだけで、姿を見せない世界が存在するのがよくわかる。姿なき経済は政府により多くの問題を突きつける。それは、政府が産業時代の副産物だからだ。政府は情報時代の姿なき経済に課税し、国境を作ろうとしている。姿なき経済があまりに大きくなり過ぎて、政府が税金を徴収したり、国境を作ったりできなくなったら、政府が抱えるこの問題はさらに大きくなるだろう。そうなれば、一国の通貨の力は税金徴収能力と連動するという単純な理由から、結果的に国の通貨が弱くなる。これはつまり、政府もまた大きくなり過ぎたということなのだろうか？　情報時代になってもまだ、私たちが今知っているような形の政府が存在し続けるのだろうか？　あるいは、政府もまた姿なきものになれるのだろうか？

フラー博士は政府が時代遅れになっていると考えていた。政府が弱くなったために人間性が発達するか消滅するかの瀬戸際に立たされているというのが彼の持論だった。人類は、より誠実で一貫性のある個人からなるユートピア的世界か、より大きな政府か、そのいずれかを選ばなければならない。そうしなければ、今私たちが考えているような人間性は消失するだろうとフラー博士は考えていたのだ。これを言い換えるなら、問題を政府に任せるのではなく、一人一人の人間がより多くの問題を解決していく必要があるということだ。

●船のへさきの見張番

昔から、船長たちは船のへさきだけでなくマストの上の見張台にも、船橋《ブリッジ》にも常に見張番を立ててきた。方舟の船長であるあなたもまた、船のへさきや見張台に見張番を立てなければならない。具体的にどうするかというと、次のようなことだ。

1．自分で言ったことを守る

フラー博士は、人類は一貫性《インテグリティ》の時代に突入しつつあると言った。インテグリティは単純に言って「完全」とか「完結」を意味する。つまり、思考と言葉と行動が一致していなければならないということだ。これを実行すれば、未来を手にすることができる。

2．柔軟な頭で変化に備え、聞き耳を立てる

今の時代、変化は目では見えないので、目より頭を使って見なければならない。

3．財務諸表の読み方を学ぶ

あなたがどんな投資をしていようと、つまり投資の対象がビジネス、株、不動産、公債、あるいは自分自身のどれであれ、財務諸表を見ればあなたの本当の財政状態がわかる。投資自体や政府についても同じことが言える。銀行はきちんとした完璧な財務諸表を見たがることを常に覚えておこう。銀行の貸付係は多くの場合、最初の三分で金を貸すか貸さないかを決める。きちんとした財務諸表を持たず、自分の財政状態を明確に説明することができなければ、利率の高い、悪い借金しかできない。

4．テクノロジーを利用する

今では、以前は金持ちや権力者しか見られなかったものを一般の人間に見せてくれるコンピュータ・プログラムがある。私の友人には株やオプション取引をしている人がいるが、今、彼らは投資先を調べたり検索したりするのに、大きな投資会社と同じ力を個人に持たせてくれるチャートやソフトウェアを持っている。これらの新しい取引の道具は個人投資家に大企業と同じ力を与える。ビジネスや不動産においても、同じようなテクノロジーの進歩が利用できる。前にも言ったように、ゴルフのゲームの仕方は同じままで、道具だ

けが変わったのだ。

5．大きいものに注意する

「全国誌の表紙を飾るほど有名になったら、その人の出世はそこで終わりだ」投資業界ではそんなふうに言われている。ほんの少し前の産業時代には、六十年以上業界のトップに立つ優良企業もあったかもしれないが、今では、テクノロジーの進歩に伴い、企業の寿命はもっと短くなっている。言い換えると、物や人があまりに大きくなり過ぎたその瞬間に、それらは落ち目になり、新しい物や人に取って代わられる。同じことが投資信託会社や不動産、出世にも言える。世の中には常に、先頭に取って代わろうと、虎視眈々としている新しい物や人が必ずいる。あなたの仕事は、大きくなり過ぎた人や物に注目し、それに取って代わるものを見つけることだ。

6．法律の変化に注意する

金持ち父さんはいつも、法律の変化と、法律が未来に及ぼす影響の変化に注意していた。エリサ法とそれに続く修正案がそのいい例だ。社会保障を生み出した法律は、何らかの形で解決しなければならない問題を生んだ。この大きな混乱に対処するために、政府が最終的にどんな決断を下すか、注意して見守ろう。金持ち父さんが言った通り「法律の変化は未来を変える」。

7．インフレに注意する

市場が上下するのと同じようにインフレ傾向も強くなったり弱くなったりする。二〇〇一年九月十一日の直後、連邦準備銀行は、経済に安定と流動性をもたらすために世界中にアメリカドルをあふれさせた。長い目で見ると、この時ばらまかれた紙幣はインフレを招くことになるかもしれない。それはアメリカドルの価値が下がることを意味する。インフレが始まれば、不確実な価値しかないものは価値を失い、その一方で価値のあるもの、つまり不動産、金、銀、公益企業株などの資産は大幅に価値が上がるだろう。

政府が行う基本的な経済政策は次の五つだ。

1．紙幣を印刷する
2．税金を集める
3．お金を使う
4．解決できない問題を先送りにする
5．金利で経済をコントロールする

一九九〇年代に株価があれほど高騰したあと二つの理由は、インフレがあまり進まなかったことと低金利だ。インフレが進むと、たいてい政府は金利を上げてそれに対応する。金利が上がると、普通、株価は下落する。つまり物価上昇率が高いと、一般に投資信託は下落し、価値を下げる。

今ある程度の年齢の人は、一九七〇年代後半、インフレが最高潮に達した頃のことを覚えているだろう。あの時、金利は最高レベルまで上がり、株価は下落した。そんな時代がまた来ると言っているわけではないが、私は用心を怠らない。もしひどいインフレと高金利の時代に突入すれば、DC年金プランや投資信託に頼っている人たちは、深刻な財政危機に陥る。インフレがやって来たら、一九七〇年代後半と同じように、預金をしている人が罰を受け、借金をしている人が得をする。

8．社会保障プログラムに対する政府の対応に細心の注意を払う

社会保障や高齢者医療保険《メディケア》、医療扶助《メディケイド》、そのほかの政府主導によるプログラムが問題を抱えているのは今に始まったことではないし、事態は悪化するばかりだ。前にも言った通り、政府はこれらの問題を解決せずに次世代に先送りしている。困るのは、二〇一六年頃に、先送りしたすべての問題が表面化してくることだ。深刻化する問題がどう扱われているか、充分に注意しよう。政府が大幅な増税を始めたら、どんなことにも対応できるよう、そしてすばやく行動できるよう準備しておこう。今やお金は文字通り光速で動いている。

二〇〇二年に全米州議会議員連盟がまとめた報告書には、この問題がどれほど深刻になりつつあるか詳しく述べられている。それによると、二十八の州が支出超過と予定収入減を抱えている。

この報告書にはまた、州が赤字を出した事業項目が具体的に記載されているが、予算超過の最大の原因は医療扶助だ。人口の高齢化が進み、自分では払いきれない医療を必要とする人が増えている現状では、この問題は悪化の一途をたどるのみだ。だからこそ私たちはみんな、深刻化する問題がどう展開していくか、見守っていかなければならないのだ。

未来は変わる。ほかの人には見えないもの、あるいはほかの人が見たがらないものを見ることが、これまでになく重要性を増している。

●方舟を造ろう

方舟を造る努力をしているあなたを励ましてくれる友人と会おう。そして、この章で取り上げた次のそれぞれの目標について話し合おう。

1. 自分で言ったことを守る
2. 柔軟な頭で変化に備えて聞き耳を立てる
3. 財務諸表の読み方を学ぶ

4. テクノロジーを利用する
5. 大きいものに注意する
6. 法律の変化に注意する
7. インフレに注意する
8. 社会保障プログラムに対する政府の対応に細心の注意を払う

次に、これらの八つの考え方を念頭に置き、第九章パーフェクト・ストームで取り上げた次の八つの変化を友人と一緒に見直そう。どうやったらこれらのマイナス要因をビジネスチャンスに変えられるだろうか？

1. 何百万という人が、年をとってから貧困状態のまま放置される
2. 医療費がさらに上がる
3. テロリズムが広がる
4. 今、世界で二番目の経済大国である日本が金融崩壊と不況の入り口に立っている
5. 中国が世界最大の経済大国になる
6. 世界の人口が高齢化し続ける
7. ウォール街が時代遅れになる
8. 大企業が人々の信頼を失い、衰えつつある

定期的にこれらの項目を見直し、ビジネスチャンスがないか知恵を出し合うことによって、あなたのお金に対する意識は劇的に向上する。一緒にやる仲間が見つかれば、たがいに刺激し合って、目標の設定・達成をめざすことができるだろう。

第十七章……

コントロールその5 規則をコントロールする

高級船員になったら規則を熟知していなければならない。海上の規則は陸上の規則とは違うことを常に頭に入れておけ。

キングス・ポイント　合衆国商船アカデミー海事法教官

商船アカデミーの学生として、私たちは船舶の操縦、貨物の積込、ロープの結び方などを長い時間をかけて学んだ。また、高級船員が知っておかねばならないさまざまな法律についてもじっくり勉強した。特に法律の専門家になる教育を受けていたわけではないが、水上での船舶航行に関わるさまざまな法律を熟知している必要があったからだ。私たちが詳しく学んだのは、海の掟とも言うべき海事法、海運業で使われる契約書その他の法的書類に関わる商法、労働組合の組合員である乗組員たちの扱い方を学ぶ労働法、船舶を安全に航行させるための規則である海路規則などだ。そのほかに、戦争に関する法律、二十一世紀に入ってますます大きな問題となっている、海賊の対処法についての授業もあった。

私たちは、河川を航行するための規則と海上の規則とが異なることも知っておかねばならなかった。また、世界中の船舶が守るように義務付けられている、ブイなどの水路マーカーについても広く勉強した。そのほかに、国やそれぞれの港によって異なる港湾規則を学ぶ授業もあった。例えば、ニューヨークに寄港する場合と、香港に寄港する場合の法律の違いを知っていなければならなかった。

必修科目となっていた規則の中でも、非常に広範囲にわたり一番大変だったのは海路規則だ。これは世界中の航路を航行する船舶のための国際的な規則だ。勉強するのが一番大変だったのは、合衆国沿岸警備隊検定試験のために、たくさんの規則を暗記し、一言一句たがわず書かなければならなかったからだ。この規則はいわばテクノロジーの変化を外洋航海に応用するために書かれたものだったので、なかなかおもしろかった。例えば第十六条は、船舶の世界にレーダーが導入された時に作られた規則だった。それによると、他の船の存在をレーダーでとらえた船は、目視で確認できなくてもエンジンを止めなければならない。つまり、目で見えなくても、レーダーが船を見つけ、そこに衝突の危険があったら、何が何でも規則に従わなければいけない。実際、前方に小型の釣り舟がいるのをレーダーが発見しているのに、霧のため肉眼では見えないということがよくあった。そんな時、私たちはすぐにエンジンを止めた。エンジンを止めたら、次は衝突の危険がなくなるまで慎重に舵をとるよう規則に定められていた。すべての船舶は今でもこの規則に従うことが義務付けられている。

テクノロジーの変化のために定められた規則のもう一つの例は、帆船とエンジンで動く船に関する規則だ。外海では、エンジンで動く船は必ず帆船に道を譲らなければならない。だが二隻の船が狭い海峡や港で遭遇した場合は例外だ。その場合は、帆がついているかエンジンがついているかにはかかわりなく、小回りがきく方の船が、一般に動きの鈍い大型船に道を譲らなければならない。海上ではたいてい、海事法の弁護士を呼んで意見を求める暇などなかったから、これらの規則はしっかり頭に叩き込んでおかなければならなかった。高級船員は規則を知っていなければならなかったが、その規則はさまざまな状況によって常に異なっていた。

●規則に注意を払う

軍のパイロットとしての訓練を受けた時も、規則にしっかり注意を払わなければいけないと教えられた。ある国から別の国へ飛行する際には、そこまでの距離のほかに、海岸部での高度、都市部での高度、空港によって異なる規則、そのほか数多くの規則について指示を受けた。また、戦闘地域を飛ぶ時は交戦規則も教えられた。私たちはたとえ敵の攻撃を受けていても、撃ち返す前に規則に従わなければならなかった。

金持ち父さんも規則の大切さをよく知っていた。そして、息子のマイクと私にも、相手や状況によって異なる規則があることを知っておく必要があるといつも言っていた。

金持ち父さんはキャッシュフロー・クワドラントを表す図を描き、それぞれのクワドラントの違いについて説明してくれたが、話の大部分は、それぞれのクワドラントを支配する異なる規則に関するものだった。その一つの例が図㉒だ。

一九四三年、現行納税法が議会で承認された。簡単に言うと、この法律は従業員が支払を受ける前に政府が支払を受けることを可能にする法律だった。つまり、「まず自分自身に支払え」と言っても、それは理論的にはEクワドラントの人にはあてはまらない。なぜなら、Eクワドラントでは、必ず政府がまず支払を受けるからだ。私の友人で公認会計士をしているダイアン・ケネディは、「もしあなたがEクワドラントに属していたら、私にできることは何もないわ」と言う。言い換えるなら、節税のために会計士にできることはほとんどないということだ。

㉒法律の改正は繰り返し行われてきた

一九八六年までは、Ｓクワドラントの人たちも、Ｂクワドラントの人たちが利用していた税金の抜け道の多くを利用できた。だが、一九八六年の税制改正のあと、医者、弁護士、エンジニア、会計士、建築家など、資格を有する専門職の人たち、および一部の従業員たちは、ＢクワドラントやＩクワドラントの人たちがその後も利用し続けている抜け道を使うことができなくなった。一九八六年の法改正は不動産市場や株式市場の暴落を招き、多くの貯蓄貸付機関を破産に追いやった。この法改正のおかげで、銀行や巨大企業、的確なアドバイスを受けた実業家や投資家たちが得をした一方で、そのほかの大勢の人たちは税制面でのいくつかの優遇を受けられなくなった。

一九三三年、新設された証券取引委員会のトップで、のちに大統領となるジョン・Ｆ・ケネディの父でもあったジョゼフ・Ｐ・ケネディは、中流以下の人が金持ち用の紙の資産へ投資することを不可能にする法律を支持した。その結果、大金持ちではない人たち、収入が一人で二十万ドル、夫婦で三十万ドル未満の人たち（そうでない人はアメリカの人口の五パーセントに満たない）は、たいていの場合、世界で最も有利な投資の一部に投資することができないようになった。

『キャッシュフロー１０１』のゲーム盤には二つの周回コースがあるが（図㉓）、このゲーム盤は一九三三年の証券取引委員会の決定を反映している。小さい円は「ラットレース」で、中流以下の人たちはここで投資をする。一方、金持ちは「ファーストトラック」と名付けられた大きい方のコースで投資する。ここで大事なのは、コースによってゲームのやり方ばかりでなくルールも違う点だ。金持ち父さんはゲームのやり方や規則の違いを知っておくように、マイクと私にいつも言って聞かせた。

●クワドラントの規則

私はＥクワドラントからの収入はできるだけ少なくしたい。Ｓクワドラントに属する医者や弁護士、会計士などのように、専門的職業からの収入は得たこともなければ、そうしたいと思ったこともない。現在、収入の九十パーセントはBとIのクワドラントから得ている。それはなぜか？　理由は、この二つのクワドラントの規則の方が金持ちになるのに好都合だからだ。

自分の方舟の船長になるつもりなら、それぞれのクワドラントの異なる規則をよく知っておかなければいけない。だからといって、なにも会計士や弁護士になるために学校に戻れと言っているのではない。ただ、有能なアドバイザーをコントロールする必要があると言っているだけだ（このコントロールについては次の章で扱う）。それぞれのクワドラントの異なる規則を熟知しておく必要があるのは、自分の船の船長としてその違いを知っておくためだ。

商船アカデミーで学んだ非常に重要な科目の一つに労働法がある。労働法を学ばされたのは、将来、高級船員として、組合や組合員、組合規則などと付き合っていかなければならなかったからだ。そういった規則を知らなければ、事実上リーダーにはなれない。だから私たちは労働法を勉強した。金持ち父さんがマイクと私に、特にEクワドラントの規則に細心の注意を払わせたのも同じ理由からだ。Eクワドラントに属する労働者に適用される規則がどんなものかがわかると、マイクも私も、自分たちがどのクワドラントの人間になりたいかすぐにわかった。

㉓キャッシュフローゲームは現実と同じ

次に、クワドフントによる違いの簡単な例を挙げる。これらはまた、方舟の船長としてあなたもその違いを理解しておかなければならない理由でもある。

Ⅰ．貯金と借金

前にも書いたように、貯金するのは頭のいいやり方だとたいていの人が思っている。だが、それぞれのクワドランドに適用される税法を見ると、Eクワドラントで貯金しても割に合わないことがわかる。労働者は所得の五十パーセント近くを税金に取られるため、Eクワドラントの人が一ドル貯めようと思ったら、二ドル近い収入を得る必要がある。貯金の利息に対して支払う税金と、インフレによる目減り分を考えると、貯金はいい習慣ではあるかもしれないが、方舟を操縦するための賢明な方法とは言えない。

Iクワドラントに属する私は、貯金より借金をする。実際のところ、お金をたくさん借りて、不動産投資に注ぎ込む自己資金を少なくすればするほど、ROI（投資収益率）が上がる。つまり、いい投資物件であれば、たくさん借りれば借りるほどお金が一生懸命に働いてくれて、収益が増える。わかりやすく説明するために、ごく簡単な例を挙げてみよう。十万ドルの不動産を買ったとして、価格の二十パーセントつまり二万ドルの頭金を払い、八万ドルを八パーセントの金利で借りて、経費をすべて払ったあとの利益が月々二百ドルだったとする。この場合、ROIは約十二パーセントになる。

一方、まったく同じ条件で、一万ドルつまり十パーセントだけ頭金を払い、九十パーセントにあたる九万ドルを八パーセントの金利で借りると、月々の純利益は毎月約百三十ドルまで下がるが、一万ドルの投資に対する収益率は約十五パーセントになる。この三パーセントの違いは、現在銀行が預金者に支払っている利率より高い。

もしすべてが同じ状態に保たれるとして、同じような投資物件が別に見つかったら、二つとも買い、頭金を少なく、借金を多くすれば、もっと収益が上がる。さらに、二つの不動産の評価額が上がれば、資本に対する収益率はもっと高くなる。

この例も、これまで挙げた例と同じように非常に単純化してある。大事なのは、優良な投資物件であれば、借金をすればするほど収益率が上がるということだ。だから私は、たいていの人が貯金を賢明だと思って借金を避けるのに対し、貯金ではなくむしろ借金をする。この違いはクワドラントや規則、お金に関する基本的な教育、そして経験の違いだ。

今の例をもう少し細かく見ると、減価償却を計算に入れればさらに収益率が上がることがわかる。ただし、これはどのクワドラントに属しているかによって事情が変わってくる。Ｓクワドラントの医者や弁護士、Ｅクワドラントの従業員の場合は、次の例のようにはならない。

キムと私の場合、家賃収入だけで年利にして十五パーセントの収入を得ることがよくあるが、規則に従って減価償却を使うと、さらに三十パーセント以上の収入が得られることがある。前にも言ったように、この減価償却は見せかけだけのキャッシュフローだ。そのおかげで、表面的には十五パーセントの収益率でも、実質的に四十五パーセントの収益になる場合がある。例えば、家賃収入で千五百ドルの純益がある賃貸物件に一万ドルの頭金を払うと、減価償却による減税でさらに三千ドル得をする、つまり一万ドルの頭金に対して年に合計四千五百ドルのキャッシュフローが得られる。それに、もし会社組織を作り、その会社に不動産の所有権を持たせれば、規則の範囲内で、この四千五百ドルを実質非課税にすることもできる。銀行に預けてある貯金一万ドルからそんな利益を上げようとしても、まず不可能だ。もし私が近所の銀行に一万ドル貯金していたら、同じ量のお金をもとに年間四千五百ドルを稼ぐどころか、年に二百ドルの利子を得て、そのうち約百ドルを税金として払い、百ドルの利益を得るのがせいぜいだ。だから、私は貯金よりも借金をする。

何年も前、金持ち父さんは私に、ビジネスとして不動産に投資すると、投資家には次の四つの種類の収入が入るようになると教えてくれた。

1. 家賃収入
2. 減価償却
3. 評価増
4. 税金面での優遇

金持ち父さんが息子のマイクや私と何時間もモノポリー・ゲームをした理由はここにある。それは単にお金を稼ぐ方法を教えるためではなかった。大きな理由の一つは、BとIクワドラントの規則を私たちに教えることにあった。今挙げた四つの収入はすべて先ほどの簡単な例の中にも含まれている。銀行から受け取る百ドルは、元金の一万ドル同様インフレによって価値が下がっていく。一方、優良な投資物件であれば、家賃収入の増加によって収益が四千五百ドル以上に増える可能性があるし、自己資金の一万ドルに関してだけではなく銀行から借りた九万ドルに関しても、さらに資本価値が上がる可能性もある。

これはつまり、不動産の価値が上がっても、銀行が受け取り続けるのは貸し付けた九万ドルの八パーセントだけで、残りはあなたのものということだ。例えば不動産の価格が十万ドルから二十万ドルになったとする。あなたは、また銀行に行ってさらに七万五千ドルかそれ以上を無税で借りることもできるし、あるいは買い替え特例を使って、その不動産を売り、キャピタルゲイン税を繰り延べして、増加分の十万ドルを働かすこともできる。つまり、お金に関する教育を受けていればいるほど、そしてクワドラントの規則を知っていればいるほど、たくさんお金を稼げる。

今挙げた単純化された例は、BとIのクワドラントの規則を理解することによって開かれる大きな可能性のほんの一部を紹介したにすぎない。要するに、自分が何をやっているかきちんとわかっていて、有能なアドバイザーがついていれば、実際の収益はもっと大きくなり得るということだ。この本で扱う内容から外れたくないので、これ以上専門的な話をするのはやめるが、先ほどの例について疑問があれば、不動産投資を専門とする会計士や不動産業者から話を聞いて欲しい。Ｉクワドラントのさまざまな規則に関して、もっと耳寄りな情報を教えてくれるかもしれない。

注意：ここで取り上げた例のようにうまくやるためには、数年間の不動産投資の経験が必要だ。そういった経験なしに金儲けのために銀行の金を使うことは、私は勧めない。新米船長がかじを取る船では、レバレッジとしての借金は非常に危険な結果を招く場合がある。ウォーレン・バフェットはこう言っている。「無知と借金が組み合わさると、おもしろいことになりかねない」

不動産投資のための六つのステップについて金持ち父さんが教えてくれたことをもっと勉強したい人は、私たちがタイムライフ社と共同製作した新製品の情報を richdad.com で読んで欲しい。

2．企業の従業員とビジネスオーナー

方舟の船長として、あなたはビジネスオーナーと従業員の違いを知っておく必要がある。両者の財務諸表を比較すればその違いは一目瞭然だ（図㉔㉕）。

㉔従業員の財務諸表

㉕ビジネスオーナーの財務諸表

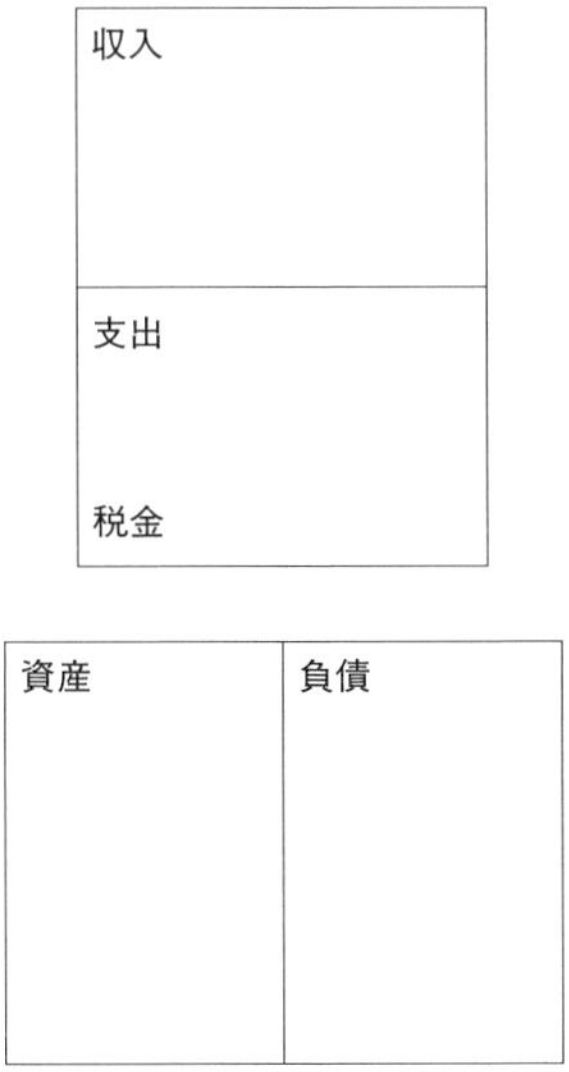

この図をすでに見たことがあって、重要性を充分理解している人も多いと思うが、ここであえてまた取り上げるのは、この図がクワドラントによる規則の違いをはっきりと示しているからだ。つまり、従業員の場合は、支出はすべて税引き後に発生する。それに対して、ビジネスオーナーは税引き前に支出を発生させるように、ある程度コントロールができる。ここでも問題は規則の違いだ。規則の違いはほかにもたくさんある。方舟の船長は、さまざまなクワドラントの規則を最大限にコントロールする必要がある。方舟は四つのすべてのクワドラントからなる。だからこそ、規則を知っておかなければならないのだ。

●規則をコントロールする

私がEクワドラントからの収入をできるだけ少なくしたい理由の一つは、ごく単純で、Eクワドラントでは規則が一番コントロールできないからだ。Eクワドラントでは政府が規則をコントロールする。従業員向けのいわゆる非課税の年金プランの場合でも、やはり規則を作っているのは政府だ。

アメリカでは、政府は従業員がDC年金プランに一定限度額を預けることを許す一方、そこから引き出した収入に対して、所得税率として最も高い税率、つまりEクワドラントの税率で課税する。つまり、従業員たちは投資はしているが、多くの場合、エリサ法によって、Iクワドラントの規則ではなくEクワドラントの規則に従って投資することを強制されている。私はEクワドラントの規則がきらいだ。なぜなら、Eクワドラントの規則では投資可能な金額が制限されるし、投資手段は中流の人たちが好んでやる貯金や投資信託、株などに限定されるからだ。こういうものにしか投資しない人は、たいてい小さな方舟しか持てない。大きな方舟を持ちたかったら、金持ちが投資するものに投資しなければならない。そのためにはまず、規則をコントロールすることだ。

この章で前に取り上げた図をもう一度見てみよう（図㉖）。

この図のIクワドラントのところを見ると「１９３３」という年号が書いてある。これは一九三三年に定められた法律によって、有価証券を売り込む場合、免責事項に該当しない限りすべて登録することが義務付けられたことを意味する。その結果、金持ちが投資する紙の資産とそれ以外の人向けのものが区別されるようになった。

金持ち父さんは私にこう言った。「エリサ法の問題点の一つは、投資家の投資対象を中流の人向けの紙の資産に限定してしまったことだ。リターンが最も少なく、リスクが最も高い投資だというのにね……」金持ち父さんが最もリスクが高いと言ったのは、投資家には市場の上下がほとんどコントロールできないからだ。そして、リターンが最も少ないと言ったのは、ほとんどの投資信託が分散投資をしているからだ。その点について、金持ち父さんはこう言った。「投資信託を分散するのは、すでにもう分散されているものをさらに分散するのと同じだ。つまり、ハイオクのガソリンに水を入れ、それにオレンジジュースを足すようなものだ。すでに分散されているものを分散しろなどとなぜアドバイスするんだ？ そうするくらいなら、お金は銀行に預けておけとアドバイスした方がましだ。長い目で見れば儲けはほとんど同じだろうし、おそらく銀行の方が危険は少ないんだから」金持ち父さんはさらにこう付け加えた。「分散投資のせいで株式市場は非現実的な価格レベルを漂う結果になっている。投資信託は資金を分散して投資するので、一銘柄だけの優良

㉖１９３３年の法律改正は何をもたらしたのか

株の代わりに多くの株が買われる。それによって、あまり価値のない企業が実際の価値以上に高くなる」言い換えれば、投資信託はごく普通の企業の株価を引き上げ、それによってバブルが起きる。だが、このバブルは結局はじけるのだ。

Iクワドラントについてさらによく調べてみると、投資対象が紙の資産だけではないことがわかる。投資の世界の主だった資産としては、ビジネス、不動産、そして紙の資産の三種類がある。もう一度言うが、年金プランで紙の資産に投資すると、法律によって、中流の人向けの紙の資産に対象が制限される。だが、もしビジネスや不動産のようなほかの資産に投資すれば、金持ちと同じルールを利用でき、同じ恩恵を受けることができる。私にすれば、こちらの方がずっと理にかなっている。

●金持ちのルールを利用する

DC年金プランではそう遠くまで行けないと気付いた人から、「どうすればいいか」と聞かれた時は、金持ち父さんがよくしてくれた話をする。「中流の人のためのルールを使うのをやめて、金持ちのルールを使うようにしなさい」それから、本当にそうしたいと思っていない人や、自分から進んで勉強をしたり実際に経験を積むつもりのない人に私のアドバイスを強制するつもりはないので、あくまでも提案にすぎないがと念を押してから、次のような提案をする。

あなた自身の方舟を造るための提案❶
昼間の仕事を続けながら副業を始める

これを始めるとすぐに次のようなプラスが出てくる。

1・金持ちのための税制上の優遇が利用できる

従業員とビジネスオーナーの損益計算書と貸借対照表を比較した図㉔㉕を見れば、こうすることがどんなに有利かわかる。

2．Bクワドラントに必要な技術と規則を学ぶ時間ができる

まだこれから大きな変化の時期がやってくる。だから、今すぐ準備を始めることが大事だ。今副業を始めれば、とても貴重な経験をしながら、何年間か有意義な時間を過ごすことができるだろう。

3．もっと自分の人生をコントロールできるようになる

充分な備えができる前にやむなく退職させられたり、リストラされるのではないかとびくびくしながら働くのとは違い、自分でビジネスを始めれば未来をある程度コントロールできる。

4．株式市場が暴落してもビジネスは続く

一九五〇年、株式市場が低迷を続ける一方で、経済は活気を帯びていた。その後、メリル・リンチの創業者の一人、チャールズ・メリルが株の店頭販売を導入して、株式市場はやっと元気を取り戻した。自分でビジネスを始めることの利点の一つは、たとえ市場が低迷を続けても、合法的な経済の一部をになうビジネスであれば、ビジネスも取引も続いていく点だ。

ウォーレン・バフェットはこう言っている。「私は株式市場で金儲けをするつもりはまったくない。明日市場が閉鎖され、その後五年間再開しないこともあり得ると仮定しながら買っている」

実際のところ、株式市場は、もっと規模の小さい本当の「経済」とは無関係だ。経済は悪化することもあるかもしれないが、それでも続く。つまり、食料品店、クリーニング店、ガソリンスタンド、保険代理店、不動産販売、害虫駆除、小売り店、専門技術・知識の供給といった個々のビジネスは存続する。株式市場が

暴落したら、大企業は打撃を受けるかもしれないが、小規模で地に足のついた、本当のビジネスは大丈夫だ。

5．小規模ビジネスは大きな資産に成長する可能性がある

例えば、ある人が一万ドルの初期投資でXYZスモールジュース会社を始めたとする。そして十年後、負債ゼロで、十万ドルの純益を上げていたとする。収益の十倍を会社の価値とする計算式を使ってこの会社を売却するとしたら、オーナーにとってこの会社の価値は百万ドルになる。

また、ここにABCビッグジュース会社が乗り出してきて、XYZ社の企業秘密であるジュースの製法に対して使用料を払う契約が成立したとする。ABC社がXYZ社の製品を世界規模で売り出したりすれば、製法使用料だけでも数百万ドルの価値になる可能性がある。このような使用権の取引は目には見えないが、大きな利益を生む。これはまた知的財産でもある。

ビジネスがうまくいくには知的財産が必要だ。知的財産には、特許、商標、著作権、独自のトレードカラーなどを含んだトレードドレス、評判、使用権、イメージなど、ほかにもたくさんある。未来が見えなくなればなるほど、知的財産はこれまで以上に重要さを増す。知的財産は現在および未来の莫大な財産につながる鍵だ。金持ち父さんのアドバイザーシリーズの一冊、マイケル・レクター著“Protecting You #1 Asset : Creating Fortunes from Your Ideas”を読んで、知的財産について勉強しよう。

6．収益率が高い

DC年金プランは基本的に、平均八パーセントから九パーセントの利益を見込んでいる。スモールビジネスオーナーなら、うまくやればそれよりかなり高い収益率を上げられる。DC年金プランに一ドル投資する代わりに、自分のビジネスに一ドル投資すれば、税金の優遇も含めて四十パーセントから百パーセントの利益が手に入る可能性がある。もちろんここでも、ビジネスをうまくやれることが条件だが……。

ウォーレン・バフェットはこう言っている。「世界中の莫大な財産は、その多くがたった一つのすばらしいビジネスを持つことで築かれた。ビジネスを理解していれば、たくさんのビジネスは必要ない」

7．行動を始めるきっかけとなる

ビジネスを買おう、あるいは起こそうという決心をしたあなたには、しなくてはならないことがたくさんある。次に、"You Can Choose To Be Rich"（邦訳『ロバート・キヨサキのファイナンシャル・インテリジェンス』）の内容に少し手を加えたものを紹介するので、参考にして欲しい。（この教材は richdad-jp.com で購入可能）

❶ビジネスを自分で起こす

ビジネスを始める際の選択肢の中で一番むずかしいのは、自分で会社を立ち上げることだ。理由は、すべてのシステムを自分で築いていかなければならないからだ。だが一方、それは最も大きな見返りが期待できるやり方でもある。ビジネスの種類を選択する際には、何らかの問題を解決する、あるいは何らかのニーズを満たすサービスを提供することを考えるのが王道だ。

あなたがビジネスの種類を決めたとして、次にやらなければならないことの一部を挙げてみよう。

会社に名前をつける
資金源を探し始める
外部にアドバイザーを見つける
どのような会社形態にするか決め、それを設立する
必要な認可や許可をとる

取引銀行を決める

財産価値を持つ情報（知的財産）を保護する

ビジネスプランを立てる

立地場所を決める

製造、物資の調達、サービスの手順、つまり商品やサービスの製造、供給方法を確立する

経理、会計、そのほかの社内のシステムについて前もって計画を立てておく

価格戦略を立てる

どのような従業員が必要か決める

マーケティングプランを準備する

保険をかけられないか検討する

法律的な問題を片付ける

キャッシュノロー予算を調整する

オフィスを構える

従業員を雇う

会社設立を公表する

❷ビジネスを買う

ビジネスをゼロから始めるわずらわしさを避けたい人は、既に存在するビジネスを買い取ってもいい。その際に考慮すべきプラス材料とマイナス材料としては次のようなものがある。

プラス材料

設立当初の不安定な期間が短い
ビジネスに関わるすべてのシステムが整っている
顧客がすでに存在する
新たに会社を起こした場合より早く採算がとれるようになる
既存のプラスイメージ

マイナス材料

高い買い物になるリスクがある
買ってしまってから不都合がわかる場合がある
引き継ぎに面倒な人事問題が伴う
売主との競合の可能性がある
既存のマイナスイメージ

❸フランチャイズ権を買う

支援システムも備わった既成のビジネスシステムを買いたいという人は、フランチャイズ権を買うことを考えてもいい。

プラス材料

ビジネスに関わるシステムの効果がすでに試され、実証されている
登録済のトレードマークや名の通ったブランドが使用できる
教育プログラム

作業マニュアル
規格、品質基準、綿密な販売計画
システムや営業に対する継続的支援

マイナス材料

値段が高い
作業マニュアルに従わなければならないため制約が多い

❹ネットワーク・ビジネスに参加する

参加費用が安く、あなたの成功を助けてくれる教育プログラムを持つネットワーク・マーケティングの会社に参加する方法もある。この種のビジネスは、自宅をオフィスとし、直接販売を基礎とするのが普通だ。

プラス材料

起業資金が少なくてすむ
広汎なトレーニングが受けられる
フルタイムもパートタイムも可能
自宅で仕事ができる
全国ブランドや国際ブランドを扱える
不労所得、残余所得を生む
コミュニケーション能力、リーダーシップ能力が磨かれる
自動的な注文処理、流通、支払システムがあるため、従来の新設事業につきものの、多くのわずらわし

さから解放される

マイナス材料

参加のための費用が安いので真剣にならないことがある

自己管理能力が必要

購入を断わられる状況に対処できなければいけない

あなた自身の方舟を造るための提案❷
規模の小さい不動産に投資する

この方法を実行に移すと——

1．投資のために銀行のお金を使える

引退に備えて貯金をする代わりに不動産に投資する方法を身につければ、より短い期間で金持ちになるための借金ができるようになる。

前に、代金の九十パーセントを借金で払い、年利十五パーセントの収益を得る不動産投資の例を取り上げた。さらに、この場合、自分が何をやっているかきちんとわかっていれば、「見せかけのキャッシュフロー」でさらに三十パーセントの利益を上げることも可能だという話もした。こう言うと、簡単そうに聞こえるが、実際、それほどむずかしいことではない。タイムライフ社と共同で開発した不動産投資関連の商品について私が特別な思い入れを持っている理由の一つは、この商品の中で、金持ち父さんに教えられた、より優秀な不動産投資家になるための六つのステップが詳しく説明されているからだ。この六つのステップは、世界中どこに住んでいる人にとっても大事なステップだ。一つでも欠けていると不動産投資はうまくいかない。

ステップ1．不動産投資家になる決心をする

それをやり抜くと自分に約束し、ゴールを決める。

ステップ2．重点的に物件を探す地域を見つける

これがはじめてという場合は、よく知っている地域かその近くにねらいを定める。

ステップ3．自分が決めた基準に合う物件を見つける

不動産の分析方法を覚えれば、優良物件と不良物件の見分けがつくようになる。

ステップ4．交渉する

数多く分析すると、買付申込から交渉、合意まで持っていく要領がわかる。

ステップ5．商談をまとめる

デューデリジェンス（資産の適正評価）から資金調達、さらに決済まで、あらゆる技術を詳細に知っておくことが大切だ。

ステップ6．不動産を管理する

これはあなたが考えているほど面倒なことではない。それに、投資対象を最も有効に利用し、キャッシュフローを得る最良の方法の一つでもある。

（"Rich Dad's Roads to Riches : 6 steps to Becoming a Successful Real Estate Investor"（金持ち父さんの金持ちへの道：不動産投資家として成功するための六つのステップ。この商品は richdad.com で注文可能）

2．不動産投資が本物のビジネスだということがわかる

あなたから不動産を借りているテナントの財務諸表を見れば、その不動産がなぜそれほど重要かわかるだろう（図㉗）。

テナントにとって家賃が非常に大きな支出となっていることは、財務諸表を見れば一目瞭然だ。多くの人の場合、ＤＣ年金プランにお金を注ぎ込むより、家賃を払うことの方が大事だ。

投資用不動産の管理について不安のある人は、私たちがタイムライフ社と共同製作した前述の不動産投資関連の商品を参考にして欲しい。よいテナントを探す方法、彼らを満足させる方法、キャッシュフローを維持する方法などが細かく説明されている。

「でも、大勢の人が不動産で大金を失っているじゃないですか」と言う人がよくいるが、そういう人に私は

㉗テナントの財務諸表

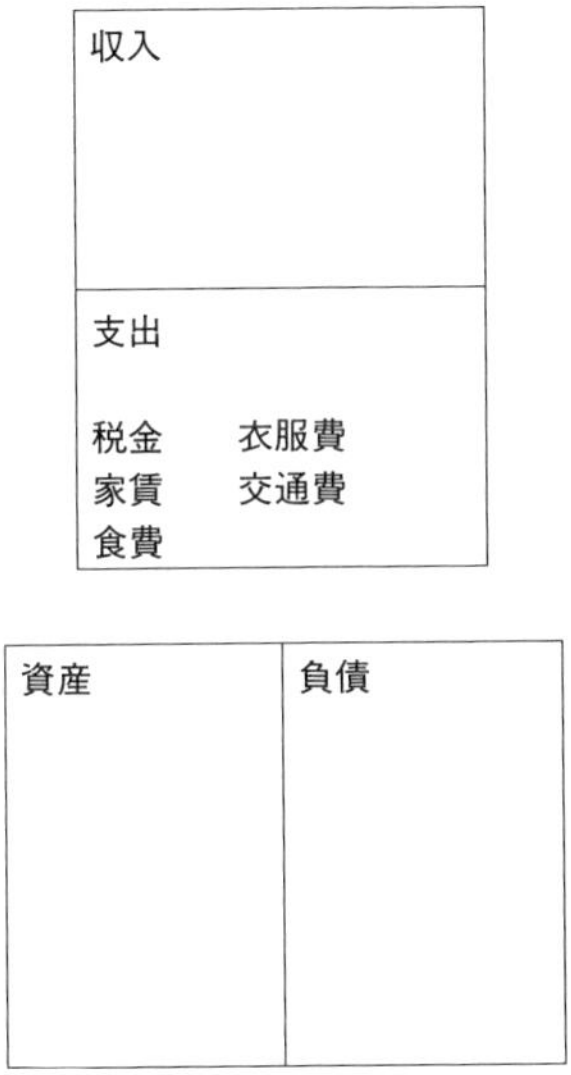

こう答える。「その通りです。でも実際、もっと大勢の人が、年金プランを通して株式市場でもっとたくさんのお金を失っているんですよ」

もう一つよく耳にするのは「不動産は株や投資信託ほど流動性がない」という話だ。そういう人に対する私の答えはこうだ。「キムと私は、家賃収入と税制面での優遇による収入を毎月数万ドル受けとっています。私たちが望んでいる本当の流動性というのはこういうことです」

もしあなたがDC年金プランに不安を抱えていて、それでも不動産投資にあまり大金を投じたくないと思うなら、家を四軒持つことを考えるといいかもしれない。一軒は自宅で、残りの三軒は株式市場が暴落した時の収入源だ。

有名な経済学者、ジョン・メイナード・ケインズはこう言っている。「市場というものは、あなたが流動性を保てる期間よりも長く不合理性を持続することがある」小規模の不動産なら、暴落した市場が回復するまでどれだけ時間がかかったとしても、常に流動性をあなたに与えてくれる。

あなた自身の方舟を造るための提案❸
「高所得者」ではなく「金持ち」を目指す

これは言い換えると、金持ちの規則、つまりBやIクワドラントの規則を使えということだ。医者や弁護士、高給取りの会社役員といった高所得者の多くは、その高い収入に対して厳しい罰を与えられている。金持ちの規則を利用すれば、高所得者も自らのお金をもっとコントロールできるようになり、より短時間で、より安全に、より効率よく金持ちになることができる。つまり、DC年金プランやロスIRA、Keoghといったプランは、実際のところ高所得者の役には立たない。

(どうやって金持ちがお金を稼ぎ、そのお金をより安全に持ち続けているかをもっと詳しく知りたかったら、弁護士ガレット・サットンの著書"Own Your Own Corporation"(自分の会社を持ちなさい)をはじめとする金持ち父さんのアドバイザーシリーズを読むといい。これらの著書は、高所得者が本当の金持ちになるために役に立つ。）

あなた自身の方舟を造るための提案❹
株式市場の暴落から身を守る方法を理解する

不動産を買う時、銀行は私に、投資に対して保険をかけることを求める。それはビジネスでも同じだ。プロの投資家が株に投資する時、多くの投資家は自らの資産を守るために保険を使う。だが、DC年金プランを利用する人たちの大部分は、大きな損失に対して保険をかけることをしない。市場が暴落してはじめて、彼らはコントロールするすべがないことに気付く。方舟の船長はどんな投資にも保険をかけなくてはならない。

前著『金持ち父さんの若くして豊かに引退する方法』の中で、紙の資産に保険をかけるためにオプションを使う方法について書いた。オプションを保険として使う方法について知ろう。そうすれば、経験豊かなオプション・トレーダーがとても少ないリスクで大きな利益を上げ、財産を築く方法がわかる。オプションをうまく使う方法がわかれば、株式や投資信託など二度と買う気にならなくなるだろう。上級者向けのゲーム『キャッシュフロー２０２』は、楽しく、現実的なリスクを伴わずにテクニカル・トレーディングの方法が学べる（ただし、この上級版に取り組む前に、『キャッシュフロー１０１』をしっかりマスターしておくことが必要だ）。

あなた自身の方舟を造るための提案❺
悪化を食い止めるのではなく本当に分散する

「投資を分散している（diversify）」と言う人に、どういうふうにしているのか聞くと、業種を特定した業種別ファンドや大型株ファンド、債権ファンド、マネーファンドなど、単に異なる紙の資産に分散しているだけという人が多い。これでは分散でなく、悪化を食い止めている（de-worsify）だけだ。最近、投資というと紙の資産ばかりを買う人がどんどん増え、中でも投資信託はよく買われている。私はそれよりも、種類の違う資産に投資し、リスクを本当に分散することを勧める。それはまた、より大きな利益を得るチャンスを増やしてくれる。

金持ち父さんはビジネスを起こすこと、次にそのビジネスで得た利益を不動産に投資することを教えてくれた。私はこれまで、この方式を繰り返し使っている。

●実例——歯科医スコットの不動産投資

スコットはワシントン州シアトルに住む歯科医で、不動産投資をしている。一生サラリーマンで通した父親が自営業を勧めるのに従い、歯科医になったスコットは、二年ほど前、将来の経済的安定を確保するための方舟を設計・製造するという観点から、自分の状況をじっくり分析してみた。診療所も二つ持っていたし、その診療所が入っているビルも所有していた。ところが、それでもまだ、一生働き続けなければならないことがわかった。収入のほとんどがまだ歯科医としての労働に依存していたからだ。それに、大きな家や大きな車を買い、妻と子供たちを養うことにあくせくするという、典型的なラットレースに自分が参加したくないと思っていることもわかった。

この時スコットは『金持ち父さん　貧乏父さん』を読み、自分は確かに歯科医としては成功しているが、その一方で、もっと不動産に投資して資産を分散させる必要があることに気が付いた。そして、金持ち父さんの哲学に従い、自分なりの投資ルールを作り、それをしっかり守った。まず、毎週歯科医としての収入の二十パーセントを貯め始め、それで不動産投資をした。はじめは小規模の不動産に投資していたが、その後、じっくり時間をかけ、自分のルールを守りながら、次第に大きな物件に投資していった。今では倉庫、ガソリンスタンド、小規模ショッピングセンターを含む複数の商業用不動産に投資している。そのうちの一つの倉庫は、毎月一万七千ドルのキャッシュフローを生み出している。彼はまた不動産証券の一種であるリアル・エステート・コントラクトにも投資している。これは十四パーセントの利益をもたらす紙の資産だ。スコットは、自分がキャッシュフロー・クワドラントの右側に移動することに成功したのは、『金持ち父さん貧乏父さん』から学んだ教えのおかげだと信じていて、今ではこの本を友人に贈ることもあるそうだ。

ビジネス資産と紙の資産と不動産資産を満載した方舟を作ったスコットは準備万端だ。次に市場が下落しても、上昇しても、彼は利益を手にするだろう。

第十八章……

コントロールその6 アドバイザーをコントロールする

「きみの船の船長はきみ自身だ。きみのアドバイザーではない」

――金持ち父さん

ビジネスを始めた頃に犯した間違いの一つで、最もつらく高くついたが計り知れない価値があったのは、自分の会計士の方が自分よりものを知っていると考えていたことだった。覚えている人もあると思うが、この本の最初でお話ししたように、金持ち父さんは私のビジネスが財政的な癌を抱えていると言った。そんな癌を抱えるようになった理由の一つは、ビジネスパートナーであった私たち三人が、会計士は何もかもよくわかっていると思っていたことだった。

ベルクロを使ったナイロン製財布のビジネスが苦しくなった時、私たちの会計士が最初にやったのは、販売と営業の予算を削ることだった。会計士から「支出を減らして債権者に支払う必要がある」と言われた時、私たちにもそれ以上のことはわからず、彼の言う通りにした。会社が倒産した後、この会計士が支払うように言った債権者が、私たちの小さな会社に投資した彼の友人たちだったことを知った。つまり彼は、自分の友人たちからの借りだけきれいにして会社を去り、残った私たちが貧乏くじをひいた。

つらく高くついたこの学習経験のあと、金持ち父さんはこう言った。「自分こそが起業家であり、先を見通す人間であり、指導者だということを常に忘れないようにしろ。決してアドバイザーにビジネスを任せてはいけない。ビジネスが減速したら、お金を使え……販売促進にたくさんお金を使うんだ。ビジネスが上向いたら、その時に予算を削減し、販売促進のために生じた請求書の支払の一部をすればいい」また、こうも言っていた。「ビジネスが減速すると、販売促進にお金を使うどころか、予算を削減する連中が多すぎる。ビジネスが上向くと、削減するどころかお金を使う。スモールビジネスの大部分が小さいままでいる理由の一つはこれだ。お金を使うべき時に切り詰め、切り詰めるべき時にお金を使う。これはビッグビジネスにもあてはまる」

あの九月十一日以降、私は、多くの企業が販売や営業、販売促進の予算を削減し始めたことに気付いた。それはその会社が船長ではなく会計士やアドバイザーに任されているという印だ。

●裏切られた投資家

二〇〇二年二月二十五日付ビジネス・ウイーク誌に掲載された、「裏切られた投資家」という特集記事は三人の投資家にインタビューをしていた。インタビューを受けた裏切られた投資家のうち二人は弁護士で、一人は会計士だった。

その会計士についての話は次のようなものだった。

ジェームズ・J・ホーリハン・ジュニアが立てていた、五十歳で引退するというプランは消え去った。彼はこの二年間で、EMCやルーセント・テクノロジーズ、ワールドコムといった株式に投資したポートフォリオの約三十パーセントを失った。いま四十一歳の彼は、四人の子供の大学進学資金を積み立て直すために、以前にもまして一生懸命に働かなければならない。「あれほど堅実に見えたビジネスが、どうすれば六カ月で紙くず同然になってしまうのか理解できません」とホーリハンは嘆く。「世の中には、何が起こっているのか知っている人たちと、何も知らない私のような人間がいるんです」彼は今後は貯蓄を増やし支出を減らすつもりだ……だが、損失を補うのに株式に頼るつもりはない。兄弟と一緒にインディアナ州フォートウェインで会計事務所をやっている彼は、アナリストレポートが読めないわけではない。だが今、彼はこう言う。「そんなものはもう信用しません。まったくのでたらめですから。もう誰を信用していいかわかりません」

弁護士のうちの一人の話はこうだ。

マンハッタンで弁護士をやっている三十一歳のヘザー・E・バーは、三年前まで、株式市場や引退に備えて計画を立てることに何の興味もなかった。だが、同僚の強い勧めで、結局、勤め先の401(k)プランに含まれていた、ソロモン・スミス・バーニーの三つの投資信託のうち一つを購入した。ちょうど市場が最高値をつけていた頃だった。この投資信託はしばらくの間は好調だったが、昨年までに彼女は自分が注ぎ込んだお金の三分の一を失った。最後に明細報告を見た時、数字は二千ドルを割り込んでいた。それからは明細報告の入った封筒の封も切っていない。今でもこのプランのために毎月五十ドルが自動的に引き落とされているが、彼女は相場が回復すると期待はしていない。「株式市場なんて全然信用していないわ」と彼女は言う。「みんな、悪い時期を乗り越えて長い目で見なきゃって言う……もしかするとそうかもしれないけど、靴箱にお金を貯めておくほうがましだったと思うわ」

●船長はきみだ

このような記事を引用したのは、会計士や弁護士など、高い教育を受けた専門家をこきおろすためではない。会計士と二人の弁護士のケースを取り上げたこの記事は、方舟の船長になるには会計士としてファイナンシャル・リテラシーを身につけたり、弁護士のように法律に精通したりするだけでは不充分だということを示している。会計士や弁護士は非常に専門性の高い職業で、たいていはEやSのクワドラントにいる。方舟の船長になるには、BやIのクワドラントで舵を取らなければならず、それには専門力よりも総合力の方がはるかに必要になる。言い換えれば、専門家は少しのことについてたくさん知っているが、幅広い知識《ゼネラ》のある人《リスト》は多くのことについて少しずつ知っている。

　私にとって学ぶのが一番大変だった教えの一つは、アドバイザーの助言に耳を傾け、自分の直観を信じて決断を下し、それが正しかろうが間違っていようが、よかろうが悪かろうが、その結果を受け入れることだった。金持ち父さんが言っていた通りだ。「きみの船の船長はきみ自身だ。きみのアドバイザーではない」

●再び学んだ教え

　最近、私は、方舟と財務諸表の船長は自分だということを、痛い思いをしてまた学ばなければならなかった。キムと私は二〇〇一年十二月に、ある不動産を購入した。この投資が理にかなったものであることを会計士と税理士に確かめたあと、私たちは契約の最終段階を売主の弁護士と自分たちの弁護士の手に委ねた。ところが、二カ月と弁護士費用数千ドルをかけたあげく、この投資は空中分解した。単純なはずだった取引は、一転して値段の高い悪夢と化した。

　あとになって交渉のプロセスを洗い出してみると、二人の弁護士が、専門家として客観的に取引をまとめようとするどころか、個人的にいがみ合っていたことがわかった。交渉はとるにたらない問題のせいで決裂していた。弁護士たちは、この取引にとって何が適切かではなく、相手の間違いに焦点を合わせることしかできなかったのだ。おかげで、この投資の大きなプラス面には注意が払われなかった。投資の目的、つまりキャッシュフローや評価増、減価償却、非課税の利益といったことは、この弁護士たちにとって重要なことではなかったからだ。大事なのは自分が正しいことだけだった。二カ月という時間と数万ドルというお金が失われたが、それは私がアドバイザーに船の舵取りを任せてしまったせいだった。私の耳に、金持ち父さんがこう言うのが聞こえた。「頭がいいとか、いい学校を出ているからといって、現実の世界のビジネスや投資について何かを知っているわけではない」

金持ち父さんは、とても頭のいい人たちを周りに置いていた。積極的にアドバイザーの意見を聞き、またアドバイザーの一人一人を大切にした。それでも彼は、船の船長が依然として自分であることを決して忘れなかった。そして最終決定は常に自分で下した。

●船長になれ

最近、株式市場で損をした人の多くは、アドバイザーに自分の方舟の舵取りを任せていたという、ただそれだけの理由で損をした。今はそういう人が多すぎる。自分の船の船長になるつもりなら、アドバイザーをコントロールしなければいけない。

またウォーレン・バフェットの言葉に耳を傾けよう。「ロケット工学者になる必要はない。投資は知能指数一六〇の人間が一三〇の人間に勝つ……といったゲームではない。肝心なのは道理にかなっているかどうかだ」

●方舟を造ろう

あなたはアドバイザーのチームを持っているか？

ビジネスや投資はチームスポーツで、あなたには有能なアドバイザーが必要だ。

アドバイザーに定期的に（毎月）相談しよう。

世の中に愚かな質問など存在しない。疑問点はどんどん聞こう。

自分で最終決定を下そう。

間違いを犯したことについて自分を許そう。

間違いから学ぼう。

●追加参考図書

世の中にはいろいろなタイプの天才がいる。私が読んでおもしろいと思い、多くのことを学び、人にも読むよう勧めている本を二冊、次に紹介する。

一冊目は『天才たちの誤算』（"When Genius Failed"）で、天才もまた人の子だということを忘れるとどういうことになるか、その本質を見事に解き明かしている。この本は、一九九〇年代後半の米国で、百人ほどの集団が、ほとんど破産状態に陥るまでの経過を書いたものだ。

二冊目は、『エジソンに学ぶビジネス思考』（"At Work with Thomas Edison"）で、アメリカ初のハイテク起業家について書かれた本だ。

どちらの本も、異なる二つのタイプの天才の世界に深い洞察を加え、読者に力強く語りかけてくる。これらの本が重要なのは、この二つの異なるタイプの天才が、歴史上の異なる二つの時代を代表しているからだ。『天才たちの誤算』は、企業大国アメリカが世界を支配していた時代に尊敬されていたタイプの天才たちを取り上げている。二冊目めの本は、企業大国アメリカが台頭する前の時代、そしておそらく、私たちが今足を踏み入れつつあるビジネスの新時代について書かれている。言い換えれば、時代が違えば、違うタイプの天才が必要になるということだ。

第十九章……

コントロールその7 時間をコントロールする

「私には充分な時間がない」
「みんなそうだよ」

金持ち父さんはこう言った。「きみの最大の資産の一つは時間だ。たいていの人が金持ちになれない理由の一つは、時間をうまく使っていないからだ。たいていの人は金持ちをますます金持ちにするために一生懸命働くばかりで、自分自身を金持ちにするために働けないでいる」

一九七四年、私はホノルルの中心街にあるゼロックス社で働き始めた。私のほかの本を読んだ人はご存知の通り、私がこの会社を選んだのは、優れたセールストレーニング・プログラムがあったからだ。金持ち父さんは、Bクワドラントの起業家になるつもりならセールスを学べと私に勧めた。「ビジネスオーナーにとって一番大事な技能はセールス能力だ」また、「お金の問題を抱えているビジネスを見ると、オーナーにセールス能力がない場合が多い」とも言っていた。

ところが、一九七五年の中頃には、私はゼロックスのホノルル支社の厄介者になっていた。その理由はセールスができなかったからだ。私は内気で、人に断られるのが怖かったので、成績はいつも新人研修生の中で最低だった。このまま販売成績が上向かなければ、首になるのは確実だった。そこで私は金持ち父さんにまたアドバイスを求めた。

夏の暑い日、金持ち父さんのオフィスに近いレストランで会った時、金持ち父さんは自分の考え方の中心にある哲学の一つを、また私に聞かせてくれた。私の泣き言や、販売成績が上がらないこと、人に断られるのが怖いといった話を聞いたあと、金持ち父さんはこう言った。「で、きみはそれに対して何をするつもりなんだ？　職場で金持ちになるんじゃないと、一体何回きみに言えばいいんだ？　空いた時間で金持ちになるんだって、一体何回思い出させたらいいんだ？」

●より速く金持ちになる

数週間後、ゼロックス社のオフィスで仕事を終えた私は、通りの先にあった非営利の慈善団体の事務所まで歩いて行き、寄付を募るために電話をかけるスタッフの一員になった。私がそうしたのは、もっと多くのセールスの経験を、もっと速く積みたかったからだ。私は一週間に三日から五日、夜になるとこの事務所に出かけ、きちんとした慈善目的のためにお金を寄付してくれるように、十本から三十本のセールスの電話をかけ続けた。この時、三時間のうちに私が行った、寄付のための「売込プレゼンテーション」の数は、一カ月間町を歩き回ってやっとこなしていたゼロックス社の製品のためのプレゼンテーションの数と同じだった。言い換えれば、私はより速く金持ちになりつつあった。なぜなら、人生を永遠に豊かにしてくれる技術を習得しつつあったからだ。一九七五年が終わる頃には、私はもうゼロックス社の厄介者ではなく、セールスの成績も収入もよくなっていった。そして、一九七六年までに、トップクラスの営業部員になった。「きみの成功の秘訣は何だ？」と営業部長に聞かれた時、私はただこう答えた。「売り込みの電話をより多くのお客さんに、より速くかけたんですよ」部長はにこりとしたが、私は慈善事業のためにセールスの電話をかけたことや、それを会社帰りの空き時間にやったことは話さなかった。

ちょうど同じ頃、金持ち父さんは私に不動産投資を始めるように勧めた。だから私は、海兵隊を除隊になる前に不動産投資のセミナーを受けた。金持ち父さんはいつもこう言っていた。「私はビジネスでお金を作る……そして不動産でそのお金を持ち続ける」

これまでの私の人生を思うと、空いた時間で金持ちになるという金持ち父さんの知恵にいくら感謝してもしきれない。今の私が経済的に自由でいられるのは、職場でやったことではなく空いた時間にやったことのおかげだ。今あなたが、だれかほかの人の方舟で一生懸命働いているとしたら、あなた自身の方舟を造るためにいくらか空き時間を作ったほうがいいかもしれない。

●私は自分の仕事を愛している！

「私は自分の仕事を愛している。今やっていることが大いに気に入っているんだ」と私に言う人がよくいるが、それに対して私は、「それはよかったですね。自分の仕事を愛するというのはとても大事です」と答える。でも、心の中ではこんなふうに聞いている。「あなたが愛していると言っているその仕事は、あなたに必要なものをすべて与えてくれていますか？」ここで言いたいのは、多くの人が自分の仕事を愛していると言うが、その仕事は必ずしも彼らの長期的なニーズを満たしてくれるわけではないということだ。例を挙げよう。キムと私の友人にすばらしいインテリア・デザイナーがいる。彼女の夫は製造業の会社の役員で、二人とも自分の仕事が大好きでかなり稼いではいるが、どちらもいざという時に頼れるものを何も持っていない。二人からアドバイスを求められた時、私が彼らに聞いた最初の質問の一つはこうだった。「きみたちの仕事はいくらで売れるかい？」

二人とも、「ゼロ。私たちの仕事は売れないから」と答えた。

私は何も言わず、黙ってそこに座り、彼らが自分の言った言葉に耳を傾けるのに任せた。しばらくして大きな声が沈黙を破った。「あなたは何を言おうとしているの？」と友人が聞いた。「仕事をやめろってこと？」

そう聞かれても私は何も言わなかった。二人はますますイライラしてきた。「ねえ、私たちは助けを求めてやってきたのよ。何か言ってくれてもいいでしょう？　私たちに仕事をやめろって言っているの？　そういうこと?」

それでも私は座ったまま静かに微笑み、沈黙に対して二人が反応するのをただ見ていた。

今度は二人も何も言わなかった。私は自分の机に向かい、椅子の背にもたれかかって座っていた。しばらくすると夫の方が大きなため息をつき、私と同じようにどさりと椅子の背にもたれかかった。彼の妻、つまりインテリア・コーディネーターをしている友人は、まだ前に身を乗り出し、私が答えてくれるのではないかと期待していた。沈黙がさらに三十秒ほど続くと、彼女も椅子に倒れこみ、そのまま黙り込んでしまった。

「私たちの仕事はいくらで売れるんだろう?」夫の方が身体を前後に揺らしながらそう言った。それは私が最初に聞いた質問だったが、今度は彼は自分自身の言葉で問い直していた。「私の仕事はいくらで売れるんだろう?」彼は突然、今度はもっと大きい声でそう聞いた。彼が私の質問ではなく自分自身の問いに耳を傾けているのがよくわかった。

「答えはゼロだ」彼は自分自身に答えてそう言った。「何の価値もない」

「でも収入をもたらしてくれるわ」妻がかばうような口調でそう言った。「私たちは住む家のため、子供たちを食べさせるため、そして将来に備えるためにお金を稼いでいるじゃない」

「そりゃわかってるさ」夫がそう言った「よくわかってるよ。だが今聞かれているのはそんなことじゃない。質問されたのは『私たちの仕事はいくらで売れるか?』ってことだ」

「じゃあなたは、私たちが何の価値もないもののために働いているって言うの?」

「いや、そうじゃない」私は沈黙を破ってそう答えた。「ぼくは質問をしただけなんだ……きみたちが自分自身に問いかけて欲しい質問をね」

「つまり、私たちは売ることのできないもののために働いているってことだ」夫の方がそう言った。「どうすればいいと思う?」

「そうだね、自分自身のために働くのに時間を投資したらどうだろう? 他人を金持ちにするために働く時と同じくらい一生懸命に、自分を金持ちにするために働くんだ」

「自分たちのためにいくらか時間を投資するってことね」と妻の方が言った。

私はさらに話を続け、慈善事業のための寄付を呼びかける電話をかけていたことや、不動産に投資していることを話した。「これまでの年月を振り返ってみるとよくわかるが、私は仕事で金持ちになったんじゃない。仕事のあとにやったことが私を金持ちにしてくれた。きみたちは何かやっているかい?」

「まったく何もしてない」と夫が言った。「お客のために必死で働き、請求書の支払のために必死で働き、老後に備えてわずかなお金をとっておくために必死で働き、子供と子供の将来の教育費のために必死で働いている……それだけだ」

「じゃあ子供の将来に投資しているってわけだ」

「わかったからもういいよ」夫の方がそう言った。「きみが言いたいことはよくわかった。今は自分たちの将来のために、いくらか時間を投資した方がいいってことだね」

●投資家になるために投資する

今日では職業的に有能であるだけではもはや充分ではない。私たちはみんな、職業的にも金銭的にも有能であることが必要になっている。前にも書いたが、今では多くの人が投資をしているが、本当の意味で投資家になる人はごくわずかだ。さっき取り上げた夫婦は投資家になりそこなっている人たちの例だ。二〇〇〇年三月の株式市場の暴落のあと、彼らは自分のお金をほかの人に預けて、その人が投資家であって欲しいと祈るよりは、自分が投資家になったほうが賢明だと気付いた。

この夫婦は、金持ち父さんのウェブサイト richdad.com が提供しているセミナーにいくつか出席した。クラスが終わったあとで二人はこんなふうに言っていた。「投資でこんなに速くお金を稼げるなんて、今も信じられないくらいだ。投資信託にお金を入れて、一年に税込みで十パーセントの利益があればいいなんて考える人がいるのが不思議に思えてきた。投資信託を買って、市場の暴落でそれがパアになってしまうリスクをとろうなんて、どうして思うのだろう？　上げ相場でも下げ相場でも儲ける方法をなぜみんな学ばないんだろう？」

金持ち父さんのウェブサイト richdad.com（日本語サイトは richdad-jp.com）は、ビジネスオーナーや投資家のためのセミナーを提供している。みなさんにこのセミナーの話をするのは、それに参加した人の大部分が、どんなに速くお金を稼ぐことができるか知ることができたと言っているからだ。ここで大事なのは、あなたのお金が働いて利益を生む速度が速ければ速いほど、あなたが自分の時間をコントロールする力も強まるということだ。例えば、株のオプション取引のクラスに参加した人の多くは、それが思っていたよりやさしいことを知ってショックを受ける。不動産のクラスの参加者は、一年間に五十パーセント以上の収益を得るのに、自分のお金を使うより銀行のお金を使ったほうがどれほど簡単かを知る。

金持ち父さんは息子のマイクと私に、自分のお金のスピードを高めることができれば貴重な時間が手に入れられると教えた。例えば、あなたが自分のお金を投資して一年に五パーセント稼ごうとしたら、最初に投資した資金を回収するのにおよそ二十年かかる。もしあなたのお金が一年に五十パーセントの利益を稼ぎ出せば、元手を取り戻すのにかかる期間は二年だし、一カ月に百パーセント稼げるなら一カ月で回収できて、一年間に元手の十二倍を稼ぐことができる。適切なファイナンシャル教育や投資教育を受ければ、このような収益を上げることが可能だ。言い換えれば、ファイナンシャル教育への小さな投資が、お金を稼ぐための大量の時間をもたらすことが可能だということだ。

●健康と富は時間で測る

金持ち父さんは、健康と富のあいだには強い相関関係があるとよく言っていた。これまでの著書の中でもお話しした通り、私は富を「生活水準を下げることなく、働かずに生きのびられる日数」と定義している。

もっと具体的に言うと、富は、お金ではなく時間で測られるということだ。たとえば、あなたに五千ドルの貯蓄があって、毎月の支出が千ドルなら、あなたの富は五ヵ月ということになる。同じことは健康にもあてはまる。あなたが健康なら、あなたにはまだ何年もの未来がある。だが健康が損なわれ始めると、この世でのあなたの時間は少なくなっていく。つまり、健康と富は時間に関連付けて測定することができる。

健康と富を測るもう一つの方法は、回復にかかる時間を使うやり方だ。たとえば、健康診断に行くと、検査医はまずあなたの安静時の心拍数を測定したあと、心拍数を上げるためにあなたをウォーキングマシンの上で歩かせることがある。そして、あなたの体が安静時の心拍数に戻るのにどれくらいかかるかを測定する。これが回復時間と呼ばれるものだ。手術についても同じことが言える。健康であれば回復時間も短くてすむし、健康を害していればもっと時間がかかるかもしれない。

同じように、富も回復時間で測定することができる。適切な教育と経験を積んだ投資家なら、すべてを失っても速く回復する。しかし、USAトゥデイ紙のマネー欄の一面に載った、あの五十八歳のエンロンの従業員のような人が金銭的に回復するには、就業年数がまだ何年も残っている人より時間がかかるかもしれない。あの男の人は肉体的には健康かもしれないが、金銭面では貧血状態に陥っている。

金持ち父さんはマイクと私に、ビジネスを築くことと投資家になることを学ぶように勧めた。だから私はセールスの訓練を受け、不動産について学んだ。今の私は、ビジネスでお金を稼ぎ、不動産でお金を貯えている。一九九四年からは、プット・オプションやコール・オプションなどの株のオプション取引、そのほかの派生商品《デリバティブ》の使い方の勉強を続けている。私がオプションやオプション取引について学んでいるのにはいくつか理由がある。例えば——

1. 私にはそのような商品の取引ができるだけの安定した財政基盤があるから。ビジネスと不動産を持っているおかげで、私はこの専門技術を学ぶというぜいたくができる。

2．オプション取引はおもしろいし、速いから。取引が実行されるすばやさがたまらない。ビジネスを築くには何年もかかるし、不動産を買うのにも数カ月かかる。だがオプション取引は数秒しかかからない。

3．私はこれから先にやってくる市場の暴騰と暴落に向けて準備をしているから。市場が上がった時には、私はコール・オプションを使っているだろうし、逆に下がればプット・オプションを使っているだろう。この本の前の方でも書いた通り、投資信託に投資している人のほとんどは、三連発の回転銃に二発の弾をこめてロシアン・ルーレットをやっているのと同じだ。オプションは市場の変動をコントロールする力を私に与えてくれる。それは投資信託ではできない。つまり、今度市場が暴落したら、オプション・トレーダーが勝利を収める一方で、何百万という人が負けるだろうということだ。

4．もし無一文になっても、オプション取引に関して有能であれば、その技術で速く回復できるから。もちろん、有能でなければ、回復にはもっと長い時間がかかる。

5．今のうちに時間を投資することで、将来の時間を獲得できるから。

●四種類の人々

「金持ち父さんのアドバイザー」の一人で、不動産担当のドルフ・デ・ルース博士の夫人、レニー・カヴァラーリは定評ある企業戦略家だが、世の中には次の四種類の人間がいると言っている。

1．正しくなければならない人
2．勝たなければならない人
3．人に好かれなければならない人
4．快適でなければならない人

レニーからこの四種類の人間の話を聞いた私は、すぐにその四つにあてはまる友人や家族を思い浮かべることができた。キムと私は間違いなく勝たなければならない人のカテゴリーに入る。私たちが若くして豊かに引退できた理由の一つは、勝つことがそのほかの三つのどれよりも重要だったからだ。私たちは自分たちのお金に対するリターンのスピードを上げることによって、たいていの人よりもはるかに早く引退し、経済的自由をゴールとする二人だけのレースに勝った。そして、この経済的自由は、物理的にも自由になる時間が多くなることを意味している。

船長であるあなたが方舟のスピードを上げ、より多くの時間を得るためにできることの一つは、ファイナンシャル教育にいくらかの時間を投資することだ。この本の前の方で、中層頭脳を教育することについて書いた。あなたが自分の方舟の船長としてファイナンシャル教育を受けたとしても、その中層頭脳レベルの教育を上層頭脳の知恵に変えられるかどうかはあなたにかかっている。学習に関してもどかしい点の一つは、知識を知恵に変えるために時間を投資しなければならないことだ。一九八〇年代に私がお金のことで悪戦苦闘していた時、いちばん辛かったのは、どうしたらいいか頭ではわかっているのに、やるべきだとわかっていることが実行できなかったことだ。最初に教育に時間を投資し、そのあと実地訓練に時間を投資するのがいい理由は、時間をかけるうちにだんだんとゲームが好きになってくる点だ。私の場合を例に取ると、私はビジネスがうまくいっていない時は、ビジネスを作るのが嫌いだった。だが今はそのプロセスを楽しんでいる。また、不動産に投資して損をしている時は、不動産が大嫌いだった。今は、不動産のゲームが大好きだし、自分たちが所有している物件が大いに気に入っている。オプションに投資している時は、いらいらすることが多くて儲けは少ないが、このゲームも好きになりつつあり、自分が進歩しているのがわかる。

方舟の船長として、ぜひ自分の船の積荷を愛するようになって欲しい。今の私はビジネスと不動産とオプション取引を愛している。私がこうした資産や技術を愛するようになったのは、最初に中層頭脳を教育することに時間を投資し、そのあとによりレベルの高い上層頭脳にこれらの資産を愛することを教えるために時間を投資したからだ。

●わずかな教育がコントロールの力を強める

最近、友人の一人が、二〇〇〇年から二〇〇二年の間に、401（k）で三十五万ドル以上を失ったと話してくれた。今彼は五十三歳で、これでは自分は一生引退できないのではないかと心配している。今の彼には、分散投資が自分の望んでいたような利益をもたらしてくれないだろうことも、また自分に必要な長期的な保護も与えてくれないだろうこともわかっている。彼にアドバイスを求められた時、私はこう言った。

「三万ドル出して一軒十万ドルの賃貸用住宅を三軒買い、収入を得ながら、住宅ローンはきみの賃借人に払わせたらどうだい？　賢く投資すれば、きみが六十五歳になるまでには安定した収入が入るようになっているはずだよ」

すると彼はこう聞いてきた。「私に必要なのは三万ドルだけかい？」

私はうなずいて言った。「実際のところ、賃貸物件を三件買うためにきみに必要なのは一万五千ドルだけだ。連邦政府には貸付金制度があって、要件を満たしていれば、五パーセントの頭金を払うだけで個人が一定の物件を買うことを認めているんだ」

「つまり、わずか一万五千ドルで私は引退できるって言うのかい？　そして残りのお金は銀行が私に貸してくれると？」

「そういうことだ」と私は答えた。「市場の状況がこの先も変わらず、引退までにまだ五年から十年あるとしたら、一万五千ドルを投資するだけで引退できると、かなり自信を持って言えるよ」

「ニューヨークとかサンフランシスコとか、物価の高い都市に住んでいる人の場合はどうだい？　低コストの賃貸物件を見つけるのはむずかしいんじゃないか？」

「都市の中心部では確かにそうかもしれない。でも、ほとんどの都市なら、一時間も車を飛ばせば手ごろな物件が見つかる。きみがやるべきことは、値上がりしそうな地域を見つけることだけだ。そうすれば、時間がたてば物件も価格が上昇するはずだ。インフレになれば、物件の家賃を引き上げることができる。きみが引退する頃には、その三軒の住宅はきみに安定した収入をもたらすようになっているだろう。それは投資信託よりはるかに安定した収入だよ」

「そして元手もずっと少ない」彼はそう付け加えた。

「その通りさ」私はそう答えた。「少しの教育と経験があれば、少しのお金とリスクでより高いリターンが得られるし、とてもニーズが高い住宅を提供することで社会貢献にもなる」

「でもだれもが不動産投資を始めたらどうなるんだい?」

「そうしたら私たちは、政府がより安い価格で住宅を供給し、家を買うゆとりのない人の生活水準を引き上げる手伝いをすることになる。供給が増えれば家賃は下がる。オーナーが増えて賃借人を取り合うようになれば、競争によって住宅の質が向上する」

「きみは、どのくらい経ったら持っている物件を売るのかい?」友人はそう聞いた。

私はウォーレン・バフェットの言葉を引用して答えた。「株式保有の私の時間枠は永遠だ」

「じゃあきみは永遠に物件を持っているのかい?」

「たいていの場合はね。でも売却することもあるよ。私が売るのは普通、悪い投資をしたのでその物件を処分したいと思った時だ。だがだいたいにおいて私は、自分の愛するものに投資し、永遠に持ち続けるというウォーレン・バフェットの考えに従っている。私は自分の資産の欄にある不動産やビジネスを愛しているんだ」

「で、私は三軒の家で終わりにしなくてもいいんだろう?」

「ああ、もちろんそうさ。これはモノポリーで遊んでいるのと一緒なんだ。緑の家が四つあったら赤いホテルが買える。きみは政府に大いに気に入られ、銀行もきみのことが大好きになるし、きみの将来はもっと安定したものになる。きみがより大きな安心を感じるのは、不動産は人生最大の脅威、つまりインフレの脅威からきみを守ることができるからなんだ。賃貸物件を所有していれば、税金や政府の過剰な支出、紙幣の増刷、物価の上昇、金利の上昇、保険料の上昇などによってインフレが進行したら、その上昇分は賃借人に転嫁される。投資信託は高インフレ、高金利の時は価値が下がる場合が多いが、いい不動産ならば同じような時期に価格が上がる可能性がある。きみが早めに不動産を買って金利を固定しておけば、家賃規制のある町で投資をしない限り、きみは自分の投資に対してより大きなコントロールの力を持てる。家賃の値上げが許される限り、インフレはきみの友人になり得る。株のオプション取引のしくみが理解できれば、株についても同じことが言える。インフレが進んで株価が下がれば、きみは下げ相場で儲けることができるが、投資信託を買っている人のほとんどはお金も時間も失う」

「じゃあ私の方がずっとよくコントロールできるわけだね」と友人は言った。「少しの時間を投資すれば、私はもっと多くの時間を得ることができるし、自分の資産をはるかによくコントロールすることができる。一生懸命に働いて稼いだお金をたくさん使わずにすむし、一生涯の収入をコントロールすることができて、その上、リターンを改善し、リスクを低くすることができる……ちょっと教育を受けるだけでね」

私は同意の気持ちを込めてこう繰り返した。「ちょっと教育を受けるだけでね」

●自分自身に投資する

あなたの人生の時間をもっとよくコントロールする方法の一つは、より速いスピードであなたのお金を取り戻してくれる資産の作り方を学ぶために、いくらかの時間を投資することだ。レーシングカーのドライバーがもっと速く走りたいと思ったらトレーニングを増やさなければならないように、より短時間でより速くお金を取り戻す投資ができるようになりたい投資家は、自分を教育することに投資する必要がある。

私たちのほとんどは、教育には三つの段階が必要で、その三つすべてに時間を投資することが必要だとわかっている。その三つの段階とは次のようなものだ。

1. なぜ学びたいのか、その長期的・短期的理由を見つけるためにいくらか時間を投資しよう。目標と、なぜその目標を達成したいのかをきちんと書き出そう。その理由が、前進するためのエネルギーを与えてくれる。

2. 目標を達成するのに必要な専門知識を学ぶために、いくらか時間を投資しよう。例えば、私は今も、ビジネスを築く方法や不動産投資の方法、オプション取引の方法のクラスに出席するために時間を投資している。私にとっては、専門知識に時間を投資することが結局は時間の節約になる。それは、何を学ぶべきか指針が得られるし、また、講師から、お金には換えられない貴重な物の見方が学べるからだ。

3. 実生活での試行錯誤を通じて学ぶために、いくらかの時間を投資しよう。専門知識のクラスを終えたらすぐに外に出て、経験と知恵を得ることが大事だ。少ないお金で小さく始めることを私が勧める理由は単純だ。だれでも間違いを犯すからだ。現実の世界では、人は間違いを犯すことで学ぶ。昔から変わらない、いわゆる普通の学校では、間違いを犯すと罰を受ける。だから、あなたもそんな学校で学んだ悪い習慣を忘れ、外に出て間違いを犯し、そこから学ぶ必要があるかもしれない。より多くの知恵を身につければつけるほど、あなたはお金に関してより大きな目標に挑戦することができるようになる。

この三つのプロセスをたどれば、自信と経験が増えるに従って富も増えていくのがわかるだろう。富と経験が増えれば、自分の将来をコントロールする力も大きくなり、より少ない時間でもっと金持ちになれる。

●確定拠出型のDC年金プランはなぜ時間の無駄か？

改革後の年金プランが大きな時間の無駄だと私が思う理由は、それが人々に自分のお金や自分の投資を管理することを奨励していないからだ。あの年金プランは基本的に、「あなたのお金をあなたより賢い人々に渡しなさい」と言っているのと同じだ。問題は、あなたがお金の面で自分より頭がいいと思っていた人々の多くが実際はそうではなかったと、あとになってわかるかもしれないということだ。

ウォーレン・バフェットは、現代のＭＢＡ（経営学修士課程）や金融財務課程を修了した学生についてこんなことを言っている。

「考えることはまったく役に立たないと教え込まれたビジネススクールの卒業生が何万人といることは、私にとって大いに役に立っている」

つまり、彼が市場でうまくやっている理由の一つは、大手の投資信託会社の大部分を経営しているビジネススクールの卒業生たちが、いい投資家ではないからだ。バフェットは次にこう付け加えている。「今の金融財務課程の授業は、平均的な投資家になる人の役に立つ」

簡単に言うと、お金を貯めて投資信託を買うことの最大の問題は、現実の世界で投資経験をあまり積むことができない点だ。私にとって、それは膨大な時間とお金の無駄だ。現実の世界での投資経験がなければ、あなたが必要とした時には残っていないかもしれないわずかな収益を得るために、より多くの時間と大きなリスク、莫大なお金が必要で、そこには常に経済的な不安定さがつきまとう。また、前にも書いた通り、あなたが四十五歳以上で、無一文になってしまったとか、投資を始めたばかりという場合は、分散投資のＤＣ年金プランはおそらく役に立たないだろう。ほとんどの場合、四十五歳以上の人にとってはまさに時間が勝負だ。

あなたの時間をもっとよくコントロールする方法はいくらでもある。その一つは教育を通じてコントロールする方法だ。

金持ち父さんのウェブサイト richdad.com がさまざまな形の商品を提供している理由は、人が学ぶ方法にはいろいろあるからだ。たとえば、読んで学ぶ人もいれば、そうでない人もたくさんいる。従来型の学校で学ぶのが上手な人もいるが、残念ながら、そういう学校では投資というゲームについてほとんど何も教えてくれない。一方、何かをすることで学ぶ人もいる。遊びながら学べるゲームを私たちが作ったのはそのためだ。そのほか、集中セミナー、つまり学習プロセスを短期間に凝縮したセミナーに出席することで学ぶ人もいる。

本やオーディオテープ、ビデオテープ、ゲームなどの一般の商品に加え、私たちは次のようなテーマで集中セミナーを開催している。

1. 株式オプション取引による投資
2. セールスとセールス・トレーニング
3. 不動産投資
4. ビジネスの構築
5. 資本調達

私たちのセミナーは学位をとるための教育を受けたい人ではなく、現実の世界での投資のための教育を求めている人向けのものだ。教師としてあなたを教えるのは現実の世界の投資家たちで、彼らはあなたの時間を無駄にするほど暇ではない。現実の世界のビジネスや投資には、お金を作るチャンスがいくらでもあり、楽しいことがいくらでも見つけられるから、そんな暇があるくらいならそっちに精を出す。（私たちのセミナーの最新情報を知りたい人は、金持ち父さんのウェブサイト richdad.com を定期的にチェックし、どのようなセミナーが開催されているか見て欲しい。）

1．第十章（二〇五ページ）に戻り、あなたの答えをチェックしよう。
a．あなたが六十五歳になるまでにあと何年残っているか？
b．二〇一六年までにあと何年あるか？
c．あなたは一週間に最低五時間を投資のために費やすようにしているか？

2．今日、検討すべきビジネスや不動産への投資対象を一つ決め、ここにそれを書こう。

●実例——弁護士アレンの時間の使い方

アレンは弁護士で、一流国際弁護士事務所を共同経営するパートナーの一人だった。だが、仕事の面で成功すればするほど、家族や友人と過ごす時間は少なくなった。稼ぎはずば抜けて多かったが、それでもまだ収入はすべて、彼がそれぞれのプロジェクトのために費やした物理的な時間に基づいていた。

『金持ち父さん　貧乏父さん』と『金持ち父さんのキャッシュフロー・クワドラント』を読んだアレンは、自分がキャッシュフロー・クワドラントの左側にいる「スーパーS」だと気付いた。法律家として二十五年以上働き、自分の時間に対するクライアントの需要が増える一方なのを見て取った彼は、事態を変えなければいけないと悟った。それまでに貯めた貯蓄はかなりあったが、自分の時間の大半が、依然としてほかの人を金持ちにするために使われていることに気付いたのだ。

アレンは法律事務所への関わり方を変えて、もっと柔軟性を持ったやり方でクライアントとビジネスができるようにした。今では、一緒に仕事をしたいクライアントを選ぶことができるし、サービスをクライアント側の株式と交換する能力も身につけた。今の彼は、自分をSクワドラントにしばりつける時給制でただひたすら働くのではなく、自分の時間を投資するのと引き換えに、自分が助言を与える会社の所有権の一部を得ることができるようになり、Bクワドラントへの移動に成功した。今は自分の時間を使い、自分のための財産、つまりキャッシュフロー・クワドラントのBクワドラントの資産を築いているところだ。

アレンはこれまでに、貯蓄や401(k)といった形で、自分の方舟に紙の資産を満載していたが、それらは株式市場に密接に結びついていて、自分では直接コントロールできない状態にあった。二〇〇一年にこの紙の資産が大きく値を下げたのをきっかけとして、彼は自分がどれほどコントロールする力を持っていないか気付いた。

自分の時間をどう使うか、そのコントロールの仕方を変えることで、アレンは今、自分でもっとコントロールができて、方舟をさらに安定させ、市場の変動の影響を受けにくくするために役立つビジネスと不動産の資産を築きつつある。現在、彼はいくつかの会社の所有権の一部を持っているが、その中には、インターネット・マーケティングの会社や医療用画像の会社、環境関連の会社、金の会社、石油やガスの会社など、さまざまな業種のものがある。その一部は彼が直接にお金を投資した会社だが、自分のサービスを株式と交換した会社もある。

今のアレンの財務諸表には、三つの種類の資産、つまり、紙の資産、ビジネス、不動産がすべて含まれている。クワドラントの右側に移動することに焦点を合わせることで、アレンは自分の方舟を安定させつつ、ラットレースから脱出することに成功したのだ。

第二十章……

コントロールその8 運命をコントロールする

「きみたち一人一人の中に金持ち、貧乏人、中流の人間が住んでいる。どの人間になるかは、きみたち次第だ」

――金持ち父さん

●自分の中の金持ちを引き出す

ウェブスター辞典によると、英語の education という言葉の語源は、ラテン語で「引き出す」あるいは「導き出す」を意味する educo という言葉だ。ニューヨークの合衆国商船アカデミーに進学する道を選んだ時、私は自分の中の船員を引き出すことを選んでいた。また、フロリダの海軍飛行学校に入った時は、自分の中のパイロットを引き出すことを選んでいた。そして、貧乏父さんではなく、金持ち父さんのあとについていく決心した時、私は自分の中の金持ちを引き出すことを選んでいた。

一九七四年、私はどちらの父親に従うかを決めなければならなかった。「学校に戻り、修士号を取って、安定した仕事に就け」という実の父のアドバイスに従ったら、私も父のようになるのがオチだとわかっていた。一方、金持ち父さんのあとをついていった場合は、どういう結末を迎えるか、何の保証もないこともわかっていた。当時は、私も金持ち父さんの道にまったく保証がないことぐらいわかる年齢になっていた。破産して無一文になるかもしれないし、金持ちになるかもしれない……。その頃までに私は、金持ち父さんの友人で、金持ち父さんといっしょに旅を始めたものの、目的地に行き着けなかった人たちを何人も見ていた。そ私には保証された運命か、不確実な運命のいずれかを自分で選ばなければならないことがわかっていた。そして、みなさんもご存知の通り、不確実な運命の方を選んだ。

私が選ぶことを決めた不確実な運命とは、他人の方舟ではなく自分の方舟を造る道だったが、そこで大事だったのは目的地ではなく、プロセスそのもの、つまり目的地までの道だった。「楽は苦の種、苦は楽の種」ということわざを耳にしたことのある人は多いと思うが、一九七四年、私が進もうと決心したのは、苦しい道、保証のない道だった。決心するのは簡単だった。大変だったのは、第一歩を踏み出すことだった。五年後の一九七九年、私はもう一度その決心をしなければならなかった。自分で掘った巨大な穴から這い出すのは、これまでに私がやったなかで一番むずかしかったことの一つだが、一番よかったことの一つでもある。私は成功よりも失敗からより多くのことを学んだし、自分の賢さよりも自分の愚かさからより多くのことを学んだ――私は心の底からそう思っている。

私は人に、昼間の仕事を続けながらパートタイムでビジネスを始めよう、収入を生む小さな不動産物件への投資から始めようと勧めているが、そう勧める理由は簡単だ。基本を学ぶのに二、三年はかかるからだ。鶏小屋の外へ出るための旅は、一つめのステップを踏まないことには始まらない。そして、そのあとに多くのステップが続く。

金持ち父さんの予言が現実のものとなる――私は必ずそうなると思っているが――としたら、今後数年間は株式市場の好況が続く。大暴落の前の大好況だ。ベビーブーマーたちは引退する最後のチャンスにお金を注ぎ込むだろう。そして、幸せな日々が戻ってくる……。だが私は、経済的な高揚感に包まれたこの時期に、寄港地で上陸を許された水夫のように酔っ払っていい気分でいるのではなく、きちんとしたやり方で自分自身の方舟を造り始めることを勧める。教育と経験に時間といくらかのお金を投資しよう。進んで間違いを犯そう。ただし、間違いは小さい間違いに留めるようにして、間違いから学ぼう。そして、間違いから学んだら、自分に「おめでとう」と言い、また一歩前進しよう。いつも金銭的に得るものがあるとは限らないが、お金には換えられない価値のある経験や自信、自分の運命をもっとよくコントロールする力を手に入れていくることになるだろう。何よりも大事なのは、そうすることで、自分の中に住んでいる「金持ち」に外に出てくるよう呼びかける声がどんどん強くなっていくことだ。

アイザック・ニュートンはこう言っている。「天体の動きは計算できても、人々の狂気は計算できない」彼がそう言ったのは、一七二〇年にはじけたバブル景気、南海泡沫《サウス・シー・バブル》の名で知られる、金融市場が異様な熱気に包まれた時期にひと財産失った直後のことだった。ニュートンのような天才でさえも、自分自身、感情、言い訳、見通し、ルール、アドバイザー、そして財産に対するコントロールを失い、愚か者になってしまったのだ。

「今度はこれまでとは違う！」二〇〇四年から二〇〇七年あたりのどこかで株式市場が回復し、上昇を始めたら、人々はまた過去を忘れ、きっとそんなことを言い出すだろう。だがその後、二〇〇八年から二〇一二年頃に、状況は本当にこれまでとは違ってくる。そうなるのは、過去が未来に追いつくからだ。だからあなたも、あなた自身とあなたの方舟が、状況がよい時にうまくやれるように、そして状況が悪い時にはさらにうまくやれるように備えをしておこう。人生が自分の投資能力にかかっているというくらいのつもりで学び、本を読み、セミナーに参加しよう。実際、あなたの人生はあなたの投資能力にかかっているのだから……。それができれば、あなたは自分の中の金持ちを呼び出し、その金持ちをあなたの方舟の船長にすることができるだろう。

●金持ち父さんは厳しい父親だった

私の二人の父はどちらも厳しい人だった。私が商船アカデミーや海兵隊の規律を楽に感じたのは、多分そのせいだろう。金持ち父さんは特にお金、ビジネス、投資に関して、マイクと私に厳しかった。何といっても彼は、自分の富を息子に譲り渡すつもりだったのだからそれも当然だ。そして、私に関しては、自分で自分の富を築くことができるように訓練したいと思っていたのだ。

ウォーレン・バフェットも自分の子供たちに厳しいそうだ。彼のパートナーは、バフェットの子供たちの扱い方についてこんなことを言っている。「ウォーレンは従業員に接する時と同じくらい厳しい態度で自分の子供に接する。彼はたとえ愛している相手でも、もらう資格のない物を与えるのは、その人のためにならないと信じている」

ウォーレン・バフェットは相続財産を「金持ちのフードスタンプ（生活保護者用の食料引換券）」と呼んでいる。彼はさらに次のように続ける。「フードスタンプは社会を弱体化させ、貧困の悪循環につながると多くの人が考えているが、一方で彼らは、自分の子供たちのために多額のお金を残してやりたいと思っている」

彼の息子ハワードがオマハの郡政委員に立候補した時、有権者は彼の苗字からして、選挙資金はさぞかし豊富なのだろうと推測した。ところが実際はそうではなかった。父親のバフェットはこう説明した。「私は息子に、自分の名前を小文字で書くように言いました。資金（capital）いう意味もある大文字（capital）を使わないことで、みんなが、同じバフェットでも彼にはお金がないことに気付いてくれるようにね」

●お金があなたを金持ちにするのではない

ある日私は店で服を買おうとしていた。店員が私に職業は何かと聞いたので、私は「投資家をやっている」と答えた。

私の買い物のレジを打ちながら、彼はこう言った。「ずいぶんとお金がかかるんでしょうね」

私は首を横に振りこう答えた。「いや、そんなことはないよ。実際、お金は投資にほとんど関係ない。ほかの多くの人と同じように、私も無一文から始めたんだ」

「でもそれじゃあ、いい学校に行ったんでしょう?」

「確かにいい学校には行ったけれど、私が学校で学んだことは、投資にも金持ちになることにもほとんど関係ない。それに第一、お金が人を金持ちにするんじゃないんだ」

「じゃあ、どうやって金持ちになったんですか？　投資するお金をどうやって見つけたんですか？」

「勉強して、たくさん本を読んで、小さく始めて、たくさん間違いを犯した。それにいいアドバイザーやよき師がついていてくれる。私を金持ちにしてくれたのは、実社会で学んだことなんだ」そう答えると私はクレジットカードのレシートにサインした。

「ずいぶん大変そうですね」若者はそう言った。

「そうだよ」と私は答えた。「でもきみがやっていることも同じくらい大変だろう？」

これまでの著書でもふれたので覚えている人もあると思うが、金持ち父さんは学校教育をきちんと終えていなかった。そのため会話や文章の能力は限られていた。でも、十三歳で現実の世界に立ち向かわなければならず、その金銭的な苦労が彼のファイナンシャル能力を開花させ、彼を、私の知る中で最も賢い人間の一人に育て上げた。彼の息子のマイクと私は、最近顔を合わせるといつも、ビジネス、投資、お金、人生について金持ち父さんから学んだことについて長々と話をする。そして、よくこんなふうに言う。「彼はお金がなかったから金持ちになり、教育を受けなかったから天才になった。そして、いざという時に頼れるものが何もなかったから自由を見つけた」

●大きくなったら何になりたい？

金持ち父さんにとって大切な言葉の一つは、fiduciary（信任）という言葉だ。ウェブスター辞典はfiduciaryを「信託状態にあること」と定義している。この言葉は一般に金融・財政の分野で使われる。金持ち父さんはこう言っていた。「最終的に金持ちになろうが貧乏になろうが、私はいつも、きみが人に信頼される人であって欲しいと思っている。約束は守らなくちゃいけない。きみが無一文の貧乏人になって、たとえ家族が何日も食事をしていなくても、だれかの机の上に百ドル紙幣が置いてあったら、きみはその紙幣をそのままにしておく……それくらい信頼される人間になって欲しい。たとえ貧乏でも、家では家族と富を守り、その両方が危険にさらされることなくのびのびと成長できるように、保護者として信頼に足る人間でなくちゃいけない。たとえ貧乏でも、私はきみが自分の時間、富、知恵に関して気前のいい人間であって欲しい。もし金持ちになったとしても、信頼される貧乏人と同じことをしなくちゃいけない。大人になって金持ちになろうと貧乏になろうと、私はきみに、人に信頼される人間になって欲しいんだ」

あなたたち一人一人の中に、金持ち、貧乏人、中流の人間が住んでいる。自由の国に住んでいるということは、私たち全員に、自分がどの人間になりたいかを決める権利があるということだ。まずあなたの教育と運命をコントロールすることから始め、その第一歩を今日踏み出そう。

●方舟を造ろう

あなたは自分の能力に疑問を持ち、過剰な自信喪失に陥っていないか?

あなたは簡単にできる秘訣や一時しのぎの答えを欲しがっていないだろうか?

お金についてあなたがどのレベルの頭脳で考えているか、もう一度チェックしてみよう。

あなた自身の方舟の管理責任者になるためには、個人的な目標を念頭において方舟を設計しなければならない。今すぐ行動を起こして方舟を造り始めよう。

第二部各章の最後の「方舟を造ろう」を読み直そう。

あなたを引き止めているのは何だろうか?

おわりに……

予言者は自分の予言があたらないことを祈る

「私は自分が間違っているといいと思う」金持ち父さんはよくそう言っていた。

金持ち父さんは、万一自分が正しかった場合でも、マイクと私に充分な警告を与えておけば、備えをする時間があるだろうと思っていた。「問題は私が正しいか間違っているかではない。万一私が正しかった時のために、きみたちが備えをしているかどうかだ」

ありがたいことに、金持ち父さんの予言のおかげで、私は現状にあぐらをかくのではなく、未来への備えをするようになった。その備えをする中で、キムと私は自分たちの方舟を造った。方舟を造ることで、私たちはファイナンシャル教育も、経験も、そして経済的な自由もより多く手に入れた。だから、たとえ大洪水が起こらず、金持ち父さんが間違っていたとしても、備えのある私たちの人生は、経済的にますます安定していく。

株式市場の大暴落が近づいている。だが問題は暴落自体ではない。市場の暴落を予測するのは大したことではない。金融市場はどれも上昇もすれば下落もする。市場が周期的に変動するのはあたりまえだ。暴落を予測するのは、冬が来ることを予測するようなものだ。厄介なのは、次の暴落によって表面化するさまざまな問題だ。次に起こる暴落が特に深刻なものになる理由は、三つの世代が、暴落よりも大きな問題を先送りしてきたからだ。つまり、引退した人がどうやって自分の生活を支えていくかという問題だ。これは人類にとって前代未聞の問題で、おまけに日増しに大きくなっている。

ウォーレン・バフェットはこう言っている。「潮が引いてみてはじめて、だれが裸で泳いでいたかわかる」

次の市場の暴落は、だれが裸で泳いでいたかを教えてくれるだろう。そのうちの一人が政府だったということもあり得る。これまであまりにも長い間、政府は、自分でも守れないとわかっている約束をしてきた。だが、約束を破ることが問題なのではない。本当の問題は、その約束を真に受けてしまうほどだまされやすい社会にある。自分の力不足を救うのは政府の責任だと思い込んでいる人が多すぎる。多くの人が、政府のことを、魔法の杖を一振りしてあらゆるお金の問題を解決できるおとぎ話の魔法使いか何かのように思っている。おとぎ話を信じているような社会は、成熟した社会とは言えない。

現実のビジネスや投資の世界にいる親切な魔法使いのおばあさんは連邦準備制度理事会であり、そのお姉さんが政府だ。金融の世界では、彼らは「最後の頼みの綱の貸し手」と呼ばれている。二〇〇一年九月十一日の悲劇の直後、連邦準備制度理事会は、孫の痛みが和らぐようにと祈るおじいちゃん、おばあちゃんよろしく、あふれんばかりの資金を市場に投入した。航空会社の経営が苦しくなると、連邦政府が最後の頼みの綱の貸し手として名乗りをあげ、航空各社を救済した。これはまるで、心優しいおじいちゃんが、大人になっていてすでに子供もいる自分の子供を助けるために手を差しのべるようなものだ。私が疑問に思い、また心配しているのは、連邦政府や州政府に、これから先も長い間、最後の頼みの綱の貸し手でいられるだけのゆとりがあるのだろうかということだ。

アメリカでは、好むと好まざるとにかかわらず、あと数年で数百万のベビーブーマーが七十歳になり始める。問題は、彼らのうち何人に、残りの人生を生きるだけのゆとりがあるかということだ。一体何人の人が、連邦政府や州政府が親切な魔法使いのおじいちゃん、おばあちゃんになってくれることを期待するようになるのだろうか？

この本で私が言いたかったのは、そう遠くない将来、みんなが、政府も株式市場も自分たちを救えないことに気付くだろうということだ。

●悪いニュースといいニュース

悪いニュースは、次の株式市場の暴落で、アメリカ国内の貧困の程度が明らかになり、世界にショックを与えるということだ。世界の人々は、歴史上最も豊かな国に、なぜふってわいたようにそれほど多くの貧乏人が出てきたのか疑問に思うだろう。

さらに困ったことに、経済状況に対する怒りや不満が世界中で湧き起こっているため、私たちは国内問題だけでなく世界規模の問題も解決しなければならなくなる。ウォーレン・バフェットの言う通り「核戦争が起こったら、このメッセージは無視してくれていい」ということではあるが……。

一方いいニュースは、悪い状況になると、人間の一番いいところが発揮される場合が多いということだ。九月十一日のテロ攻撃の直後、何百万という人々が何か前向きのことをする力を心の中に見出し、自分の中にヒーローがいることに気が付いた。これからやってくる経済的な大災害もまた、人々の最大の力を引き出すだろうと私は思う。みんな、自己満足にひたったり、絶望したり、意気消沈したりするのではなく、自ら立ち上がり、この豊かな国の「貧困の問題」を解決するために努力するだろう。さらにいいニュースは、インターネットを使ったコミュニケーションの力のおかげで、私たちは貧困をなくすために世界中で取り組むことができるということだ。

この本の前の方で、私は教育には次の三つのタイプがあると書いた。

1. 学問的教育
2. 職業的教育
3. ファイナンシャル教育

私に点数をつけさせてもらえるなら、今日のアメリカの読み書きの基礎を教える能力は五段階評価の真ん中のCで、職業的訓練を与える能力は最高のAだ。アメリカにはすばらしい職業学校がある。だが、ファイナンシャル教育となると、アメリカの教育制度に私がつける点数は、条件付き合格にもならないF（不可）だ。アメリカがこれからも世界の大国であり続けたければ、この欠陥をすぐに正すべきだ。

産業時代の個人に必要だったのは、学問的教育と職業的教育だけだった。情報時代には、その二つのレベルの教育だけではもはや充分ではない。情報時代の人間は、学問や職業の面で優れているだけでなく、お金の面でも優れていなければならない。給料が高い仕事だけではもう不充分だ。私たちは、引退後にどう生きのびたらよいか、その方法を知る必要があり、それには、大がかりなファイナンシャル教育が必要だ。

産業時代の人たちは、仕事、あるいは職業が一つありさえすればよかった。情報時代には、二つの職業が必要になる。一つはお金を稼ぐためのもの、もう一つはお金を投資するためのものだ。この第二の職業を持つには、ファイナンシャル・リテラシーが不可欠だ。

●選ぶのはあなた

ノアは将来を見通すことができ、それに備えた。もしあなたに見える将来が、金持ち父さんが見ていたのと同じような将来なら、あなたもまだ時間があるうちに備えをした方がいいかもしれない。もちろん、願わくば株式市場の大暴落など起こって欲しくない。もしかしたら、だれかが魔法の杖を振ってくれて、みんないつまでも幸せに暮らすことができるようになるかもしれない……。だが、私は株式市場の暴落が避けられるとは思わない。また、何百万というベビーブーマーが突然、死ぬまで自分の面倒を自分で見られるだけのお金を貯められるとも思わない。私たちは非常事態に直面することになるだろうし、その危機の中から、新しい金融の世界が出現するだろう。それは自信を持って言えるし、私はそうなるのを楽しみにしている。これからやってくる株式市場の暴落は、私たちが社会全体として、あまりにも長い間「くさいものにフタ」をしてすませてきた問題を浮き彫りにするだろう。ある意味でこれはいいことだ。なぜなら、そうした問題がひとたびあらわになって真実が語られれば、それらの問題を、私たち自身のためだけでなく世界のためにも、一挙に解決するチャンスが出てくるからだ。

●弱気市場と強気市場の向こうに

アメリカ政府は401（k）年金プランを推進することで、また世界各国の政府も同じような方法で、何百万という人々に、まず投資家になることを義務付けもしないでただ投資をするよう要求している。その結果、投資家ではない人が市場に参加することになったが、彼らの大部分は、「株式市場は平均して見れば必ず上昇する」とだけ聞かされた。そして、その仮定に基づいて投資信託がブームになった。

実際のところ、現実の世界の投資家たちは、株式だろうが、債券、不動産、軽油、豚バラ肉、原油、投資信託、金利だろうが、市場はすべて上がったり下がったり、横ばいになったりすることを知っている。彼らは、市場が一つの方向になった時しか儲からない資産や、やめたい時にやめられないようなプログラムに投資したりしない。だが、401（k）のやったことはまさにそれなのだ。つまり、自分ではまったくコントロールできず、一つのトレンドでしか儲からず、何らかの罰を受けないことには手を引けないような資産を人々に押し付けた。それはまるで、水泳選手に手錠をかけて、プールの端の水深の深いところへ投げ込むようなものだ。

DC年金プランに投資している人の大部分は適切な教育を受けていないため、小説の主人公ポリアンナのように、物事のいい面だけを見るしかなかった。つまり、永遠に強気市場が続くという、極端に楽天的な見方をしなければならなかった。現実の世界の投資家たちは、どんな市場にも上げ相場と下げ相場があることを知っている。自分の将来の経済状態をコントロールする力をもっと身につけたい人は、ただ弱気市場や強気市場に注目するだけでなく、それ以上を目指した方がいい。現実の世界の投資家になりたい人は、ファイナンシャル教育と経験を積み、直観を発達させて、どんな市場であってもその変動の先にあるものを見通し、前方に横たわる、より明るい未来を常に見られるような人間にならなくてはいけない。

ノアは自分が行動を起こさなければならないことを知っていた。大災害が起ころうとしていたからだ。先見の明があった彼は、闇を越えた向こうまで見通すことができ、洪水の果てにまったく新しい世界を見ることができた。彼は、自分にはすべての人を救うことはできないが、新しい世界に生命をもたらすことはできると知っていた。言い換えれば、彼が行動を起こしたのは、大惨事が迫っていたからだけではなく、より明るい未来が待っていることを知っていたからでもある。

現実の世界の投資家であるということは、現実の世界と波長が合っているということだ。楽観主義者は「買う、持ち続ける、分散投資をする、そして祈る」という考え方が大好きだ。だがもしあなたが、自分の将来をコントロールしたいと思っているなら、嵐の雲の向こうのよりよい世界を見通すために、現実の世界の技術を身につける必要がある。現実の世界の投資家になれば、どんな市場でもうまく投資できるようになるから、市場が上がろうが下がろうが気にならなくなる。あなたは、市場をコントロールしているのが牛《ブル》か熊《ベア》か、つまり強気市場《ブル・マーケット》なのか弱気市場《ベア・マーケット》なのか迷い続けることがなくなる。短期で儲けを狙う投資家の多くは、この迷路に迷い込み、市場の傾向が変わるたびに売買を繰り返す。現実の世界の投資家になれば、市場の変動を単なる人生のゲームの一つとして見られるようになるだろう。

確かに私たちは非常に混沌とした時代に生きている。世界的に見ても、私たちの社会は将来に多くの試練を抱えている。その試練の一つは、貧困が第三世界だけでなく、アメリカのような第一世界の国々でも増えていることだ。持てる者と持たざる者とのギャップは埋めていかなければならない。この本を一人の教師、デイブ・スティーブンズに、そして彼のような先見の明のある教師たちに捧げた理由は、教師が未来への鍵を握っているからだ。子供に将来のための備えをさせる立場にある彼らこそ、未来への鍵の担い手だ。私の貧乏父さんも教師だったが、学校が未来よりも大昔の歴史に重きを置きすぎていることを心配して、よくこんなふうに言っていた。「未来を見通すことができたら、子供たちに何を教えるべきかわかるのに……」将来必要となる技術を教育を通して子供たちに提供するだけの勇気を持っている、デイブ・スティーブンズをはじめとする教師たちにこの本を捧げたのも、まさしくそのためだ。このようなファイナンシャル・スキル（お金に関する技術）を教える教師や学生たちがもっと増えれば、金持ち父さんの予言は外れるかもしれない。それこそが予言者の仕事だ。予言者の仕事は、自分の予言が当たらないように、そして人々が起こした行動が、みんなにとってよりよい世界を作る助けとなるように、たっぷりと警告を与えることだ。

この本は、みなさんに悲観的な未来を見せてお先真っ暗の気分にさせるために書かれたものではない、より大きく、より明るい人生の設計図、吹きすさぶ嵐の雲の向こうにある人生の可能性を見るのに必要な技術を身につけるよう、あなたを励ますために書かれたものだ。備えをする人々にとって未来はますます明るい。だが備えをするということは、ノアがそうであったように、嵐の向こうにあるよりよい世界を見るための信念を持つことでもある。

「夜明け前が一番暗い」金持ち父さんはよくこのことわざを口にした。金持ち父さんはそれによって、一番つらい時期こそ、常に自分の技術を磨き、強い信念を持ち続け、ほかの人が逃げ出す時でも前進する勇気を持たなければならないことを私たちに思い出させたのだ。

あなたには、お金に関して自分自身の人生をコントロールするチャンスがある。あなたのために働いてくれる資産をたっぷり積み込んだ、自分のための方舟を造ることで、株式市場がどんな状態になろうと成功する備えができる。

最後に、アメリカで最も裕福で成功している投資家ウォーレン・バフェットの言葉をあなたに残したい。バフェットは「弱気市場が株を叩き売っている」時に株を買うのが大好きだと言っている。

この本を読んでくれてありがとう。

付録1……

エリサ法

従業員退職所得保障法（通称エリサ法、ERISA：Employee Retirement Income Security Act of 1974）は、一九七四年九月二日にフォード大統領が署名した法律で、それまでの年金や福利厚生に関する規則を（税金に関係あるものもないものも含め）全面的に、また抜本的に見直したものだった。アメリカのほとんどすべての従業員福利制度に影響を及ぼしたこの法律は、その後何度も修正され、非常に大きく、複雑な規則や規制の集合体となった。一九七四年以降、エリサ法の内容を修正するために作られた法律の主なものを次に挙げる。

一九七四年　エリサ法が施行される
一九七五年　一九七五年の減税法
一九七六年　一九七六年の税改革法
一九七七年　一九七七年の専門的修正に関する法律
一九七八年　一九七八年の歳入法
一九八〇年　一九八〇年の複数雇用者年金プラン改正法
一九八一年　経済再建税法
一九八二年　一九八二年の税制均衡財政責任法
一九八四年　赤字削減法

一九八六年　一九八四年の要件均衡法
一九八六年の包括的予算調整強化法（COBRA）
一九八六年の自営業者年金プラン改正法
一九八六年の税改革法
一九八七年　一九八七年の包括予算調整法
一九八八年　一九八八年の専門的雑歳入法
一九八九年　一九九〇年の包括予算調整法
一九九〇年　一九九〇年の高齢従業員福利厚生保護法（OWBPA）
一九九〇年の包括予算調整法
一九九二年　一九九二年の失業補償修正案
一九九三年　一九九三年の包括予算調整法
一九九四年　一九九四年の退職保護法
一九九六年　一九九六年の小規模事業雇用保護法
医療保険の移動可能性と責任に関する法律（HIPAA）
一九九七年　一九九七年の納税者緩和法
一九九八年　二十一世紀国土均衡交通法（TEA21）
一九九八年の児童支援実施促進法
一九九八年の内国歳入庁再編成改革法
一九九八年の租税及び取引負担軽減措置延長法
一九九九年　一九九九年の租税負担軽減措置延長法
二〇〇〇年　二〇〇一年の一般歳出法

二〇〇一年　二〇〇一年の経済成長及び減税調整法（いわゆる大型減税法）

●401（k）年金プラン

即時措置選択制度（CODA）は、現在、内国歳入法の401（k）条項で認められている制度だが、一九五〇年代初期の利益分配プランによく見られた方法の一つだ。この方法を採用した場合、資格を有する従業員は、雇用主が拠出する利益分配金のうち自分の取り分を、現金で受け取るか、あるいは利益分配プランのもとで受け取りを繰り延べるか、いずれかを選ぶことができた。ただし、この利益分配プランは、選択の時期と加入グループの適格性について、IRS（内国歳入庁）の一定の要件を満たさなければならなかった。このようなタイプのCODAは特に人気があったわけではなく、一九七〇年代初期にはその数は千にも満たなかった。一九七二年、内国歳入庁が給与天引きによる拠出金への課税に関する規則案を発表し、その結果、CODAに関する疑問や不安が生まれた。そして一九七四年六月二十七日、エリサ法は、一九七六年末まで続くCODAを導入している年金プランについて、課税状況を一時的に凍結した。（この存続期限は、後に一九七九年十二月三十一日まで延長された。）一九七八年の歳入法は、内国歳入法に401（k）の項目を追加し、一九八一年、IRSは天引きによる拠出金を401（k）プランに転換することを許可する規則案を発表した。その後、雇用者たちは401（k）を採用し、既存の利益分配型プランへ税引後拠出する形から、税引前に拠出する形に切り替え始めた。

一九八四年の税改革法は、401（k）プランの必要条件を変更し、強制無差別原則を課したが、これはその後、一九八六年の税改革法によってさらに修正が加えられた。最近では、EGTRRA（二〇〇一年の経済成長及び減税調整法）が401（k）に変更を追加し、拠出金の増額を認め、年金プランのための補償限度額を引き上げた。

●エリサ法の法的枠組み

エリサ法の第一章は「労務」に関する章で、年金プラン構築に関する原則を規定し、プランの受託者の行為基準を定め、特定のプランの取り扱いを禁止している。

エリサ法の第二章は「税務」に関する章で、従業員の給付プランと、特定のプランの取り扱いに適用される物品税に関する内国歳入法の規定について述べている。

エリサ法の第三章は、次の事項の手続きに関する規定について述べている。①プランの確認書の発行、②加入、年金給付および資金拠出基準の継続的な遵守、③禁止されている取引、およびエリサ法に関連する財務省・労働省間の役割調整。

エリサ法の第四章は、確定給付プラン、年金給付保障公社（ＰＢＧＣ）、複数雇用者年金プランの終了に関連する条項について述べている。

付録2……

デイブ・スティーブンズの学校教育プログラム

デイブ・スティーブンズは、インディアナ州インディアナポリスにあるウォーレン・セントラル＝ウォーレン職業指導センターの教師だ。彼が、『キャッシュフロー101』と『キャッシュフロー・フォー・キッズ』を偶然目にしたのは、一九九八年のことだった。「私はいつも本屋を見て回ります……金融に関するたくさんの本に目を通し、どんなふうに説明されているか見るんです。あの時、金持ち父さんシリーズの本を開き、キャッシュフローの概念や、貸借対照表や損益計算書といった金融の重要な要素がどのように書かれているかを見て、私はこうつぶやきました。『ついにだれかが、金融に関する情報を、たいていの人の学習方法に合ったやり方でまとめてくれた』」

『金持ち父さん　貧乏父さん』を読んだデイブは、すぐに『キャッシュフロー101』を注文し、その効果を確かめるために自分の生徒たちにやらせてみた。「生徒たちはゲームをベタ褒めしていました」とデイブは言う。「これは本当に最高のゲームだと言っていましたよ」そこで彼は、すぐにゲームをハイスクールの二年生と三年生の授業のカリキュラムに取り入れた。

このゲームが教育ツールとして非常に効果が高いことを知った彼は、試験的な教育プログラムを始めた。それは、キャッシュフローゲームが教えるお金に関する考え方をマスターしたハイスクールの最上級生が「教師」となって、ゲームとその考え方を地域の小学校に教えに行くというプログラムだ。

「このゲームはいくら褒めても褒め足りないくらいです」デイブはそう言う。「『キャッシュフロー101』は、文字通り、生徒たちの人生を変えてしまいました。彼らは、お金の面で自分も本当に成功できるのだとわかって、教育に対する熱意を新たにしています」

デイブの活動と熱意は広がっている。インディアナ州だけでも、四十校近くの学校が、金融を教える課程の一部にキャッシュフローゲームを取り入れている。デイブの生徒のうち二人は、進学した先の大学で彼のプログラムを続けている。パデュー大学のマイケル・スレートとインディアナ大学のデービッド・ホセイだ。二人は大学生のために同様のプログラムを始めた。

「デイブ・スティーブンズのおかげでぼくの人生は変わりました」と、スレートは言う。彼は大学でスティーブンズのプログラムを始めただけでなく、最近、価格二十七万ドルの四世帯集合住宅をわずか二千ドルの頭金で購入した。これは、スレート自身がほかの大学生と一緒に住む予定だ。住宅ローンの支払は、彼がほかで家を借りて払う家賃より安い。彼はこう言っている。「ぼくが大学を出ても、この物件はプラスのキャッシュフローを生み出し続ける資産として残ります」

デービッド・ホセイは、学校で習ったことを実生活にどのように応用すればいいかを学べたのはスティーブンズのおかげだと言う。「彼は、物事のつながりを理解するのを助けてくれます……それから、生徒が自分の答えを見つける間、指導したり応援したりしてくれるんです」ホセイはさらにこう言う。「『キャッシュフロー101』をプレーして、チャンスがどこにでも転がっていることがよくわかるようになりました」彼の目標は、スティーブンズから教わったことを自分の家族やコミュニティーと分かち合うことだ。

スレートとホセイは、ファイナンシャル・リテラシーの向上と地域奉仕活動を使命とする非営利団体、HELP（Help Educate Lots of People）の創設者だ。この団体のメンバーの数はパデューとインディアナの二つの大学を合わせただけでもほぼ百人で、『キャッシュフロー・フォー・キッズ』のゲーム会を地域の青少年クラブや学校で開き、お金や金融、投資の考え方を教えている。「HELPのメンバーの大学生たちは、ほかの人に教えることで学び続け、そして地域に貢献することを学んでいます」とスレートは言う。

マイケル・スレートとデイブ・スティーブンズが、多くの人の教師、デイブ・スティーブンズが、多くの人の人生に与える影響を反映したたくさんの物語の一つにすぎない。彼の活動はこれから先、何世代にもわたって、たくさんの人の人生を変えていくだろう。

著者・訳者紹介

ロバート・キヨサキ
Robert Kiyosaki

日系四世のロバートはハワイで生まれ育った。家族に教育関係者が多く、父親はハワイ州教育局の局長を務めたこともある。ハワイスクール卒業後、ニューヨークの大学へ進学。大学卒業後は海兵隊に入隊し、士官、ヘリコプターパイロットとしてベトナムに出征した。

ベトナムより帰還後、ゼロックス社に勤務。一九七七年にナイロンとベルクロ（マジックテープ）を使ったサーファー用財布を考案、会社を起こした。この製品は全世界で驚異的な売上を記録し、ニューズウィークをはじめ多くの雑誌が、ロバートとこの商品をとりあげた。さらに一九八五年には、世界中でビジネスと投資を教える教育会社を起こした。

一九九四年、自分の起こしたビジネスを売却。四十七歳でビジネス界から引退したが、ロバートの本格的な引退生活は長くは続かなかった。その間にシャロン・レクターの協力のもとに『金持ち父さん　貧乏父さん』を書き上げ、この本はアメリカをはじめ世界各地で大ベストセラーとなった。続いて『金持ち父さんのキャッシュフロー・クワドラント』『金持ち父さんの投資ガイド』『金持ち父さんの子供はみんな天才』『金持ち父さんの若くして豊かに引退する方法』を出版。いずれもウォールストリート・ジャーナル、ビジネスウィーク、ニューヨーク・タイムズ、Eトレードなどのメディアでベストセラーに名を連ねている。ロバートはまた、金持ち父さんが何年もかけて自分に教えてくれたファイナンシャル戦略をみんなに教えるために、ボードゲーム『キャッシュフロー』を開発した。

二〇〇一年、「金持ち父さんのアドバイザーシリーズ」第一弾が出版された。このアドバイザーチームは、「ビジネスと投資はチームでやるスポーツだ」と信じるロバートを支援する専門家たちからなる。

ロバートはよくこう言う。「私たちは学校へ行き、お金のために一生懸命働くことを学ぶ。私はお金を自分のために働かせる方法をみんなに教えるために、本を書いたり、いろいろな製品を作る。この方法を学べば、私たちが生きるこのすばらしい世界のすばらしさを思う存分満喫できる」

シャロン・レクター
Sharon Lechter

妻であり三児の母であると同時に、公認会計士、会社のCEOでもあるシャロンは、教育に関心が深く、多くの力を注いでいる。

フロリダ州立大学で会計学を専攻し、当時全米トップ・エイトに入る会計事務所に入所。その後もコンピュータ会社のCEO、全国規模の保険会社の税務ディレクターなどへと転職し、ウィスコンシン州で初の女性雑誌の創刊にもかかわる一方、公認会計士としての仕事を続けてきた。

三人の子供を育てるうち、シャロンは教育に興味を持った。テレビで育った子供たちは、読書には興味を持たない。彼女は、学校の教育ではこのような現状を打破できないと強く感じるようになった。そこで、彼女は世界初の「しゃべる本」の開発に参加したが、このプロジェクトは現在巨大産業へと成長した電子ブックの先駆けとなった。

「現在の教育システムは今日の世界的なテクノロジーの変化に対応できていません。私たちは子供たちに、この世界で『生き残る』ためだけでなく『繁栄する』ために必要な技術を教えなくてはなりません」と彼女は語る。

「金持ち父さん」シリーズの共著者として、彼女は現在の教育システムの抱える「お金に関する知識」の欠如という問題点に焦点をあてている。本書は真に役に立つ知識を学び、経済的にも豊かになることを望むすべての人にとって、優れた教材となるだろう。

キャッシュフロー・テクノロジーズ社

ロバートとキム・キヨサキ、シャロン・レクターが中心となり設立。『金持ち父さん　貧乏父さん』をはじめとする書籍、『キャッシュフロー101』などのゲーム、学習用テープなど、お金について教えるための画期的な教材を通して、ロバートの考えを広く紹介している。この会社は「人々のお金に関する幸福度を向上させること」を目指している。

ファイナンシャル・リテラシーのための財団

ファイナンシャル・エデュケーションを目的とする団体やプログラムを援助する財団。キャッシュフロー・テクノロジーズ社は経済的支援をはじめ、多くのサービスを提供している。財団に関するお問い合わせは左記まで。

The Foundation for Financial Literacy
P.O.Box 5870 Scottsdale,AZ 85261-5870
http://www.richdad.com

白根美保子
Shirane Mihoko

翻訳家。早稲田大学商学部卒業。訳書に『ボルネオの奥地へ』（めるくまーる）、『死別の悲しみを癒すアドバイスブック』『金持ち父さん　貧乏父さん』（いずれも筑摩書房）、『ハーバード医学部』（三修社）、『悲しみがやさしくなるとき』（共訳・東京書籍）など。

菊地大典
Kikuchi Daisuke

一九五三年東京生まれ。早稲田大学大学院理工学研究科卒業。三菱商事、三菱銀行を経て、外資に身を転じる。スイスユニオン銀行、シティバンクなどで投資銀行業務・デリバティブ等の先端分野の要職を歴任。二〇〇三年に金融・キャリアコンサルタントとして独立。豊かな経験を基に、法人・個人向け財務・投資コンサルティングを展開している。

ロバート・キヨサキの著作

- 「金持ち父さん　貧乏父さん──アメリカの金持ちが教えてくれるお金の哲学」ロバート・キヨサキ、シャロン・レクター著／白根美保子訳／筑摩書房
- 「金持ち父さんのキャッシュフロー・クワドラント──経済的自由があなたのものになる」ロバート・キヨサキ、シャロン・レクター著／白根美保子訳／筑摩書房
- 「金持ち父さんの投資ガイド　入門編──投資力をつける16のレッスン」「金持ち父さんの投資ガイド　上級編──起業家精神から富が生まれる」ロバート・キヨサキ、シャロン・レクター著／白根美保子訳／林康史、今尾金久協力／筑摩書房
- 「金持ち父さんの子供はみんな天才──親だからできるお金の教育」ロバート・キヨサキ、シャロン・レクター著／白根美保子訳／筑摩書房
- 「金持ち父さんの若くして豊かに引退する方法」ロバート・キヨサキ、シャロン・レクター著／白根美保子訳／筑摩書房
- 「金持ち父さんの予言──嵐の時代を乗り切るための方舟の造り方」ロバート・キヨサキ、シャロン・レクター著／白根美保子訳／筑摩書房
- 〝Richdad's Guide to Becoming Rich Without Cutting Up Your Credit Card──Turn Bad Debt into Good Debt〟
- 〝Richdad's Success Stories──Real Life Success Stories from Real Life People Who Followed the Rich Dad Lessons〟
- 「人助けが好きなあなたに贈る金持ち父さんのビジネススクール──ネットワークビジネスから学ぶ8つの価値」マイクロマガジン社

金持ち父さんのアドバイザーシリーズ

- 「セールスドッグ──『攻撃型』営業マンでなくても成功できる！」ブレア・シンガー著／まえがき・ロバート・キヨサキ／春日井晶子訳／筑摩書房
- 〝Protecting Your #1 Asset: Creating Fortunes from Your Ideas──An Intellectual Property Handbook〟 by Michael Lechter
- 〝Own Your Own Corporation──Why the Rich Own Their Own Companies and Everyone Else Works for Them〟 by Garrett Sutton
- 〝How to Buy & Sell a Business──How You Can Win in the Business Quadrant〟 by Garrett Sutton

金持ち父さんのオーディオビジュアル

- 「ロバート・キヨサキのファイナンシャル・インテリジェンス」タイムライフ（CDセット）
- 「ロバート・キヨサキ　ライブトーク・イン・ジャパン」ソフトバンクパブリッシング（DVD）
- 〝Rich Dad's Roads to Riches: 6 Steps to Becoming a Successful Real Estate Investor〟
- 〝Your 1st Step to Financial Freedom〟
- 「金持ち父さんのパーフェクトビジネス」マイクロマガジン社（CD）

本文で紹介された本

- 「大いなる代償──過去の『つけ』が生む国際経済の危機」ジェームズ・D・デビッドソン、ウィリアム・リース＝モッグ著／牧野昇訳／経済界
- 「天才たちの誤算──ドキュメントLTCM破綻」ロジャー・ローウェンスタイン著／東江一紀、瑞穂のりこ訳／日本経済新聞社
- 「エジソンに学ぶ『ビジネス思考』」ブレーン・マコーミック著／佐藤美保訳／廣済堂出版
- 「復讐する海──捕鯨船エセックス号の悲劇」ナサニエル・フィルブリック著／相原真理子訳／集英社
- 〝The Retirement Myth〟 by Craig S. Karpel

金持ち父さんの予言

嵐の時代を乗り切るための方舟の造り方

二〇〇四年三月二五日　初版第一刷発行
二〇〇四年四月一〇日　初版第二刷発行

著者　ロバート・キヨサキ
　　　シャロン・レクター
訳者　白根美保子
監修　菊地大典
発行者　菊池明郎
発行所　筑摩書房
東京都台東区蔵前二―五―三　〒一一一―八七五五　振替〇〇一六〇―八―四一二三
本文フォーマット　鈴木成一デザイン室
装丁　岡田和子
印刷・製本　中央精版印刷
ISBN4-480-86353-2 C0036

定価はカバーに表示してあります
ご注文・お問い合わせ、乱丁・落丁本の交換は左記へお願いします
〒三三一―八五〇七　さいたま市北区櫛引町二―六〇四
筑摩書房サービスセンター　電話〇四八―六五一―〇〇五三

『キャッシュフロー101』で
ファイナンシャル・インテリジェンスを高めよう!

読者のみなさん

『金持ち父さんシリーズ』を読んでくださってありがとうございました。お金についてためになることをきっと学ぶことができたと思います。いちばん大事なのは、あなたが自分の教育のために投資したことです。

私はみなさんが金持ちになれるように願っていますし、金持ち父さんが私に教えてくれたのとおなじことを身につけてほしいと思っています。金持ち父さんの教えを生かせば、たとえどんなにささやかなところから始めたとしても、驚くほど幸先のいいスタートを切ることができるでしょう。だからこそ、私はこのゲームを開発したのです。これは金持ち父さんが私に教えてくれたお金に関する技術を学ぶためのゲームです。楽しみながら、しっかりした知識が身につくようになっています。

このゲームは、楽しむこと、繰り返すこと、行動すること――この三つの方法を使ってあなたにお金に関する技術を教えてくれます。『キャッシュフロー101』はおもちゃではありません。それに、単なるゲームでもありません。特許権を得ているのはこのようなユニークさによるものです。このゲームはあなたに大きな刺激を与え、たくさんのことを教えてくれるでしょう。このゲームは、金持ちと同じような考え方をしなくては勝てません。ゲームをするたびにあなたはより多くの技術を獲得していきます。ゲームの展開は毎回違います。あなたは新しく身につけた技術を駆使して、さまざまな状況を乗り切っていくことになるでしょう。そうしていくうちに、お金に関する技術が高まる

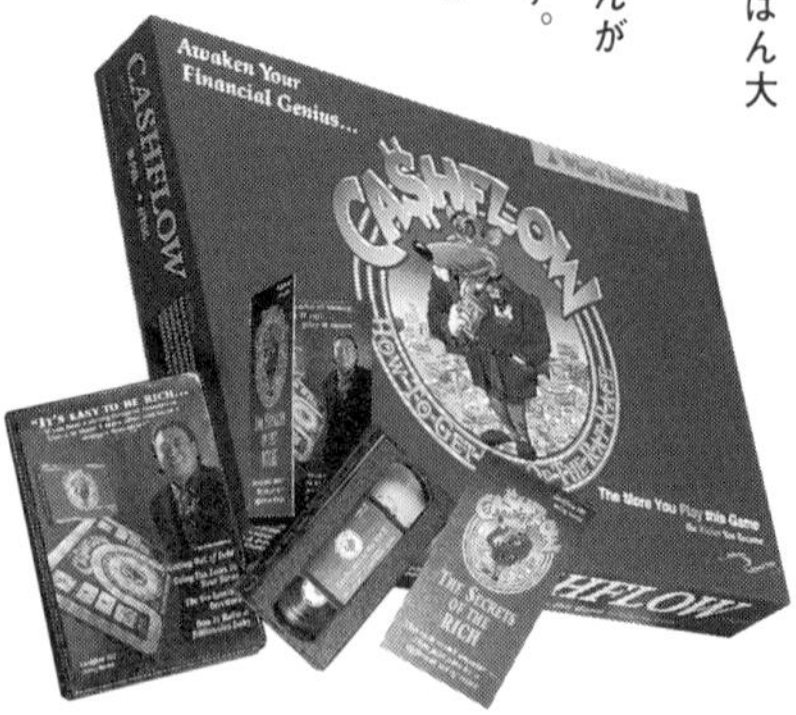

『キャッシュフロー101』
家庭で楽しみながら学べる
MBAプログラム
CASHFLOW 101　$195

『キャッシュフロー・フォー・キッズ』
6歳から楽しく学べる子供のためのゲーム
CASHFLOW for KIDS $79

と同時に、自信もついていきます。

このゲームを通して学べるような、お金に関する教えを実社会で学ぼうとしたら、ずいぶん高いものにつくこともあります。『キャッシュフロー101』のいいところは、おもちゃのお金を使ってファイナンシャル・インテリジェンスを身につけることができる点です。

はじめて『キャッシュフロー101』で遊ぶときは、むずかしく感じるかもしれません。でも、繰り返し遊ぶうちにあなたのファイナンシャル・インテリジェンスが養われていき、ずっと簡単に感じられるようになります。

このゲームが教えてくれるお金に関する技術を身につけるためには、まず少なくても六回はゲームをやってみてください。そのあと本などで勉強すれば、あなたはこれから先の自分の経済状態を自分の手で変えていくことができます。その段階まで到達したら、上級者向けの『キャッシュフロー202』に進む準備ができたことになります。『キャッシュフロー202』には学習用のCDが5枚ついています。

子供たちのためには、六歳から楽しく学べる『キャッシュフロー・フォー・キッズ』があります。

『キャッシュフロー』ゲームの創案者
ロバート・キヨサキ

金持ち父さんの RichDad.com 日本オフィシャルサイトがオープンしました。

経済的自由への旅をロバート・キヨサキが案内します。
「金持ち父さん」シリーズやキャッシュフローゲーム大会の最新情報はここでチェック。
RichDadフォーラムで情報交換をしよう。
ゲームや書籍、CDも購入できる。

金持ちになりたい人は今すぐアクセス→ **http://www.richdad-jp.com**

New!『ロバート・キヨサキのファイナンシャル・インテリジェンス』

経済的自由への実践プログラム“You Can Choose to Be Rich”の日本語版です。373ページのテキストとCD12枚で構成されています。バインダー式テキストは、「金持ちのように考える」「金持ちが知っていることを学ぶ」「金持ちの行動を実践する」という3ステップに分かれています。記入式なので、財務諸表を使って今の自分の経済状態を把握しながら、会計や投資の基礎知識を学び、将来のプランをより具体的に考え、実際の行動に役立てることができます。また、日本と米国の税制や法律の違いも付記されています。CD12枚には、金持ち父さんのアドバイザーたちによる貴重なレッスンやアドバイスが満載です。さらに、ロバート・キヨサキのレクチャーを収録したボーナスビデオがついています。

製造元：オークローンマーケティング　出版元　タイムライフ　販売価格29400円（税別）

New!『ロバート・キヨサキ　ライブトーク・イン・ジャパン』

2003年10月にパシフィコ横浜で行われた来日記念講演を完全収録しました。ロバート・キヨサキが直接金持ちへの道しるべを示してくれる来日講演は、金銭的な成功を願う人にとって見逃せないチャンス。5000人の会場で行われた講演は、とても分かりやすく実践的と、大好評を博しました。来日講演の模様とともに、日本の読者へのスペシャルメッセージも収録されています。DVD（90分収録・日本語吹替版・英語オリジナル同時収録・小冊子つき）。

出版元：ソフトバンクパブリッシング　販売価格10000円（税別）

New!「キャッシュフロー」がPCゲームになって登場！

「キャッシュフロー101」と「キャッシュフロー・フォー・キッズ」がPCゲームになりました（現在は英語版のみ）。英語公式サイト www.richdad.com でソフトCDを販売中です。「キャッシュフロー101」のPCゲーム「CASHFLOW The E-Game」は、英語公式サイトの有料サービス「INSIDERS」の会員に登録すると、オンラインゲームで他の会員とも対戦できます。（サービスはすべて英語のみとなります。）